CAUSES CÉLÈBRES

POLITIQUES.

Paris.—Imp. de Lacour et comp. rue St-Hyacinthe-St-Michel, 32.

CAUSES CÉLÈBRES

POLITIQUES

DEPUIS

le 16ᵐᵉ siècle jusqu'à nos jours,

PAR

SIR PAUL ROBERT.

✳ ❀ ✿✿✿ ❀ ✳

PARIS.

AU BUREAU DES PUBLICATIONS HISTORIQUES,

D. CAVAILLÈS, ÉDITEUR,

Quai de l'École, 18.

1846

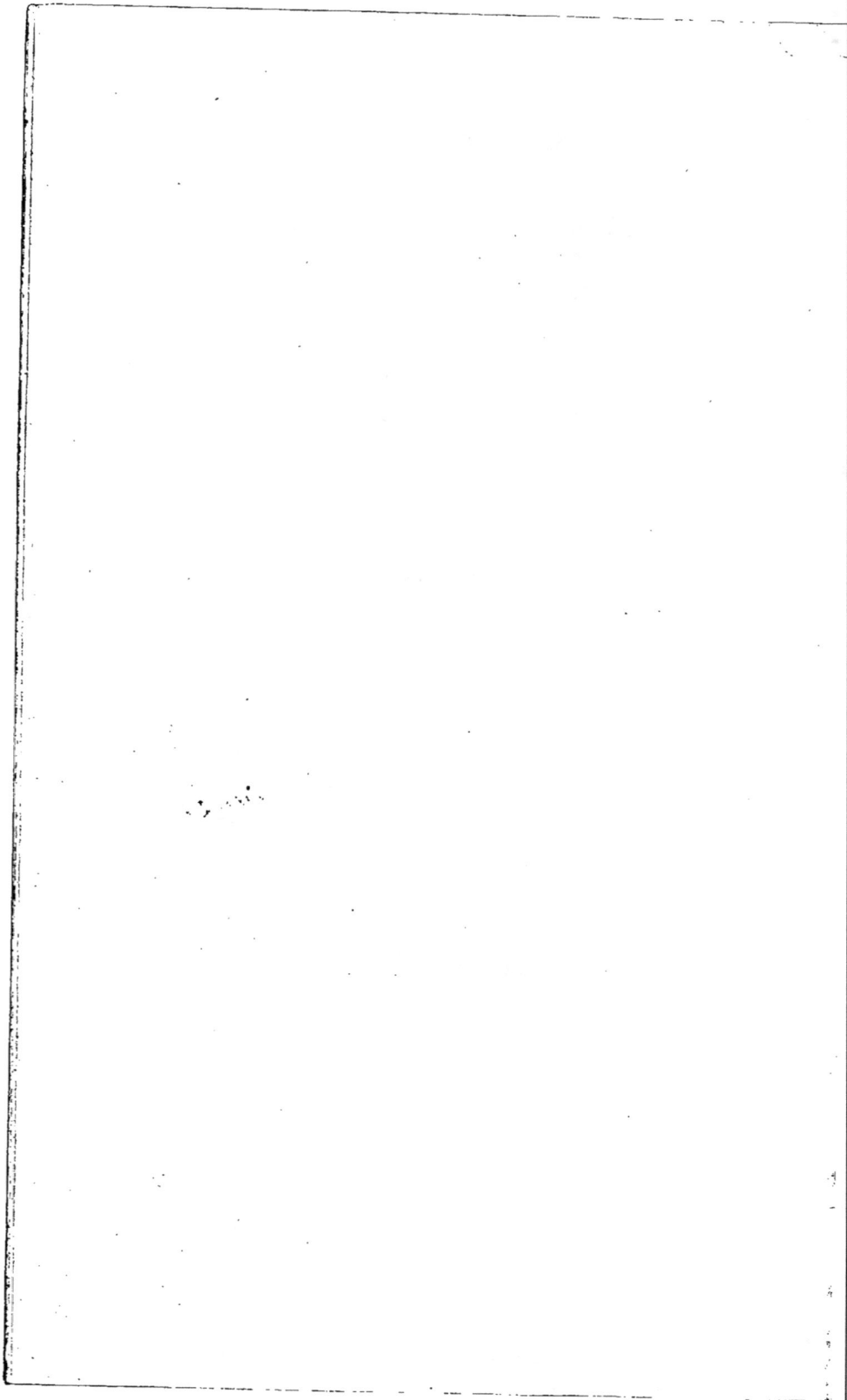

CAUSES CÉLÈBRES

POLITIQUES

Depuis le seizième siècle jusqu'à nos jours.

—————————

CONSPIRATION DU MARÉCHAL DE BIRON.

(1602.)

L'histoire du maréchal de Biron est l'un des exemples les plus mémorables de la rapidité avec laquelle un homme, alors même qu'il est doué de grandes et brillantes qualités, peut être poussé de la plus héroïque fidélité à la trahison, quand il se laisse dominer par l'orgueil et l'ambition.

Charles de Gontaut de Biron, fils d'Armand de Gontaut, seigneur et baron de Biron, était né en 1562; son grand-père avait été tué à la bataille de Saint-Quentin; son père, grand-maître de l'artillerie, maréchal de France, après avoir failli être une des victimes de la Saint-Barthélemy, avait embrassé avec ardeur la cause de Henri IV.

L'éducation du jeune de Biron fut ce qu'était alors celle des grands seigneurs, c'est-à-dire toute guerrière. Bien jeune encore, il fit ses premières armes sous les ordres de

1

son père, lors de l'expédition de Guyenne, et il montra tout
d'abord un si grand courage, une intelligence si prodi-
gieuse de l'art de la guerre, que l'on put prévoir à quelles
hautes destinées il serait un jour appelé. Comme son père,
il s'attacha au sort de Henri de Navarre, combattit sous
ses ordres, se couvrit de gloire aux journées d'Arques et
d'Ivry, aux siéges de Rouen et de Paris, et bientôt son nom
fut proclamé par le peuple et par l'armée comme étant
celui d'un des plus grands capitaines de ce temps.

Les talents et le dévouement de Biron étaient dignement
appréciés par Henri IV qui, devenu roi de France, en fit
son ami et le combla de biens et d'honneurs : Biron devint
successivement maréchal de camp, lieutenant-général, amiral de France, puis enfin maréchal de France et gouverneur
de Bourgogne, en même temps que sa baronnie était érigée
en duché. « C'est un homme, disait de lui Henri IV, que je
montre avec avantage à mes amis et à mes ennemis. »

Par malheur, Biron, ainsi que nous l'avons dit, n'avait
que les qualités de l'homme de guerre ; celles de l'homme
politique lui manquaient entièrement : il avait un amour-
propre excessif, manquait de prudence, et il avait une si haute
idée de son mérite, qu'il regardait les faveurs et l'amitié
de son roi comme de trop faibles récompenses. La paix
ayant été proclamée, et Biron ne pouvant plus trouver dans
les combats un aliment à son activité, il en vint à se persuader qu'un trône seul était digne de lui ; pour l'obtenir, il
ne craignit pas de trahir son pays, de traiter avec l'Espagne,
et de s'engager à livrer à l'étranger un tiers de la France, sa
patrie, à condition qu'il en serait reconnu le souverain, et
que la main d'une des filles du duc de Savoie lui serait accordée.

Biron avait alors pour confident un gentilhomme nommé
Lafin ; ce dernier dévoila toute la conspiration au roi. On lui
demanda des preuves ; il déroba adroitement au maréchal

une foule de papiers parmi lesquels se trouvait le traité de Biron avec l'Espagne, la correspondance qui avait eu lieu à ce sujet, et il remit le tout à Henri. Le roi assembla aussitôt son conseil, et l'on reconnut la nécessité de s'assurer de la personne du maréchal qui était alors en Bourgogne. Mandé par son souverain à Fontainebleau, où la cour se trouvait, Biron s'y présenta avec assurance. Le roi qui voulait le sauver mit tout en œuvre pour obtenir l'aveu sincère d'un crime qu'il voulait pardonner ; mais loin d'avouer ses torts, le maréchal s'emporta en menaces contre ses accusateurs, et comme Henri insistait, il s'écria avec fierté : « Sire, c'est trop pousser un homme de bien ! »

Le lendemain, le roi, après avoir joué avec le maréchal jusqu'à minuit, le prit de nouveau à part et renouvela ses efforts pour obtenir un aveu.

« Il l'interpella encore un coup, dit un auteur du temps, » de lui donner le contentement qu'il sût par sa bouche » ce dont, à son grand regret, il était trop éclairci ; » d'ailleurs, l'assurant de sa grâce et bonté, quelque chose » qu'il eût commise contre lui, le confessant librement, il » le couvrirait du manteau de sa protection. A quoi ledit » sieur maréchal affirma qu'il n'avait rien à dire, n'étant » pas venu vers sa majesté pour se justifier, mais la sup- » plier seulement de lui dire qui étaient ses ennemis, » pour lui en demander justice ou se la faire soi-même. Le roi » le refusa et lui dit : Je vois bien que je n'apprendrai rien » de vous. Je m'en vais voir le comte d'Auvergne pour es- » sayer d'en savoir davantage.

» Le roi rentra encore dans sa chambre, ordonna à tous » de se retirer et dit : Adieu, baron de Biron ; vous savez » ce que je vous ai dit. »

Au moment où le maréchal franchissait la porte et entrait dans l'antichambre, Vitry, capitaine des gardes, s'appro- cha, et portant la main gauche à la droite de Biron, pen-

dant que de la main droite il saisissait son épée, il dit :
Monsieur, le roi m'a commandé de lui rendre compte de
votre personne; baillez votre épée. — Tu railles, Vitry,
dit le maréchal fort étonné. — Non, monsieur le maréchal;
j'obéis au roi, et c'est en son nom que je vous demande
votre épée. — Hé! reprit Biron, laisse, je te prie, que je
parle au roi. — Cela ne se peut, monsieur; le roi est retiré. Alors le maréchal remit son épée à Vitry en s'écriant :
Ah! mon épée qui a tant fait de bons services!

Après être demeuré pendant quelques jours sous la garde
de Vitry, demandant inutilement à voir le roi et protestant
de son innocence, Biron fut conduit à la Bastille, et il fut
enjoint au parlement de lui faire son procès.

En présence des pièces livrées au roi par Lafin, l'issue de
ce procès ne pouvait être douteuse; aussi, la famille entière de Biron, au lieu de songer à le défendre, ne cher-
cha-t-elle qu'à le sauver en implorant la pitié de Henri. Le
10 juin, le roi étant dans la grande galerie du château de
Saint-Maur-des-Fossés, entouré d'une partie de sa cour,
M. de La Force, frère du maréchal, accompagné de sa famille éplorée, vint se jeter à ses pieds :

« Sire, dit-il, j'ai toujours cru que votre majesté rece-
vrait nos très humbles respects en bonne part; c'est pourquoi nous venons nous jeter à vos pieds, accompagnés des
vœux de plus de cent mille hommes, vos très humbles et
très obéissants serviteurs, pour implorer votre miséricorde,
non pour vous demander justice pour ce pauvre misérable.
Dieu veut que nous pardonnions à ceux qui nous ont offen-
sés, comme nous désirons qu'il nous pardonne; les hommes ne vous ont point mis la couronne sur la tête, c'est lui
seul qui vous l'a donnée; les rois ne peuvent mieux montrer leur grandeur qu'en usant de clémence, sire; je ne
veux point me jeter aux extrémités, sinon, qu'en suppliant
votre majesté de lui sauver la vie, et le mettre en tel lieu

qu'il vous plaira. Que maudite soit l'ambition qui l'a poussé à cela, et la vanité de se montrer nécessaire à tout le monde. Vous avez pardonné à plusieurs qui vous avaient davantage offensé, sire, ne veuillez point nous noter d'infamie, et nous mettre en proie à une honte perpétuelle qui durerait à jamais.... »

En finissant ce discours, M. de La Force se prosterna de nouveau, ainsi que tous les membres de sa famille, qui l'accompagnaient. Le roi leur ordonna avec bonté de se relever, et il répondit :

« J'ai toujours reçu les requêtes des amis du sieur de Biron en bonne part, ne faisant pas comme mes prédécesseurs, qui n'ont jamais voulu que non seulement les amis et parents des coupables parlassent pour eux, mais non pas même les pères et les mères, ni les frères. Jamais le roi François ne voulut que la femme de mon oncle, le prince de Condé, lui demandât pardon. Quant à la clémence dont vous voulez que j'use envers le sieur de Biron, ce ne serait miséricorde, mais cruauté ; s'il n'y allait que de mon intérêt particulier, je lui pardonnerais, comme je lui pardonne de grand cœur ; mais il y va de mon état, auquel je dois beaucoup, et de mes enfants, que j'ai mis au monde, car ils me le pourraient reprocher, et tout mon royaume. Je laisserai faire le cours de justice, et vous verrez le jugement qui en sera donné. J'apporterai ce que je pourrai à son innocence ; je vous permets d'y faire ce que vous pourrez...

» Quant à la note d'infamie, il n'y en a que pour lui ; le connétable de Saint-Pol, de qui je viens, le duc de Nemours, de qui j'ai hérité, ont-ils moins laissé d'honneur à leur postérité ? Le prince de Condé, mon oncle, n'eût-il pas eu la tête tranchée le lendemain, si le roi de France ne fût mort ? Voilà pourquoi vous autres, qui êtes parents du sieur de Biron, n'aurez aucune honte, pourvu que vous continuiez en vos fidélités, comme je m'en assure, et tant s'en faut que je veuille ôter vos charges, que s'il en venait de nouvelles, je vous les donnerais....

» J'ai plus de regret à sa faute que vous-mêmes ; mais avoir entrepris contre son bienfaiteur, cela ne se peut supporter... »

Le maréchal qui avait jusque là conservé beaucoup d'espérance, ayant appris le peu de succès de la démarche faite par sa famille, commença à perdre sa sécurité, et ayant remarqué que, depuis cette démarche, on n'entrait dans sa chambre que sans armes, et qu'on le servait avec des couteaux sans pointe, il s'écria avec indignation : *Oh! je vois bien qu'on veut me faire tenir le chemin de la Grève!* Il se décida alors à invoquer la clémence du roi, et il lui écrivit une longue lettre où l'on remarque particulièrement les passages suivants.

« Sire, entre les perfections qui accompagnent la grandeur de Dieu, sa miséricorde paraît par dessus toutes : cette miséricorde vous a été communiquée comme fils aîné de son Eglise, et vous avez jusqu'ici ménagé divinement le sang de vos ennemis. Or, sire, si jamais votre majesté, de qui la clémence a toujours signalé la victoire de votre épée, désire de rendre mémorable sa bonté par une seule grâce, c'est maintenant qu'elle peut paraître, en donnant la vie et la liberté à son serviteur, à qui la naissance et la fortune avaient promis une plus honorable mort que celle qui le menace. Cette promesse de mon destin, sire, qui voulait que mes jours fussent sacrifiés à votre service, s'en va être honteusement violée, si votre miséricorde ne s'y oppose...

» Je suis votre créature, sire, élevée et nourrie avec honneur à la guerre par votre libéralité et vos exemples ; car, de mâréchal de camp vous m'avez fait maréchal de France ; de baron, duc ; et de simple soldat, m'avez rendu capitaine. Vos combats et vos batailles ont été mes écoles, où, en vous obéissant comme mon roi, j'ai appris à commander les autres. Ne souffrez pas, sire, une occasion si misérable, et laissez-moi vivre pour mourir au milieu d'une armée, servant d'exemple d'homme de guerre qui combat pour son prince, et non d'un gentilhomme malheureux que le supplice défait au milieu d'un peuple ardent à la curiosité des spectacles, et impatient en l'attente de la mort des criminels.

» Que ma vie, sire, finisse au même lieu où j'ai accoutumé de répandre mon sang pour votre service, et permettez que celui qui m'est resté de trente-deux plaies que j'ai reçues en vous suivant et imitant votre courage, soit encore répandu pour la conservation et accroissement de votre empire, et que je reconnaisse la grâce que vous m'avez faite de me laisser la vie...

» Laissez-vous toucher, sire, à mes soupirs, et détournez de votre règne ce prodige de fortune, qu'un maréchal de France serve de funeste spectacle aux Français... Voyez cette lettre de l'œil que Dieu a accoutumé de voir les larmes des pécheurs repentants, et surmontez votre juste courroux pour réduire cette victoire en la grâce que je vous demande. »

Le roi ne répondit point à cette supplique, et l'instruction se continua. Lorsqu'elle fut terminée, le gouverneur de Paris, ayant reçu l'ordre de conduire le maréchal au parlement, se présenta dans sa chambre à cinq heures du matin ; il dit au prisonnier que la cour était assemblée sous la présidence de M. le chancelier, et que l'on n'attendait plus que sa présence.

Biron s'habilla aussitôt sans proférer une parole ; il monta en carrosse à la porte de la Bastille, et fut conduit, par l'Arsenal, au bord de la rivière où l'attendait un bateau couvert, dans lequel il entra avec MM. de Montigny et de Vitry. Bientôt ce bateau arriva au pied du Palais, et le maréchal fut introduit dans la vaste enceinte où siégeaient ses juges, au nombre de cent onze. On le fit asseoir sur la sellette destinée aux accusés, et l'on procéda à son interrogatoire; mais comme le chancelier avait la voix un peu basse, Biron, dès les premières questions, se leva et transporta lui-même son siége près de l'estrade, en disant : *Pardonnez-moi, monsieur, si je m'advance; je ne vous entends pas, si ne parlez plus haut.*

L'interrogatoire terminé, le greffier donna lecture des cinq chefs d'accusation portés contre le maréchal, pour haute trahison, lèse-majesté, etc. Biron écouta cette lecture avec le plus grand calme; dès qu'elle fut terminée, il dit d'une voix haute et ferme :

« Si j'ai commis quelque faute, le roi me l'a pardonnée à Lyon, et il ne vous appartient pas d'en connaître. Je n'ai point obtenu de lettres d'abolition, il est vrai, mais c'est une formalité dont l'omission ne peut mettre Biron en danger; c'était au roi à me les faire expédier. Le projet de traité qui sert de base à l'accusation est de ma main, j'en conviens, mais, la date en est antérieure au voyage de Lyon. Une lettre adressée à Lafin, dont vous admettez le témoignage contre moi, bien qu'il ait été mon complice, peut seule servir de prétexte à l'accusation; mais cette lettre même démontre que j'ai renoncé à mes extravagants projets, car on y lit : « Puisqu'il a plu à Dieu de donner un fils au roi, je ne veux plus songer à toutes ces vanités, ainsi ne faites faute de revenir. »

» Mon malheur a cette consolation, messieurs, qu'aucun de vous n'ignore les services que j'ai rendus au roi et à l'Etat : je vous ai rétablis, messieurs, sur les fleurs de lys d'où les saturnales de la Ligue vous avaient chassés. Ce corps qui dépend de vous aujourd'hui, n'a rien qui n'ait saigné pour vous; cette main, qui a écrit ces lettres produites contre moi, a fait tout le contraire de ce qu'elle écrivait. Il est vrai, j'ai écrit, j'ai pensé, j'ai dit, j'ai parlé plus que je devais faire; mais où est la loi qui punit de mort la légèreté de la langue et le mouvement de la pensée? Ne pouvais-je pas desservir le roi en Angleterre et en Suisse? Cependant j'ai été irréprochable dans ces deux ambassades; et si vous considérez avec quel cortége je suis venu, dans quel état j'ai laissé les places de Bourgogne, vous reconnaîtrez la confiance d'un homme qui compte sur la parole de son roi, et la fidélité d'un sujet bien éloigné de se rendre souverain dans son gouvernement. Assuré de mon pardon, je disais en moi-même : le roi connaît trop le fond de mon cœur pour soupçonner ma fidélité ; que s'il ne m'a donné la vie que pour me faire mourir, un tel procédé n'est pas digne de sa grande âme, et ne peut lui être inspiré que par les ennemis de sa gloire et les miens ; j'ai voulu mal faire, mais ma volonté n'a point passé les bornes d'une première pensée enveloppée dans les nuages de la colère et du dépit; et ce serait chose bien dure que ce fût par moi qu'on commençât à punir les pensées ; serais-je le seul en France qui n'éprouvât point la clémence du roi?

» La reine d'Angleterre m'a dit que si le comte d'Essex eût demandé pardon il l'eût obtenu. Le comte était coupable, et moi je suis innocent! Henri peut-il avoir oublié mes services? Ne se souvient-il plus du siége d'Amiens, où il m'a vu tant de fois couvert de feu et de plomb! Il ne m'a jamais aimé que tant qu'il a cru que je lui étais nécessaire; il éteint le flambeau en mon sang après qu'il s'en est servi. Mon père a souffert la mort pour lui mettre la couronne sur la tête : j'ai reçu quarante blessures pour la maintenir; et pour récompense, il m'abat la tête des épaules. C'est à vous, messieurs, d'empêcher une injustice qui déshonorerait son règne, et de lui conserver un bon serviteur et au roi d'Espagne un grand ennemi. »

Ce discours terminé, le maréchal fut reconduit à la Bastille par le même chemin et avec les mêmes précautions qu'il en avait été extrait. Il paraissait très satisfait de ce qu'il avait dit, et de l'impression que ses paroles semblaient avoir produite sur l'auditoire, quoiqu'il ne se fît pas illusion sur les sentiments du chancelier. Ce dernier, en effet, après le départ de l'accusé, avait pris la parole pour soutenir l'accusation, et il s'était efforcé de démontrer que des considérations personnelles, quelle qu'en fût l'importance, ne devaient pas faire taire la conscience des juges, et arracher le coupable à une condamnation méritée. L'arrêt fut ensuite prononcé ; il déclarait Biron coupable du crime de lèse-majesté, d'attentat à la personne du roi, et le condamnait à avoir la tête tranchée en place de Grève.

Le jour fixé pour l'exécution, le chancelier, M. de Sillery et trois maîtres des requêtes arrivèrent à la Bastille, suivis des audienciers et des huissiers. Comme ils traversaient la cour, la femme du concierge de la Bastille, nommé Rumigny, qui les accompagnait, se prit à pleurer et à pousser des gémissements. A ce bruit, Biron s'approcha des barreaux de sa fenêtre, et voyant de quoi il s'agissait il s'écria : « Quelle injustice ! faire mourir un homme innocent !... Monsieur le chancelier, venez-vous me prononcer la mort ?... Je suis innocent de ce dont on m'accuse. »

Le chancelier passa sans répondre et sans lever la tête ; puis il ordonna que l'on conduisît le condamné à la chapelle, laquelle était située au-dessous de la chambre qu'occupait le maréchal. Biron s'emporta alors, et pendant une heure il ne fit entendre que cris, menaces et imprécations.

«Quoi, monsieur! dit-il, avec véhémence, lorsque le chancelier arriva près de lui, vous qui avez le visage d'un homme de bien, avez souffert que j'aie été si misérablement condamné ?... Ah ! monsieur, si vous n'eussiez témoigné devant ces messieurs que le roi voulait ma mort, ils ne m'auraient pas ainsi condamné.... Monsieur ! monsieur ! vous avez pu empêcher ce mal et vous ne l'avez pas fait ! Vous en répondrez devant Dieu !... Oui, monsieur, devant lui, où je vous appelle dans l'an, et tous les juges qui m'ont condamné. »

En parlant ainsi, il frappait rudement sur les bras du chancelier.

« Ah ! s'écria-t-il encore, que le roi fait aujourd'hui de bien au roi d'Espagne de lui ôter un si grand ennemi que moi ! »

Enfin il parut se calmer un peu. Le chancelier saisit cet instant pour l'inviter à ne plus penser qu'à Dieu et à l'éternité, et il lui demanda, de la part du roi, de faire remise de son ordre. Biron le tira de sa poche, roulé dans son cordon bleu, car il ne l'avait point porté au cou depuis son arrestation, et il dit en le remettant :

« Le voici, monsieur ; je jure ma part de paradis que je n'ai jamais contrevenu aux statuts de l'ordre. »

Se tournant ensuite vers un docteur nommé Garnier, qui avait été envoyé près de lui avec le curé de Saint-Nicolas-des-Champs, pour lui offrir les consolations de la religion, il reprit :

« Je n'avais pas affaire de vous, monsieur, et vous ne serez pas en peine de me confesser. Ce que je dis ici tout haut est ma confession. Il y a huit jours que je me confesse tous les jours ; même la nuit dernière, je voyais les cieux ouverts, et me semblait que Dieu me tendait les bras. Et m'ont dit mes gardes ce matin que je criais toute nuit. »

Puis récriminant de nouveau contre Lafin qui l'avait trahi :

« Quoi ! s'écria-t-il, le roi ne permettra-t-il pas à mes frères de faire faire le procès à ce méchant ? Par le Dieu vivant et ma part de paradis ! ce méchant et déloyal m'a perdu, et je perds ma vie pour sauver la sienne. »

« Il proférait ces paroles de telle façon, dit un auteur de ce temps, qu'il semblait qu'il haranguait à la tête d'une armée au moment d'entrer au combat. »

Comme le chancelier se retirait, Biron demanda de n'être pas lié par le bourreau, ce qui lui fut accordé. Le greffier

alors s'approchant de lui : — «Monsieur, lui dit-il, je dois
vous lire votre arrêt, et il est nécessaire que vous fassiez
acte d'humilité. — Je le veux bien, mon ami, répondit le
maréchal; que veux-tu que je fasse? — Il faut vous mettre
à genoux. »

Il s'approcha aussitôt de l'autel sur lequel il s'appuya
du coude, tenant son chapeau à la main, et il mit le genou droit en terre. Il écouta d'abord avec calme la lecture
que faisait le greffier; mais en entendant ces mots : *Pour
avoir attenté aux jours du roi*, il l'interrompit. *Cela est
faux*, dit-il d'une voix forte, *ôtez cela*. Plus loin, le greffier lisant le passage qui ordonnait que l'exécution eût lieu
à la Grève, il l'interrompit de nouveau en s'écriant : « *Quoi !
moi en Grève!* — On y a pourvu, répondit le greffier; ce
sera céans; le roi vous fait cette grâce. — *Quelle grâce!*» fit-il
avec dédain. Enfin, lorsque le greffier en vint à l'article qui
déclarait tous ses biens confisqués et le duché de Biron réuni
à la couronne, il dit encore : « Le roi se veut-il enrichir de
ma pauvreté? La terre de Biron ne peut être confisquée; je
ne la possédais point par succession, mais par substitution.
Et mes frères, que feraient-ils?... Le roi se devrait conten-
ter de ma vie. »

Cependant l'échafaud avait été dressé à l'une des extrémités de la cour : *Il était*, dit l'auteur que nous avons déjà
cité, *haut de cinq pieds, sans aucune parure, et l'échelle mise
au pied*. A cinq heures, le greffier dit au maréchal qu'il
était temps de descendre. Biron descendit d'un pas ferme,
et il s'avança résolument à travers les gardes, les officiers et
les magistrats qui remplissaient la cour. Arrivé au pied de
l'échelle, il jeta son chapeau, s'agenouilla et fit une courte
prière, puis il monta sur l'échafaud et il ôta son pourpoint
en déclarant de nouveau, à haute voix, qu'à la vérité il avait
failli; mais que jamais il n'avait eu la pensée d'attenter à la
personne du roi. Après avoir reçu l'absolution du prêtre qui

l'assistait, il se tourna vers les soldats qui gardaient la porte principale, et s'écria : « Ah! que je voudrais bien que quelqu'un de vous me donnât d'une mousquetade au travers du corps! » Le greffier lui dit alors qu'il fallait lire l'arrêt. — « Je l'ai déjà ouï en la chapelle, répondit le condamné. — Monsieur, je dois le lire ici de rechef. — Lis donc, lis! »

Cette seconde lecture terminée, il se banda lui-même les yeux et se mit à genoux pour recevoir le coup mortel ; mais se ravisant tout à coup, il arracha le mouchoir, et jeta un regard menaçant sur le bourreau qui s'avançait pour lui lier les mains et lui couper les cheveux. « Que l'on ne m'approche pas, s'écria-t-il alors en se relevant vivement, je ne le souffrirai point... et si l'on me met en fougue, j'étranglerai la moitié de ce qui est ici. » *Sur laquelle parole*, dit l'auteur cité plus haut, *il se vit tel qui portait une épée à son côté, qui regardait à la montée, prêt à se sauver de frayeur.*

Toutefois, le maréchal se calma promptement, et ayant aperçu M. Barauton qui l'avait gardé durant sa captivité, il le pria de venir à lui pour lui bander les yeux et lui retrousser les cheveux, ce qui fut fait à l'instant.

« Dépêche! dépêche! dit alors le maréchal au bourreau. — Monsieur, répondit celui-ci, il faut dire votre *in manus*. » A peine avait-il prononcé ces mots, qu'il saisit l'épée que lui présentait son valet, et d'un coup si rapide qu'on ne vit point passer la lame, il fit voler jusqu'au milieu de la cour la tête du condamné, qui fut ensuite rapportée et exposée sur l'échafaud. Le corps, immédiatement couvert d'un drap noir et blanc, fut enterré le soir même dans l'église Saint-Paul.

Ainsi périt, le 30 juillet 1602, cet homme que son courage avait placé si haut, et que sa folle ambition devait perdre.

« Il était de taille médiocre, dit l'historien Mézerai, et de corpulence grosse, avait le poil noir, commençant à grisonner , la physionomie funeste , la conversation rude , les yeux enfoncés , la tête petite et sans doute mal garnie de cervelle. Ses desseins extravagants, sa conduite étourdie , et la folle passion qu'il avait pour le jeu (car il perdit en un an plus de cinquante mille écus) en étaient des marques certaines. »

Biron, quoi qu'en dise l'historien, avait bien mérité sa réputation d'habile et vaillant général , et son nom sera toujours, à juste titre , placé parmi ceux des plus grands capitaines du seizième siècle.

ASSASSINAT DE HENRI IV

PAR RAVAILLAC.

(**1610**)

Déjà Henri IV avait échappé dix–sept fois aux poignards des assassins; plusieurs de ces fanatiques avaient payé de la vie leurs coupables tentatives, et la mort de deux d'entre eux, Pierre Barrière et Jean Châtel , avait été précédée des plus cruels tourments. Mais cela n'avait eu pour résultat que d'augmenter l'ardeur du hideux fanatisme qui avait survécu aux dernières guerres de religion , et de faire voir en perspective aux misérables qui en étaient atteints , la palme du martyre pour prix du plus horrible crime.

Tel était Ravaillac, sous les coups duquel devait succomber ce prince.

Fils d'un praticien fort pauvre, François Ravaillac naquit à Angoulême en 1578. Il montra dès son enfance beaucoup de dispositions pour la vie monastique , et après avoir suivi , pendant plusieurs années, la profession de son père , il entra chez les Feuillants, dont il prit l'habit. Mais ces religieux ne tardèrent pas à reconnaître qu'il était atteint d'une sorte de démence dont les accès devenaient de plus en plus fréquents : il avait des visions, et se livrait à mille extravagances. Après avoir vainement tenté de le guérir, les religieux le renvoyè–

rent. Il se fit alors maître d'école dans la ville où il était né ;
mais son état mental ne s'améliora point : fanatisé, dès sa
plus tendre jeunesse, par les sermons et les écrits des li-
gueurs, il nourrissait une haine violente contre le roi, dans
lequel il ne voyait qu'un huguenot ennemi du pays ; et en
proie à de fréquentes hallucinations, il lui semblait entendre les voix des saints martyrs qui l'appelaient parmi eux.
Ce fut dans cette disposition d'esprit qu'il résolut de poignarder le roi, et qu'il partit pour Paris, où l'appelait, en outre,
les suites d'un procès qu'il avait gagné depuis longtemps au
parlement.

« Il semblait, dit M. de Bury dans son Histoire de Henri IV,
que le roi eût épuisé toute sa bonne humeur le jour du couronnement. Le lendemain de cette cérémonie, 10 mai 1610,
il parut accablé de tristesse, et après avoir entendu la messe
et passé un très long temps en prières, il se mit plusieurs
fois sur son lit ; mais ne pouvant dormir, il résolut, pour se
distraire, de se rendre à l'Arsenal, pour y visiter Sully, qui
était indisposé, et il ordonna qu'on préparât son carrosse.
Bientôt il sortit accompagné des ducs d'Épernon et de Montbazon, du maréchal de Lavardin, de Roquelaure, de Mira-
beau et de Liancourt, son premier écuyer. Lorsqu'il fut hors
du Louvre, il renvoya sa garde. Le carrosse, qui s'avançait
assez lentement par la rue Saint-Honoré, se trouva arrêté au
bout de la rue de la Ferronnerie, près de la fontaine des Innocents, par un embarras de voitures. Les valets de pied
quittèrent alors le carrosse, les uns pour faire débarrasser le
passage, les autres pour gagner la rue Saint-Denis en passant par le charnier des Innocents.

Ce jour-là, dès le matin, Ravaillac s'était posté à la porte
du Louvre, attendant l'occasion d'exécuter son criminel projet. Ayant vu sortir le carrosse, il le suivit, puis, le voyant
s'arrêter, il se fit jour à travers la foule, mit le pied sur un
des rayons de la roue de derrière, du côté où était le roi, s'ap-

puya d'une main sur la portière, et de l'autre il frappa le roi d'un couteau à deux tranchants. Le premier coup porta entre la deuxième et la troisième côte ; il était mortel : un second coup ne produisit qu'une blessure légère. Le meurtrier en porta encore plusieurs autres, qui pénétrèrent dans l'une des manches du duc de Montbazon, lequel s'était empressé de lever le bras pour garantir le roi.

« Je suis blessé ! » s'écria Henri. Ravaillac, qui était demeuré immobile près du carrosse et le couteau à la main, fut arrêté sur-le-champ et conduit à l'hôtel de Retz, escorté par des archers qui eurent beaucoup de peine à empêcher le peuple de le mettre en pièces. En même temps, le roi était ramené au Louvre ; il expira en y arrivant.

Les premières paroles que prononça Ravaillac lorsque le tumulte qui se faisait autour de lui lui permirent de se faire entendre, furent celles-ci : *Le roi est-il mort ?* On lui répondit qu'il n'avait aucun mal. — « Cela m'étonne, reprit-il, car je lui ai certainement donné un mauvais coup. » Et, comme l'une des personnes présentes lui demandait qui l'avait poussé à commettre un si grand crime, il répondit sans hésiter : « Je vous mettrais dans un furieux embarras si je disais que c'est vous. »

Dans la soirée, on le fit sortir de l'hôtel de Retz pour le conduire à la Conciergerie, dans la tour de Montgommery, où les présidents Jeannin et Bullion se rendirent pour l'interroger. Il répondit à leurs questions :

« Je m'appelle François Ravaillac ; je suis natif d'Angoulême, et j'ai trente deux ans : je n'ai jamais été marié. Mon métier est d'apprendre à lire et à écrire aux jeunes garçons. J'ai été quatorze ans solliciteur de procès Je suis venu à Paris pour un procès que j'ai gagné depuis longtemps au parlement, où je poursuivais la taxation des frais. Ni moi, ni aucun des miens n'avons jamais reçu aucun tort du roi. Ce n'est donc ni un désir particulier de vengeance , ni l'instigation de personne, mais une tentation de l'enfer qui m'a porté à le tuer; et je suis venu à Paris dans la ferme résolution d'exécuter l'attentat. Sorti ce matin de mon auberge, entre les six et sept heures , je me suis rendu tout seul à l'église de Saint-Benoît pour entendre la messe , puis je suis revenu chez moi toujours rempli de mon dessein. »

Interrogé plus longuement le 17 et le 19 mai, il fit de son crime et de tout ce qui l'avait précédé un long récit dont voici les parties les plus remarquables:

« Il y a environ trois semaines que je suis à Paris, de ce dernier voyage. Le désir de retourner dans ma patrie m'en avait fait prendre le chemin; mais , lorsque je fus arrivé à Etampes , celui de tuer le roi s'étant rallumé dans mon cœur, me fit aussitôt retourner en arrière. Je ne pouvais souffrir que ce monarque ne forçât point les Huguenots à embrasser la religion catholique , chose que je croyais aisée. Mais avant d'exécuter mon dessein, je voulus parler au roi pour voir si je pourrais l'engager à ce que je désirais. Je fus, pour cet effet, plusieurs fois au Louvre; mais je ne pus trouver personne qui me présentât à sa majesté....

» J'ai déclaré au père d'Aubigny , jésuite, quantité de visions qui m'agitaient fort. J'ai éprouvé comme des sensations de feu, de soufre et d'encens ; j'ai cru , en chantant des psaumes, entendre des trompettes de guerre ; et, la nuit, en soufflant mes tisons pour les rallumer, il m'a semblé voir sortir de mon soufflet des hosties de communion. Pour me guérir de cette maladie d'esprit, le père d'Aubigny m'exhorta à réciter le chapelet , à prier Dieu, et à m'adresser à quelque grand pour être présenté au roi.

» Après Noël, je rencontrai le roi dans son carrosse, auprès des Innocents, et lui criai : « Sire , au nom de notre » Seigneur Jésus-Christ, et de la sacrée vierge Marie, qu'il » me soit permis de dire un mot à votre majesté. » Mais on me repoussa avec un coup de gaule, et je ne pus lui parler. Déterminé, en conséquence, à retourner dans mon pays, je l'exécutai, en renonçant à la pensée de tuer ce monarque, mais elle se réveilla, lorsque, à Pâques dernier, je revins à Paris, à pied, en huit jours.

» Dans l'auberge près des Quinze-Vingt, où on refusa de me loger, je volai le couteau qui me parut propre à mon dessein, et je le gardai engaîné dans ma poche. Ayant renoncé de nouveau à mon horrible pensée, je repartis, et je l'épointai en chemin, dans une charrette où je me trouvais. Mais à Etampes, pressé plus vivement que jamais par la tentation née de l'idée que le roi ne forçait point les Hugue-nots à rentrer dans le sein de l'Eglise, et accrue par le bruit qui se répandait, qu'il voulait faire la guerre au pape et transférer le saint-Siége à Paris, j'y revins encore pour tâcher de le rencontrer.

» Je refis la pointe de mon couteau avec une pierre, et j'attendis, pour faire le coup, que la reine eût été couronnée et fut retournée au Louvre, persuadé qu'alors l'assassinat du roi produirait dans le royaume moins de confusion et de préjudice... .

» L'archevêque d'Aix et quantité d'autres personnes m'ont pressé d'avouer qui m'avait poussé à commettre ce crime ; j'ai répondu que c'était ma seule volonté. Ma réponse est la vérité, et tous les tourments possibles ne sauraient me faire déclarer autre chose. Si leur violence devait m'y forcer, j'en ai éprouvé un effet assez rigoureux de la part d'un Huguenot qui, de son autorité privée, lorsque j'étais prisonnier à l'hôtel de Retz, m'écrasa les pouces.....

» Je n'ai osé déclarer mon dessein ni à curés, ni à autres prêtres, parce que j'étais très sûr qu'ils m'auraient fait arrêter et livrer à la justice, pour la raison que quand il s'agit de choses concernant l'état, ils ne gardent jamais le secret. à cause de l'obligation où ils sont de le révéler...

» J'ai été trois ou quatre fois au Louvre, pour prier instamment M. de La Force, capitaine des gardes, je l'en prends à témoin, de me présenter au roi. Mais il me refusa et m'écarta toujours, comme un papiste outré...

» Maintenant que j'ai déclaré la vérité en entier et sans aucune réserve, j'espère que Dieu, tout bon et tout miséricordieux, m'accordera le pardon de mes péchés, parce qu'il est beaucoup plus puissant pour effacer la faute, moyennant la confession et l'absolution du prêtre, que les hommes n'ont de pouvoir pour l'offenser. »

Ici, Ravaillac commença à pleurer amèrement, et ce fut en fondant en larmes qu'il invoqua la Vierge et tous les saints d'intercéder pour lui auprès de Dieu. On lui fit signer son second interrogatoire comme il avait signé le premier, et il écrivit ces deux vers au-dessous de sa signature :

> Que toujours dans mon cœur
> Jésus seul soit vainqueur.

Le père d'Aubigny, jésuite qui avait confessé Ravaillac, fut aussi interrogé ; mais il ne répondit que ces mots : « Je ne me souviens jamais de ce qu'on m'a dit en confession. » Et quelqu'efforts que l'on fît, on ne put en obtenir autre chose.

Appliqué à la question, Ravaillac en supporta les tourments avec beaucoup de courage, et il ne cessa de répéter qu'il n'avait absolument rien à ajouter aux aveux qu'il avait faits précédemment.

Le 27 mai, il fut conduit devant la grand'chambre du parlement, pour y entendre, à genoux, la lecture de son arrêt ainsi conçu :

« Vu par la cour, les grand'chambres, tournelle, et de l'édit, assemblées, le procès criminel fait par les présidents

et conseillers à ce commis, à la requête du procureur général du roi, à l'encontre de François Ravaillac, praticien de
la ville d'Angoulème, prisonnier en la Conciergerie du palais, informations, interrogatoires, confessions, dénégations,
confrontations de témoins ; conclusions du procureur général du roi, etc... Tout considéré, dit a été que la cour a déclaré et déclare ledit Ravaillac dûment atteint et convaincu
du crime de lèse-majesté divine et humaine au premier chef,
pour le très méchant, très abominable et très détestable parricide commis en la personne du feu roi Henri IV, de très
bonne et très louable mémoire ; pour réparation duquel l'a
condamné et condamne à faire amende honorable devant la
principale porte de l'église Notre-Dame de Paris, où il sera
mené et conduit dans un tombereau. Là, nu, en chemise,
tenant une torche ardente du poids de deux livres, dire et
déclarer que malheureusement et proditoirement, il a commis ledit très méchant, très abominable et très détestable
parricide, et tué ledit seigneur roi de deux coups de couteau
dans le corps, dont il se repent et en demande pardon à Dieu,
au roi et à la justice. De là, conduit à la place de Grève, et
sur un échafaud qui y sera dressé, tenaillé aux mamelles,
bras, cuisses et gras des jambes ; sa main dextre, y tenant
le couteau duquel il a commis ledit parricide, et brûlée
du feu de soufre ; et sur les endroits où il sera tenaillé,
jeté du plomb fondu, de l'huile bouillante, de la poix résine
brûlante, de la cire et du soufre fondus ensemble. Ce fait,
son corps tiré et démembré à quatre chevaux, ses membres
et corps consommés au feu, réduits en cendres, jetés au vent.
A déclaré et déclare tous ses biens confisqués au roi. Ordonne
que la maison où il est né sera démolie, celui à qui elle appartient préalablement indemnisé, sans que sur le fond puisse
être fait à l'avenir autre bâtiment ; et que, dans quinzaine
après la publication dudit arrêt, à son de trompe et cri public dans la ville d'Angoulème, son père et sa mère vuideront

le royaume, avec défense d'y revenir jamais, à peine d'être pendus et étranglés sans aucune forme ni figure de procès. Défendons à ses frères et sœurs, oncles et autres, de porter ci-après le nom de Ravaillac, et leur enjoignons de le changer sur les mêmes peines ; et au substitut du procureur général de faire publier et exécuter le présent arrêt, à peine de s'en prendre à lui ; et avant l'exécution d'icelui Ravaillac, ordonne qu'il sera de rechef appliqué à la question pour la révélation de ses complices. »

En conséquence de cette dernière disposition, le condamné fut de nouveau soumis aux tourments de la question ; mais quelque terribles que fussent ces tourments, il persista à soutenir que personne ne l'avait poussé à commettre le crime dont il s'était rendu coupable.

« Je ne suis pas assez malheureux, dit-il en entrecoupant ses paroles de cris qui lui étaient arrachés par la douleur, pour cacher quelque chose dans ce genre, tandis que je suis pleinement persuadé que mon silence m'exclurait de la miséricorde divine, dans laquelle je mets mon espérance ; outre que par la déclaration des complices, j'eusse abrégé des tourments inouïs. J'ai péché énormément en succombant à la tentation de tuer mon souverain. J'en demande pardon au roi, à la reine, à la justice, à tout le monde. Je les conjure de prier Dieu que mon corps porte la peine de mon âme, et je demande instamment que ma confession soit imprimée et publiée. »

Lorsque l'heure de l'exécution fut venue, on conduisit le condamné dans un tombereau devant l'église Notre-Dame, où il fit amende honorable, et de là à la Grève. Il y arriva à quatre heures, et ce ne fut qu'avec la plus grande peine qu'on parvint à le faire avancer jusqu'à l'échafaud, tant était grande la foule qui se pressait sur cette place et dans les rues environnantes. Les princes de la maison de Guise étaient aux fenêtres de l'Hôtel-de-Ville, et indépendamment de la garde ordinaire, l'échafaud était entouré de plusieurs centaines de gentilshommes à cheval. Les deux confesseurs du condamné étaient aussi à cheval près de l'échafaud, sur lequel ils montèrent ensuite pour exhorter le patient et l'engager une dernière fois à faire connaître ses complices.

Cependant Ravaillac, malgré les souffrances inouïes qu'il avait endurées, paraissait calme et résigné. Arrivé sur la plateforme, il fit une courte prière, puis il s'abandonna à l'exécuteur, qui, après l'avoir couché sur le dos, et lui avoir lié le corps entre deux poteaux, lui attacha les pieds et les mains à quatre chevaux. Alors l'un des prêtres qui l'assistaient entonna le *Salve Regina ;* mais il fut aussitôt interrompu par le peuple, et de toutes parts s'élevèrent ces cris : *Pas de prières pour un damné!... En enfer le Judas!*

Alors l'exécuteur saisit les tenailles qui rougissaient sur un fourneau ardent, et il tenailla le patient à toutes les parties du corps indiquées par l'arrêt. La main droite de laquelle il tenait le couteau avec lequel le crime avait été commis, fut mise sur le feu et brûlée lentement jusqu'au poignet, et à mesure que les chairs brûlaient, que les os se calcinaient, l'exécuteur versait sur le feu du soufre contenu dans des cornets. La main et le poignet étant entièrement brûlés, on versa dans les plaies faites par les tenailles de l'huile bouillante, de la poix résine, de la cire et du soufre fondus ensemble. Pendant ce long et pénible supplice, on ne cessait d'exhorter Ravaillac à faire connaître ses complices; mais il répondit toujours avec le même calme et la même résignation, qu'il n'en avait point. On fouetta ensuite les chevaux auxquels ses membres étaient attachés ; mais soit que ces chevaux eussent été mal choisis, ou que les muscles du patient fussent d'une force extraordinaire, il se passa plus d'une heure en efforts inutiles. Ravaillac, malgré de si longues et si cruelles souffrances, n'avait pas perdu connaissance, et il ne cessait de recommander son âme à

Dieu. Un des gentilshommes, qui assistaient à l'exécution, voyant qu'un des quatre chevaux destinés à achever le patient avait épuisé ses forces, mit pied à terre, détacha ce cheval et le remplaça par le sien qu'il aida lui-même à tirer. Enfin, l'exécuteur s'armant d'un couperet, acheva de séparer les membres disloqués. Aussitôt le peuple se rua sur ces membres sanglants, mit le tronc en pièces, et emporta dans les divers quartiers de la capitale ces hideux trophées qui, quelques heures après, furent livrés aux flammes.

CONSPIRATION DU DUC DE MONTMORENCY.

(1632.)

Né en 1595, Henri de Montmorency eut pour parrain Henri IV, qui lui donna, en même temps que son nom, le gouvernement de Narbonne, et qui ne cessa dans la suite de lui témoigner la plus vive affection. A peine âgé de 13 ans, le jeune duc obtint la survivance du gouvernement de Languedoc; à dix-sept ans, il était grand amiral de France. Dès ce moment, il ne cessa de se faire remarquer parmi les plus fidèles serviteurs de Louis XIII. Après avoir repoussé les avances provocatrices de la reine mère, il se distingua successivement aux siéges de Montauban et de Montpellier, dans la guerre du Languedoc, et plus tard, en Piémont, où, après la déroute de Doria, le roi lui écrivit, en lui envoyant le bâton de maréchal : « Je me sens obligé envers vous autant qu'un roi le puisse jamais être. »

Mais bientôt les séductions de la reine mère redoublèrent, et elle fut puissamment secondée par Gaston, envieux de la puissance de son frère. Marie de Médicis lui représentait qu'il espérait vainement obtenir la charge de connétable, devenue presque héréditaire dans sa famille; que le cardinal de Richelieu avait résolu d'abattre toutes les autorités pour

4

les réunir uniquement dans sa personne ; qu'une seule voie
lui était tracée pour parvenir à des dignités et à une gloire
dignes de sa valeur et de son nom, et que cette voie était
celle de médiateur forcé entre le roi et ses proches.

Marie de Médicis, en effet, était alors refugiée sur une
terre étrangère ; l'âme généreuse de Montmorency lui ins-
pira peut-être la malheureuse pensée de se sacrifier, pour
mettre un terme à la royale mésintelligence dont gémissaient
tous les Français. Toujours est-il dit qu'il souleva le Languedoc contre l'autorité royale, fit des levées d'hommes et d'argent, s'assura de Lodève, Alby, Uzès, Béziers, Saint-Pons,
Lunel, et y reçut Gaston à la tête de deux mille hommes.

Nous n'entreprendrons point de tracer l'histoire de Montmorency ; les circonstances de sa défaite sont consignées
dans les annales de l'orageux règne de Louis XIII. Entraîné
par cette valeur impétueuse qui lui faisait d'ordinaire confondre le devoir de général avec celui de soldat, il essuya, à
la tête de ses partisans, et à moins de vingt pas, une terrible décharge de mousqueterie ; transporté de fureur à la
vue du sang qui ruisselait d'une blessure qu'il avait reçue à
la gorge, il s'élança, sans voir que six gentilshommes seulement le suivaient, au milieu des chevaux-légers, dont le capitaine, nommé Gadagne, qu'il avait blessé d'un coup de
pistolet, lui perça de deux balles la joue droite, et lui fra-
cassa plusieurs dents. Cela, toutefois, ne pouvait abattre
Montmorency ; enflammé de colère, il frappe et renverse
le baron de Laurière, et décharge un terrible coup d'épée
sur la tête du baron de Bourdet ; mais à ce moment, il reçoit
cinq blessures dans la poitrine ; son cheval tombe mort, et
il est lui-même pris et transporté dans une métairie, à plus
d'une lieue de distance, d'où, après un premier pansement
opéré sur une méchante échelle recouverte de quelques man-
teaux, il fut amené à Castelnaudary, au milieu de l'émo-

tion et de la douleur du peuple dont il avait fait si longtemps l'admiration et dont il était le bienfaiteur.

C'était le 1er septembre 1632 que se livrait, près de Castelnaudary, cette déplorable bataille. Le 22 octobre, Louis XIII
arrivait à Toulouse, et le 27, le duc y était transporté pour
être jugé par le parlement, extraordinairement présidé par
le garde-des-sceaux du royaume.

Au jour de son arrestation, Montmorency avait soutenu
son malheur en héros. Lucante, son médecin, lui disant un
jour, après l'avoir pansé, qu'il était heureux, grâce au ciel,
qu'aucune de ses blessures ne fût dangereuse, il lui répondit : « Vous oubliez votre métier, mon ami; il n'y en a point
» jusqu'à la moindre qui ne doive entraîner la mort. »

Cependant, sa famille sollicitait vivement sa grâce; mais le
cardinal de Richelieu voulait sa perte, et il répondit à la
sœur du duc qui lui offrait comme ôtages de la fidélité de
son frère ses deux enfants, le duc d'Enghien (depuis le
Grand Condé) et le prince de Conti :

« Il faut, madame, espérer en la miséricorde du roi ; mais
» je n'y puis aucune part, et ne jamais vous donner sincè-
» rement aucune consolante parole. »

La procédure suivit donc son cours, et le jour venu de
comparaître devant ses juges, le capitaine des gardes, Gui-
taut, se présenta pour le conduire au palais. Montmorency
reçut en souriant cette nouvelle et se laissa conduire ; mais
lorsque, au palais, le garde des sceaux, d'un ton de commandement et de colère, lui demanda ses nom, âge et qualités, le duc perdant pour un moment cette évangélique
patience dont il s'était fait une loi depuis le jour de sa catastrophe, répondit d'une voix ferme et sévère, en fixant sur
son interlocuteur un œil menaçant et irrité : « Vous avez
» assez longtemps mangé le pain de mon père et celui de
» ma maison pour le savoir. » Puis se remettant aussitôt,
il fit signe qu'il avait regret de cet emportement involon-

taire, et qu'il était prêt à répondre à toutes les questions qui lui seraient adressées. Il convint avoir été pris combattant en bataille rangée contre le roi ; que depuis il avait mainte fois reconnu la faute en laquelle il était tombé, plutôt par imprudence que par malice, et qu'il en avait demandé pardon au roi comme il le faisait encore en ce moment.

Le procureur général ayant donné ses conclusions, qui tendaient à la mort, le duc se retira et se prépara à faire une confession générale. Le père Arnoux vint le trouver alors, et lui dit en l'abordant : «J'ai bien sujet de m'estimer malheureux d'être obligé de vous rendre mes devoirs en cette rencontre. — En me servant bien de cette occasion, répondit Montmorency en l'embrassant, j'espère de la grâce de Dieu et de son assistance qu'il n'y aura point de malheur ni pour l'un ni pour l'autre. »

Il écrivit ensuite à la duchesse sa femme le billet suivant :

« MON CHER CŒUR ,

» Je vous dis le dernier adieu avec la même affection qui
» a toujours été entre nous ; je vous conjure, par le repos de
» mon âme, que j'espère être bientôt dans le ciel, de mo-
» dérer vos ressentiments, et de recevoir de la main de
» votre doux sauveur cette affliction; je reçoistant de
» grâces de sa bonté, que vous en devez avoir tout sujet de
» consolation. Adieu encore un coup, mon cher cœur.

» HENRI DE MONTMORENCY. »

« Le 29 octobre 1632, fut rendu l'arrêt d'après lequel
» le duc de Montmorency, déclaré atteint et convaincu
» du crime de lèse-majesté au premier chef, est con-

» damné, pour réparation, à être privé de tous ses états,
» honneurs, dignités, à être livré ès-mains de l'éxécuteur
» de la haute justice, pour avoir la tête tranchée sur un
» échafaud ; tous ses biens être confisqués, et ses terres, te-
» nues immédiatement et médiatement du roi, être réunies
» au domaine de la couronne. »

La mort de Montmorency était résolue ; le P. Joseph et le
cardinal avaient d'avance fortifié Louis XIII contre toutes les
démarches de ses amis et de sa famille, en présentant sous
toutes ses faces la raison d'état. Le condamné cependant
consentit, sur la prière du père Arnoux, à faire demander
sa grâce : « Quoique, dit-il, il n'espérât rien que la miséricorde de Dieu.» — Je vous prie de dire à M. le cardinal,
ajouta-t-il, en s'adressant à Launay, que je suis son très
humble serviteur ; que si, par sa faveur, il me conserve la
vie, fléchissant le cœur du roi à la miséricorde que je lui
demande, je vivrai en sorte qu'il n'aura jamais à s'en repentir ; néanmoins que je ne souhaite pas que le conseil du roi
se fasse aucune violence, s'il croit ma mort plus utile à l'é-
tat que le reste des années que je pourrais vivre, quoique
je sois à la fleur de mes ans. »

Le roi était occupé au jeu, lorsque Launay se présenta
devant lui ; à peine fit-il attention à la supplique. Le duc de
Chevreuse, dont les querelles avec Montmorency avaient été
éclatantes, se jette à ses pieds sans plus l'émouvoir, bien
qu'il lui offrit sa vie et sa liberté pour gage de la fidélité de
son ennemi ; une seule parole s'échappa à cette occasion des
lèvres de l'inflexible ou trop subjugué monarque ; elle s'a-
dressait à M. du Châtelet dont les larmes et les sanglots tra-
hissaient en ce moment la douleur : « M. du Châtelet voudrait avoir perdu un bras, sans doute, pour sauver M. de
Montmorency, dit-il en lui lançant un regard de mépris et
de reproche. — Oh ! sire, répliqua vivement du Châtelet, je

voudrais les avoir perdus tous deux, pour vous en sauver un qui vous gagnait des batailles. »

En ce moment entrait M. de Charlus. « Sire, dit-il, je viens rendre à votre majesté, de la part de M. de Montmorency, le bâton de maréchal et le collier de notre Ordre. Il m'a chargé de dire à votre majesté qu'il meurt avec un très sensible déplaisir de l'avoir offensée. » A ces mots, la voix du capitaine des gardes, qui s'affaiblissait à chaque moment, fut couverte tout-à-fait de sanglots, et, tombant entièrement aux pieds du roi : — « Grâce ! s'écria-t-il, grâce pour lui ! grâce pour ses ancêtres, qui ont si bien servi vos aïeux ! — Allez dire au duc de Montmorency, répondit Louis XIII, en se tournant vers Charlus avec un mouvement d'impatience, que la seule grâce que je lui puisse faire, est de défendre au bourreau de le toucher, et de lui mettre la corde sur les épaules. »

L'heure de midi, fixée pour l'exécution, était arrivée pendant ces démarches ; les deux commissaires nommés pour assister à la lecture de l'arrêt attendaient le duc à la chapelle ; il y descendit après avoir quitté l'habit magnifique dont il était alors vêtu, pour revêtir un sarreau de toile qu'il avait lui-même fait faire pour son supplice. Il salua les commissaires en entrant, se mit à genoux devant l'autel, et après avoir entendu la lecture de son jugement dans une attitude de profond recueillement, il leur dit : « Je vous remercie, messieurs, vous et votre compagnie ; assurez-là que je regarde cet arrêt de la justice du roi comme un arrêt de la miséricorde de Dieu. »

Lucante alors s'approcha pour lui couper les cheveux ; mais au moment de lui rendre ce dernier service, le fidèle serviteur tomba évanoui. — « Comment, Lucante, dit Montmorency en le relevant, vous qui m'exhortiez à recevoir tous mes malheurs comme venant de la main de Dieu, vous êtes plus affligé que moi ? Allons, consolez-vous ; que je vous

embrasse pendant que j'ai les mains libres encore ; allons ne
m'oubliez jamais. »

Alors il marcha au supplice. En entrant dans la cour de
l'Hôtel-de-Ville, où se trouvait dressé l'échafaud, il s'arrêta
au pied de la statue d'Henri IV, et la montrant du regard
au Père Arnoux : « Je regarde la statue d'Henri IV, dit-il
avec un soupir, c'était un grand et généreux monarque !
J'avais l'honneur d'être son filleul ! » Puis, après avoir gardé
le silence quelques instants : « Allons reprit-il, en mettant
le pied sur la première marche de l'échafaud, voilà l'unique
chemin du ciel. »

Le greffier du parlement, le grand prévôt, les capitouls
et les officiers du corps de la ville se trouvaient seuls dans
la cour où allait se passer l'exécution ; Montmorency leur dit
d'une voix ferme et pleine de calme : « Je vous prie, Messieurs, de témoigner au roi que je meurs son très humble sujet, et avec un regret extrême de l'avoir offensé, dont je lui
demande pardon, et même à toute la compagnie. » Il se mit
à genoux, à ces mots, devant le billot, cherchant à prendre
une posture dans laquelle ses blessures ne lui causassent pas
de gêne ; après avoir récité son *in manus*, et avoir recommandé à l'exécuteur, par qui il se fit bander les yeux, de ne
pas frapper avant d'être averti, il baissa la tête, la releva un
peu, et dit d'un accent bref : — « Frappe hardiment ! » —
Sa tête aussitôt vola sur le plancher.

Ainsi périt, le 30 octobre 1632, à l'âge de trente-huit ans,
le maréchal duc de Montmorency : avec lui finissait la branche cadette de cette famille si féconde en illustrations, et la
première de la branche ducale de Montmorency. Ses biens,
quoique l'arrêt en eût ordonné la confiscation, retournèrent
à sa sœur, mère du grand Condé. Son corps embaumé par
les dames de la Miséricorde et enveloppé d'un drap de ve-
lours noir, fut conduit à l'abbaye de Saint-Cernin, où le
cardinal de Lavalette lui célébra un service auquel le parle-

ment et les principaux seigneurs de la cour asssistèrent.

En 1645, la duchesse fit transporter son corps à Moulins, où fut élevé un magnifique tombeau que l'on admire encore aujourd'hui dans l'ancienne église des Jacobins.

Louis XIII, après l'exécution, manda le père Arnoux qui avait assisté le duc à ses derniers moments.

« Sire, lui dit le religieux, votre majesté a fait un grand
» exemple sur la terre par la mort du duc de Montmorency ;
» mais Dieu, par sa miséricorde, en a fait un grand saint
» dans le ciel. » Le roi répondit en soupirant : « Mon Père,
» je voudrais avoir contribué à son salut par des voies plus
» douces. »

Et plus tard, au lit de mort, Louis XIII avouait au grand Condé que, parmi les regrets qui empoisonnaient ses derniers instants, le plus vif était de n'avoir pas pardonné à Montmorency.

CONSPIRATION DE CINQ-MARS.

(1642.)

La mort du comte de Soissons, le plus redoutable ennemi de Richelieu, tombé sous les coups d'un assassin inconnu, venait de consolider, pour jamais, la puissance du cardinal. Cependant il songea bientôt à s'élever encore en faisant tomber la tête de Cinq-Mars, le dernier et le plus aimé des favoris de Louis XIII.

Dans le principe, Cinq-Mars avait été la créature de Richelieu qui, craignant les suites de la passion naissante que le roi montrait pour mademoiselle de Chemereau, résolut de lui donner un favori dont la faveur balançât celle d'une maîtresse, et par le canal duquel il pourrait, lui cardinal, être instruit des plus secrètes pensées du roi. Il jeta les yeux sur le jeune Cinq-Mars, fils du marquis d'Effiat, qui n'avait pas encore vingt ans, et était capitaine aux gardes.

Cinq-Mars était un des plus beaux hommes de la cour; il joignait à cet avantage beaucoup d'esprit, une humeur enjouée. Richelieu trouva le moyen de le faire remarquer du roi qui s'éprit d'une vive amitié pour le jeune capitaine, et ne put bientôt se passer de lui. Il le nomma d'abord grand-maître

5

de sa garderobe, puis grand-écuyer de France, et lui donna une pension de quinze cents écus à prendre sur sa cassette, faveur qu'il n'avait jamais accordée qu'aux personnes qui avaient été le plus avant dans ses bonnes grâces. Dès lors, on n'appela plus Cinq-Mars que *M. Le Grand.*

Une intelligence parfaite régna d'abord entre le ministre et le favori. Ce dernier rendait compte au cardinal des plus secrètes pensées du roi, qui n'avait rien de caché pour lui, et, de son côté, Richelieu se servait de tout l'ascendant qu'il avait sur l'esprit du monarque pour augmenter la faveur du grand-écuyer.

Cette harmonie ne pouvait durer longtemps entre deux hommes également ambitieux et altiers. Ce fut La Chesnaye, premier valet de chambre du roi qui, le premier, parvint à jeter le trouble entre ces trois personnages. Cet homme était un intrigant dont le cardinal s'était servi autrefois pour arrêter les progrès que madame d'Hautefort faisait dans le cœur du roi. Louis XIII, qui écoutait volontiers son premier valet de chambre, apprit de lui que Cinq-Mars, après avoir assisté au coucher, partait en poste pour Paris, où il passait les nuits dans la débauche avec Marion de Lorme. Le roi, qui était très sévère sur l'article des mœurs, témoigna beaucoup de mécontentement. De son côté, Cinq-Mars instruit par La Chesnaye des paroles peu obligeantes que le roi faisait entendre contre lui, s'emporta en plaintes peu mesurées. Enfin, dans une entrevue, ils se communiquèrent leurs sujets de plaintes mutuelles, et se réconcilièrent entièrement : La Chesnaye fut chassé par le roi, en présence de toute la cour.

Les nouveaux rendez-vous de Cinq-Mars avec Marion de Lorme, les défiances du cardinal, qui commençait à craindre le favori ; l'imprudence, la hauteur et l'indiscrétion de ce dernier amenèrent bientôt de nouvelles ruptures. Les mécontentements, les défiances augmentaient chaque jour.

Enfin, Cinq-Mars oubliant tout ce qu'il devait au cardinal, se ligua avec ses ennemis, et le roi lui-même, fatigué de l'ascendant que Richelieu avait pris sur lui, et des guerres qu'il l'avait forcé d'entreprendre, se fit le chef du parti qui se formait pour l'abattre, parti auquel appartenait François-Auguste de Thou, fils du célèbre historien de ce nom.

Les conjurés ayant résolu d'avoir recours à l'Espagne, un gentilhomme nommé Fontrailles, fut envoyé par eux à Madrid. Un traité fut conclu avec le roi Philippe, d'après lequel ce dernier s'engageait à fournir douze ou quinze mille hommes de vieilles troupes, à faire remettre à Gaston d'Orléans, frère du roi, qui devait se retirer à Sedan, quatre cent mille écus pour faire des levées, douze mille écus de pension par mois, quarante mille ducats par an à M. de Bouillon, autant à Cinq-Mars, cent mille livres pour mettre Sédan en état de défense, et vingt-cinq mille livres par mois pour l'entretien de la garnison. Il était convenu, en outre, que le roi d'Espagne et Gaston d'Orléans ne feraient aucun accommodement particulier ou général sans le consentement l'un de l'autre.

Le but de la conjuration était la paix entre la France et l'Espagne, et le renversement de Richelieu; on avait commencé par stipuler qu'il ne serait rien fait contre les intérêts du roi.

Cependant Cinq-Mars, à force de légèreté, d'imprudence, avait presque entièrement perdu l'amitié du roi, qui se repentit d'avoir voulu renverser le cardinal, et lui écrivit, à Tarascon, où il s'était retiré, que quelques bruits que l'on fit courir, il l'aimait plus que jamais, et qu'il y avait trop longtemps qu'ils étaient ensemble pour jamais se séparer, ce qu'il voulait que tout le monde sût. Richelieu reçut cette lettre au moment même où on lui apportait la nouvelle de la découverte de la conjuration, et le traité sur lequel elle était basée. Aussitôt il écrivit à Louis XIII, et le pressa de faire arrêter Cinq-Mars. Le roi, qui conservait encore un reste d'amitié pour son favori, eut beaucoup de peine à se décider; il savait d'ailleurs que faire arrêter un ennemi du cardinal, c'était l'envoyer à la mort. Aussi, avant de se déterminer, il consulta son confesseur, le père Sirmond, de la Compagnie de Jésus. Cet habile jésuite, voulant complaire à Richelieu, dit au roi qu'il ne devait point balancer un moment, attendu l'énormité du crime.

L'ordre fut délivré au comte de Charrost, capitaine des gardes, mais pas si secrètement que quelques amis du grand-écuyer n'en eussent connaissance. Ils se hâtèrent d'en informer ce jeune seigneur comme il sortait de table.

Fontrailles fut un des plus prompts à lui donner les premières alarmes. Cinq-Mars doutait encore. « Monsieur, finit-» il par lui dire, vous êtes de belle taille : quand vous se-» riez plus petit de toute la tête, vous ne laisseriez pas de » demeurer fort grand. Pour moi, qui suis déjà fort petit, » on ne pourrait rien m'ôter sans m'incommoder, et sans » me faire la plus vilaine taille du monde. Vous trouverez » bon, s'il vous plaît, que je me mette à couvert des cou-» teaux. » Puis, lui souhaitant le bonjour, il monta à cheval et s'enfuit en Espagne, où il arriva sans accident.

Cinq-Mars fut arrêté quelques jours après à Narbonne, le 14 juin 1642, chez un parfumeur nommé Burgos, dont la femme lui avait donné asile. Presqu'en même temps, de Thou était arrêté au camp devant Perpignan. Gaston eût peut-être pu les sauver; mais il ne songea qu'à apaiser le roi et à en obtenir son pardon. Le cardinal, s'étant rendu à Lyon, ordonna qu'on fît le procès aux accusés, et il nomma une commission composée du chancelier Séguier, qui en était le chef; de Laubardemont, rapporteur, et de six juges choisis parmi les conseillers du roi.

De Thou et Cinq-Mars, ayant été interrogés, nièrent tous les faits qui leur étaient imputés, ce qui embarrassa fort les juges. Laubardemont, sachant qu'il fallait du sang au premier ministre, vint alors au secours des conseillers : il fit décider que la déclaration écrite de Gaston serait valable sans confrontation, pourvu que le prince répondît aux interrogations du chancelier devant sept commissaires.

Laubardemont alla ensuite trouver Cinq-Mars dans sa prison, lui dit que de Thou avait fait une révélation complète de toute l'affaire, et que s'il voulait, lui, Cinq-Mars, déclarer la vérité, il aurait la vie sauve. Cinq-Mars, se fiant à cette promesse, avoua tout. Conduit à son tour devant les commissaires, et interrogé sur le traité avec l'Espagne, de Thou nia en avoir eu aucune connaissance. Aussitôt on lui fit lecture de la déposition de Cinq-Mars, et on ordonna qu'ils fussent confrontés. De Thou demanda à son ami s'il était vrai qu'il eût fait la déposition qu'on venait de lui lire ; et Cinq-Mars, reconnaissant le piége dans lequel il était tombé, tenta de se rétracter ; mais de Thou, le voyant s'embarrasser, l'interrompit et dit :

Messieurs, je vous déclarerai l'affaire au vrai et en peu de mots, et dans tout ce que je dirai, je proteste que je n'ai aucun dessein de chicaner ma vie.

Il avoua alors qu'il avait su le traité d'Espagne par le canal de Fontrailles, l'ayant rencontré par hasard à Carcassonne ; qu'il l'avait accablé personnellement de reproches, et blâmé vivement les auteurs de ce traité ; qu'il n'avait point révélé cette négociation, parce qu'il aurait été de la dernière témérité de dénoncer un fils de France.

Il n'en fallait pas davantage aux juges, créatures de Richelieu, pour qu'ils rendissent leur arrêt ; Cinq-Mars et de Thou furent condamnés à mort. Aussitôt le chancelier écrivit au cardinal pour lui faire part de ce résultat, et lui envoya sa lettre par un nommé Picaud qui partit sur-le-champ, et rencontra le cardinal à deux lieues de Lyon. « — Qu'y a-t-il de nouveau ? demanda vivement Richelieu en reconnaissant le messager. — Il y a, répondit ce dernier, que messieurs de Thou et Cinq-Mars sont condamnés à mort. — Monsieur de Thou! monsieur de Thou! s'écria le cardinal. Monsieur le chancelier m'a délivré là d'un grand fardeau! » Puis après avoir réfléchi un instant, il ajouta : « Mais, Picaud, ils n'ont point de bourreau! »

Cinq-Mars et de Thou apprirent leur condamnation avec beaucoup de fermeté. De Thou, après la lecture de l'arrêt, se tourna vers son ami et lui dit : « Humainement je pourrais me plaindre de vous; vous m'avez accusé, vous me faites mourir; mais Dieu sait combien je vous aime : mourons, monsieur, mourons courageusement et gagnons le ciel. »

Ils s'embrassèrent à plusieurs reprises en se demandant mutuellement pardon, puis ils se confessèrent; après quoi Cinq-Mars écrivit à sa mère :

« MADAME,

» Ma très chère et très honorée mère, je vous écris, puis-
» qu'il ne m'est plus permis de vous voir, pour vous conju-
» rer, madame, de me rendre deux marques de votre der-
» nière bonté : l'une, madame, en donnant à mon âme le
» plus de prières qu'il vous sera possible, et qui sera pour
» mon salut; et l'autre, soit que vous obteniez du roi le bien
» que j'ai employé dans ma charge de grand-écuyer, et ce
» que j'en pourrais avoir d'autre part, auparavant qu'il fût
» confisqué, ou soit que cette grâce ne vous soit point ac-
» cordée, que vous ayez assez de générosité pour satisfaire à
» mes créanciers. Tout ce qui dépend de la fortune est si peu
» de chose, que vous ne me devez pas refuser cette dernière
» supplication que je vous fais pour le repos de mon âme.
» Croyez-moi, madame, en cela, plutôt que vos sentiments,
» s'ils répugnent à mon souhait, puisque, ne faisant plus un
» pas qui ne me conduise à la mort, je suis plus capable que

» qui que ce soit de juger de la valeur des choses du monde.
» Adieu, madame, et me pardonnerez si je ne vous ai pas
» assez respectée au temps que j'ai vécu, et je vous assure
» que je meurs,

> » Ma très chère et très honorée mère, votre très
> » humble et très obéissant, et très obligé fils et ser-
> » viteur,

> » Henri d'Effiat. »

Quant à de Thou il répondit à un domestique que sa sœur,
madame de Pontac, lui avait envoyé pour lui faire ses derniers adieux : « Mon ami, dis à ma sœur que je la prie de
» continuer ses exercices ordinaires de piété ; que je connais
» maintenant mieux que jamais que ce monde n'est que
» mensonge et vanité ; que je meurs très content, et, par
» la grâce de Dieu, avec les sentiments les plus vifs de ma
» religion. »

Le même jour, 12 septembre 1642, à cinq heures de l'a-
près-midi, on avertit les deux condamnés qu'il était temps de
partir. Ils montèrent en carrosse avec leurs confesseurs. Le
prévôt de Lyon, avec les archers de robe courte, et le chevalier du guet avec sa compagnie, formèrent l'escorte. De
temps en temps, ils saluaient avec beaucoup d'aménité le
peuple qui remplissait les rues par où passait ce cortége funèbre. Ensuite ils contestèrent entre eux à qui mourrait le
premier. Un des confesseurs dit à de Thou : « Vous êtes le
plus âgé, ainsi vous devez vous montrer le plus généreux.
« Eh bien ! Monsieur, reprit de Thou, vous voulez m'ouvrir
» le chemin du ciel. » Cinq-Mars répondit : « Je vous ai
» ouvert le précipice. »

Le carrosse étant arrivé au pied de l'échafaud : *Allons mon
ami*, dit M. de Thou à Cinq-Mars, *allez, l'honneur vous appartient, montrez que vous savez mourir.*

Cinq-Mars, magnifiquement vêtu, monta le premier : il n'était encore que sur le troisième échelon, lorsqu'un garde à cheval lui cria : « Monsieur, il faut être plus modeste. » Et en même temps il enleva le chapeau dont le condamné était couvert. Cinq-Mars se retourna vivement, arracha le chapeau de la main du garde, le remit sur sa tête et acheva de monter. Arrivé sur la plate-forme, il salua l'assemblée, ayant la main gauche sur le côté, et avec la même grâce que s'il eût été dans la chambre du roi. Il se mit ensuite à genoux, appuya sa tête sur le billot, et demanda à l'exécuteur si c'était ainsi qu'il devait se mettre. Cet exécuteur était un pauvre crocheteur de la ville, qu'on avait obligé de remplir l'office du bourreau alors malade. « — Oui, monsieur, » répondit-il en tremblant.

Cinq-Mars se releva vivement et remit à son confesseur une boîte dont il le pria d'employer la valeur en bonnes œuvres, après avoir brûlé le portrait qu'elle renfermait ; il y ajouta une bague avec prière d'en faire le même usage ; puis, après s'être coupé lui-même les moustaches, il donna les ciseaux au prêtre en le priant de lui couper les cheveux. Cette dernière opération terminée, il appuya de nouveau sa tête sur le billot, et dit d'une voix forte : « Suis-je bien ? — Oui, Monsieur, répondit l'exécuteur. — Eh bien, frappe ! »

A peine avait-il prononcé ce dernier mot que sa tête roula sur l'échafaud et alla tomber au milieu des assistants.

De Thou monta à son tour sur l'échafaud ; il était vêtu d'un habit noir, et il avait son chapeau à la main. Le premier objet qui frappa ses yeux sur ce funeste théâtre fut le corps de son ami nageant dans son sang et couvert d'un mauvais drap. Ce spectacle ne fit qu'augmenter les sentiments de religion dont il était pénétré à l'approche de ses derniers moments ; il pria humblement le bourreau de lui couper les cheveux, et après ce service, il l'embrassa en l'appelant son frère. Il lui recommanda de lui bander les yeux.

Je n'ai point de bandeau, dit l'exécuteur. Alors M. de Thou se tournant vers les assistants, dit : *Je suis homme, je crains la mort, et le corps de mon ami étendu à mes pieds me trouble ; je vous demande par aumône de quoi me bander la vue.*

On lui jeta plusieurs mouchoirs ; l'exécuteur en prit un dont il lui banda les yeux. Il voulut être lié au poteau. Après avoir prié les jésuites qui l'accompagnaient de ne point l'abandonner dans ses derniers moments, il présenta la tête au fer teint du sang de son ami ; mais il semblait que les forces du portefaix, remplissant les fonctions d'exécuteur, fussent épuisées : il souleva la hache avec peine et la laissa tomber d'une manière mal assurée ; il en porta ainsi onze coups à l'infortuné de Thou sans parvenir à lui arracher la vie ; ce ne fut qu'au douzième coup que la tête du condamné tomba enfin horriblement mutilée. De Thou avait alors trente-cinq ans ; Cinq-Mars n'en avait que vingt-deux.

L'exécuteur, après avoir dépouillé les cadavres des suppliciés, les porta dans le carrosse qui les avait amenés, et qui les transporta aux Feuillants où Cinq-Mars fut inhumé ; de Thou y demeura déposé seulement pendant quelque temps, après quoi son corps fut transporté de cette église dans celle des Carmélites de Lyon, et son cœur déposé à l'église Saint-André des arts, sépulture ordinaire de sa famille.

La condamnation et l'exécution de ces deux hommes est réellement quelque chose de monstrueux, puisqu'ils avaient été en quelque sorte encouragés au renversement du cardinal de Richelieu par le roi lui-même ; mais, il faut le reconnaître, en faisant tomber ces deux têtes, Richelieu se montrait fidèle à sa politique intérieure qui consistait à écraser la noblesse indépendante, à la mettre dans l'impuissance de lutter jamais contre la royauté, et à ruiner jusque dans ses fondements l'édifice féodal.

Rien ne justifie la mort de de Thou, qui n'était, dans tous les cas, coupable que de non révélation ; mais il est incontestable que la mort de Cinq-Mars devait avoir et eut réellement pour résultat l'affermissement de la paix du royaume incessamment troublé par les mouvements séditieux d'une noblesse incorrigible. Dès lors, le cardinal gouverna en paix ; mais il ne devait pas survivre longtemps à ses dernières victimes, et il mourut trois mois après le dénouement de ce lugubre drame.

TENTATIVE D'ASSASSINAT SUR LOUIS XV,

PAR DAMIENS.

(1757.)

Né le 9 janvier 1715, dans le village de Monchy-le-Breton, près d'Arras, Robert-François Damiens, dont les parents étaient pauvres, fut élevé par l'un de ses oncles, cabaretier à Béthune, qui lui fit apprendre à lire et à écrire, et le plaça à l'âge de 16 ans, en qualité d'apprenti, chez un serrurier; il ne demeura que peu de temps dans cette condition qu'il abandonna pour se faire domestique.

En 1738, il était au service de quelques jeunes gens, occupant des chambres particulières au collége Louis-le-Grand, lorsqu'il se maria, ce qui lui fit perdre son emploi. A partir de cette époque, il changea fréquemment de condition.

Le 4 juillet 1756, Damiens entra au service d'un négociant russe nommé Jean-Michel, qui demeurait rue des Bourdonnais. Deux jours après, ce négociant, rentrant chez lui après une absence de quelques heures, s'aperçut qu'on lui avait volé deux cent quarante louis. Il porta plainte contre Damiens; mais déjà, ce dernier avait pris la poste, s'était rendu à Arras, et il ne put être arrêté. Six mois s'écoulèrent sans qu'il s'occupât de chercher une autre condition; il fit plusieurs voyages pour visiter quelques parents, et ceux-ci

remarquèrent dès lors qu'il avait l'esprit dérangé : il tenait
des discours étranges et se livrait à des actes extravagants ; il
passait tout-à-coup de la plus grande exaltation à la plus
sombre mélancolie. A plusieurs reprises, il se fit saigner, ce
qui améliorait un peu sa situation ; mais cette amélioration
durait peu, et la démence ne tardait pas à reparaître Ainsi
un jour qu'il se promenait tranquillement avec un mesu-
reur de grain sur la place du marché, à Arras, il s'arrêta
tout-à-coup et s'écria : « Tout est perdu ! Voilà le royaume
» culbuté ! Je suis perdu à tout jamais !... »

Une autre fois il disait : « Si je meurs, le plus grand de
la terre mourra aussi, et l'on entendra parler de moi ! »

Revenu à Paris vers la fin de novembre, Damiens répondit à son frère qui lui demandait comment il osait reparaître dans la capitale après le crime qu'il y avait commis :
« Je reviens pour les affaires du parlement ; j'ai appris que
» messieurs du parlement avaient donné leur démission. »
Le 3 janvier 1757, après avoir passé la nuit avec sa femme
et la plus grande partie du jour au cabaret, il partit à onze
heures du soir pour Versailles où il arriva le 4, vers trois
heures du matin. Il passa toute la journée à parcourir les
cabarets. Le 5 il pria la maîtresse de l'auberge où il était
logé, de faire venir un chirurgien pour le saigner ; mais
elle n'en fit rien. Le même jour, vers cinq heures et demie,
Damiens rôdait dans les cours du château. En ce moment
Louis XV qui était revenu de Trianon dans l'après-midi se
disposait à y retourner ; déjà, suivi du Dauphin et de toute
la cour, il était arrivé près de sa voiture, et se disposait à y
monter, appuyé sur le comte de Brienne, grand-écuyer, et
sur le marquis de Beringhen, premier écuyer, la portière
était même ouverte ; Damiens se précipita au milieu des
courtisans, heurta en passant le Dauphin et le duc d'Ayen,
capitaine des gardes-du-corps de service, et pénétrant à travers les gardes-du-corps et les cent-suisses formant la haie,

il frappa le roi au côté droit, vers la cinquième côte, d'un couteau fait en forme de canif. Louis XV s'écria : « On m'a » donné un furieux coup de poing ! » Puis passant sa main sous sa veste et l'ayant retirée toute ensanglantée, il ajouta : « Je suis blessé ! » Dans le même instant il se retourna, et apercevant Damiens qui avait son chapeau sur la tête, il dit en le désignant : « C'est cet homme qui m'a frappé. Qu'on » l'arrête et qu'on ne lui fasse point de mal. »

Le roi remonta aussitôt dans son appartement ; on le mit au lit. Il paraissait saisi d'un effroi que les personnes présentes augmentaient encore en manifestant la crainte que l'arme dont s'était servi l'assassin ne fût empoisonnée. La reine, la famille royale l'entouraient ; mais madame de Pompadour ne parut point. Le roi crut alors qu'on l'avait écartée à cause du danger de son état ; il s'alarme davantage, se croit en danger de mort, et demande à se confesser.

Cependant, saisi par un des valets de pied du roi, et remis entre les mains des gardes-du-corps, Damiens avait été conduit dans la salle de ces derniers. On le déshabilla sur-le-champ, et l'on trouva sur lui le couteau dont il s'était servi. Ce couteau était à deux lames, l'une large, pointue, l'autre en forme de canif. C'était de la première qu'il s'était servi. Il avait eu le temps de l'essuyer, car on ne la trouva pas ensanglantée. On trouva aussi sur lui trente-six louis d'or et quelque argent blanc, un livre intitulé : *Instructions et prières chrétiennes*, qu'il a déclaré lui avoir été donné par son frère à Saint-Omer, et que l'un et l'autre ont reconnu aux confrontations.

Aussitôt qu'il se vit au pouvoir des gardes du roi, et sur les questions qui lui furent faites, il répéta plusieurs fois : *Qu'on prenne garde à M. le Dauphin ! que M. le Dauphin ne sorte pas de la journée !* Pressé d'avouer ses complices, il dit : *Ils sont bien loin, on ne les trouverait plus ; si je les déclarais tout serait fini.*

Dans l'espérance d'obtenir de lui l'aveu de ses complices, par la douleur, on l'approcha d'un feu ardent, et on le tenailla vers les chevilles avec des pincettes rougies. Le grand-prévôt de l'hôtel l'enleva aux tourments qu'on lui faisait subir, et le fit conduire à la prison où l'interrogea Leclerc de Brillet, un des lieutenants du prevôt de l'hôtel. Mallet, substitut du procureur général, rendit plainte le même jour : on commença sur-le-champ l'information.

Le 9 mai, Damiens remit au grand-prévôt une lettre pour le roi, qu'il avait écrite la veille et qui était ainsi conçue :

« SIRE,

» Je suis bien fâché d'avoir eu le malheur de vous ap-
» procher ; mais si vous ne prenez pas le parti de votre peu-
» ple, avant qu'il soit quelques années d'ici, vous et mon-
» sieur le Dauphin, et quelques autres périront. Il serait
» fâcheux qu'un aussi bon prince, par la trop grande bonté
» qu'il a pour les ecclésiastiques, dont il accorde toute sa
» confiance, ne soit pas sûr de sa vie ; et si vous n'avez pas la
» bonté d'y remédier sous peu de temps, il arrivera de très
» grands malheurs, votre royaume n'étant pas en sûreté. Par
» malheur pour vous, que vos sujets vous ont donné leur
» démission, l'affaire ne provenant que de leur part. Et si
» vous n'avez pas la bonté pour votre peuple d'ordonner
» qu'on leur donne les sacrements à l'article de la mort, les
» ayant refusés depuis votre lit de justice, dont le Châtelet
» a fait vendre les meubles du prêtre qui s'est sauvé, je vous
» réitère que votre vie n'est pas en sûreté, sur l'avis qui est
» très vrai, que je prends la liberté de vous informer par
» l'officier porteur de la présente, auquel j'ai mis toute ma
» confiance. L'archevêque de Paris est la cause de tout le
» trouble par les sacrements qu'il a fait refuser. Après le
» crime cruel que je viens de commettre contre votre per-

» sonne sacrée, l'aveu sincère que je prends la liberté de vous
» faire me fait espérer la clémence des bontés de Votre
» Majesté.

» DAMIENS. »

« J'oublie à avoir l'honneur de représenter à Votre Ma-
» jeste que malgré les ordres que vous avez donnés en disant
» que l'on ne me fasse pas de mal, cela n'a pas empêché que
» monseigneur le garde-des-sceaux a fait chauffer deux
» pinces dans la salle des gardes, me tenant lui-même, et
» ordonné à deux gardes de me brûler les jambes ; ce qui fut
» exécuté, en leur promettant récompense, en disant à ces
» deux gardes d'aller chercher deux fagots, et de les mettre
» dans le feu, afin de m'y faire jeter dedans, et que, sans
» M. Leclerc, qui a empêché leur projet, je n'aurais pas pu
» avoir l'honneur de vous instruire que dessus.

» DAMIENS. »

A cette lettre était jointe la note suivante :

« Messieurs Chagrange ; *seconde* Baisse de Lisse, de la
» Guionye, Clément, Lambert ; *le président* de Rieux, Bon-
» nainvilliers, président du Massy et presque tous.
    « Il faut qu'il remette son parlement et qu'il le soutienne
» avec promesse de rien faire aux ci-dessus et compagnie.

» DAMIENS. »

Cela n'annonçait qu'un dérangement d'esprit, une sorte
de monomanie ; mais on persista à croire que Damiens avait
été poussé par de hauts personnages au crime qu'il avait
commis, et, faute de mieux, on arrêta la femme et la fille de
ce malheureux, ainsi que son père, ses frères et plusieurs
personnes sans importance avec lesquelles il avait eu des relations en dernier lieu.

Le 15 janvier, le roi, entièrement guéri, et remis de sa
frayeur, donna des lettres-patentes pour ordonner l'instruction du procès en la grande chambre du parlement, et Damiens fut transféré de Versailles à la prison de la Conciergerie, à Paris, où on l'enferma dans une chambre, au
premier étage de la tour de Montgommeri. Cette chambre,
de douze pieds en tous sens, n'était éclairée que par deux
meurtrières très étroites; elle était chauffée par la lumière
de plusieurs bougies qui y brûlaient jour et nuit. On avait
placé le chevet du lit à trois pieds de distance de la mu-
raille; ce lit était sur une estrade élevée de six pouces du
plancher, et matelassée dans sa circonférence à six pouces
en dehors du coucher. Le dossier, dans toute sa largeur,
élevé de trois pieds au-dessus du chevet, était pareillement
matelassé, et s'élevait et se baissait avec une crémaillère
pour la commodité du service du patient. Dans ce lit, il était
attaché par un assemblage de fortes courroies de cuir de
Hongrie, larges de deux pouces et demi : ces courroies lui
tenaient les épaules assujetties, et de chaque côté du lit
étaient attachées à des anneaux scellés au plancher. Deux
autres courroies formaient un lien à chacun de ses bras, et
correspondaient entre elles par une autre placée sur l'estomac; et les deux branches opéraient une espèce de menotte
pour chaque main, qui ne laissait à la main et au bras de
liberté que vers la bouche. Ces courroies étaient également
rattachées par les extrémités au plancher, dans des anneaux
semblables aux premiers. Deux autres courroies pareilles
contenaient également les cuisses, et étaient rattachées de
même; en sorte que, de chaque côté du lit, il sortait trois
branches de courroies; outre cela, celle qui était placée sur
l'estomac formait, en descendant aux pieds, comme un sur-
faix, et se rattachait au pied du lit à un anneau au milieu
du plancher. La courroie qui contenait les épaules avait également la correspondance par-dessus le dossier à un autre

anneau scellé ainsi que les précédents. On avait étendu sous les bras et les mains du prisonnier un large tapis de peau, pour qu'il ne contractât aucune chaleur inflammatoire, ni écorchure.

Ces précautions étaient d'autant plus exagérées, on pourrait dire puériles, que, par suite des tourments qu'on lui avait fait endurer à Versailles, immédiatement après son arrestation, Damiens ne pouvait presque point se mouvoir.

Le samedi 26 mars, à huit heures du matin, Damiens parut sur la sellette devant ses juges assemblés. Il ne se troubla point; il regarda tout le monde avec fermeté, reconnut et nomma plusieurs de ses juges, conserva une présence d'esprit et une résolution singulières, se permettant même quelques plaisanteries. On lui fit subir un nouvel interrogatoire qui ne finit que vers une heure et demie après midi. On interrogea ensuite les autres accusés, après quoi on procéda au jugement : la séance dura jusqu'à sept heures du soir, et se termina par le prononcé de l'arrêt ainsi conçu :

« La Cour, les pairs et les princes y séant... faisant
« droit sur l'accusation contre ledit Robert-François Da-
« miens, déclare ledit Robert-François Damiens dûment
« atteint et convaincu du crime de lèse-majesté divine et hu-
« maine au premier chef, pour le très méchant, très abomi-
« nable et très détestable parricide commis sur la personne
« du roi; et pour réparation, condamne ledit Damiens à
« faire amende honorable devant la principale porte de l'é-
« glise Notre-Dame de Paris, où il sera mené et conduit dans
« un tombereau, nu, en chemise, tenant une torche de cire
« ardente du poids de deux livres; et là, à genoux, dire et
« déclarer que, méchamment et proditoirement, il a commis
« ledit très méchant, très abominable et très détestable
« crime de parricide, et blessé le roi d'un coup de couteau
« dans le côté droit, dont il se repent et demande pardon à
« Dieu, au roi et à la justice; ce fait, mené et conduit dans

7

« ledit tombereau à la place de Grève, et, sur un échafaud
« qui y sera dressé, tenaillé aux mamelles, bras, cuisses et
« gras de jambes, sa main droite tenant en icelle le couteau
« dont il a commis ledit parricide, brûlée de feu de soufre,
« et sur les endroits où il sera tenaillé, jeté du plomb fondu,
« de l'huile bouillante, de la poix résine brûlante, de la
« cire et soufre fondus ensemble, et ensuite son corps tiré et
« démembré à quatre chevaux, et ses membres et corps
« consumés au feu, réduits en cendres, et ses cendres jetées
« au vent. Déclare tous ses biens, meubles et immeubles,
« en quelques lieux qu'ils soient situés, confisqués au roi.
« Ordonne qu'avant ladite exécution, ledit Damiens sera ap-
« pliqué à la question ordinaire et extraordinaire, pour avoir
« révélation de ses complices. Ordonne que la maison où il est
« né sera démolie, celui à qui elle appartient préalablement
« indemnisé, sans que sur le fonds de ladite maison puisse à
« l'avenir être fait aucun bâtiment. »

Deux jours après, le 28 mars, Damiens fut conduit dans
la chambre de la question, et le greffier lui donna lecture de
son arrêt. Il l'écouta attentivement sans paraître ému, et il
dit avec le plus grand calme : *La journée sera chaude.*

Après avoir subi un nouvel interrogatoire qui n'apprit rien
de nouveau, il fut attaché sur la sellette; on lui plaça les
jambes dans des brodequins, et on en serra fortement les
cordes. D'abord sa fermeté ne se démentit point; mais après
quelques instants la douleur lui arracha des cris et il parut
s'évanouir; pourtant il ne perdit pas entièrement connaissance,
et bientôt il demanda à boire; comme on lui présentait
de l'eau, il pria qu'on y mêlât du vin, en ajoutant : *Il faut
ici de la force.*

On lui demanda alors qui lui avait suggéré le crime dont
il s'était rendu coupable, il répondit : *C'est l'archevêque par
toutes ses mauvaises façons.* Et comme on insistait en lui
représentant qu'il pouvait abréger ses souffrances en faisant

des aveux complets, il s'écria : *C'est ce coquin d'archevêque!*

Au premier coin que le bourreau enfonça entre les brodequins, Damiens jeta des cris terribles, puis il dit qu'il avait beaucoup entendu parler des démêlés du parlement avec le roi ; qu'il avait ouï dire qu'en tuant ce dernier on mettrait fin à tout cela, et que ce propos lui avait été tenu par un nommé Gautier, homme d'affaires, demeurant rue des Maçons, chez M. de Ferrières. Ordre fut donné aussitôt d'amener ces deux personnes, puis la torture continua.

Au quatrième coin, alors que ses os se brisaient, il jeta de nouveau quelques cris. Au cinquième il déclara qu'il avait cru faire une œuvre méritoire; que c'était tous ces prêtres qu'il entendait au palais qui le disaient. On lui demanda quels étaient ces prêtres; mais il répondit qu'il ne savait pas leurs noms.

Au sixième coin, il continua à crier, et répondit qu'il n'avait point de complices. Il en dit autant lorsque le huitième coin lui eut entièrement broyé les jambes. La torture, sur l'avis du médecin et du chirurgien présents, ne pouvant être poussée plus loin sans que le patient courût le risque d'expirer, on le détacha et on le plaça sur un matelas.

Cependant on était allé chercher de Ferrières et Gautier. Celui-ci fut amené le premier ; il montra un étonnement extrême, et nia fortement; de Ferrières, amené peu d'instants après, nia également que le propos imputé à Gautier eût été tenu en sa présense; mais Damiens soutint fortement sa déclaration, et tous deux furent envoyés en prison.

A la demande du condamné, le curé de Saint-Paul fut appelé pour lui donner les secours de la religion ; il fut en outre assisté par un docteur de Sorbonne nommé de Marcilly.

Le même jour à une heure après midi, Damiens fut conduit dans un tombereau, devant le portail Notre-Dame, pour y faire amende honorable, et de là à la place de Grève où l'on avait préparé depuis plusieurs jours un espace de cent pieds carrés, entouré de palissades, n'ayant d'issue que dans un coin, pour faire entrer le condamné, et une communication avec l'Hôtel-de-Ville. Cet espace était gardé intérieurement par le lieutenant de robe courte et sa compagnie, et extérieurement par les soldats du guet à pied. Le greffier ayant dit à Damiens, pendant le trajet, que les présidents et commissaires s'étaient transportés à l'Hôtel-de-Ville pour recevoir ses déclarations, s'il en voulait faire, il répondit qu'il avait en effet quelque chose à leur dire. On le conduisit donc devant eux. Là on le pressa de dire toute la vérité ; les docteurs qui l'accompagnaient se joignirent aux commissaires pour l'exhorter à ne rien cacher : il le promit, baisa avec respect le crucifix qu'on lui présentait, prêta serment de dire vrai, et déclara ensuite que, pour la décharge de sa conscience, il était obligé de dire qu'il avait insulté M. l'archevêque, et qu'il lui en demandait pardon de tout son cœur. Puis il recommanda aux commissaires sa famille qui était innocente, et déclara de nouveau qu'il n'y avait pas eu de complot et qu'il n'avait point de complices.

Désespérant d'en obtenir davantage, les commissaires ordonnèrent de le conduire à l'échafaud près duquel il fut obligé d'attendre [assez longtemps, l'exécuteur ayant oublié plusieurs des choses qui devaient servir à l'exécution, ce qui lui valut plusieurs jours de cachot. Enfin tout étant prêt, Damiens fut déshabillé ; il regarda alors ses membres avec attention, puis il promena ses regards sur la foule immense qui se pressait autour de lui. Après l'avoir lié, on lui appliqua des cercles de fer qui le contenaient au-dessous des bras et au-dessus des cuisses. On lui brûla ensuite la main droite dans laquelle était placé le couteau avec lequel il avait frappé le roi. Il jeta d'abord un cri terrible, mais un moment après il leva la tête, et regarda brûler sa main en silence.

« Alors, dit le procès-verbal dressé par le greffier, nous

nous sommes approché dudit condamné, l'avons exhorté de nouveau à convenir de ses complices, et lui avons donné à entendre que messieurs les président et commissaires de la cour se transporteraient pour recevoir ses déclarations, si aucune il avait à faire. Lequel condamné nous aurait dit qu'il n'avait point de complices, et qu'il n'avait aucune déclaration à faire. Au même instant, ledit condamné a été tenaillé aux mamelles, bras, cuisses et gras de jambes, et sur lesdits endroits a été jeté du plomb fondu, de l'huile bouillante, de la poix résine brûlante, de la cire et du soufre fondus ensemble, pendant tout lequel supplice, ledit condamné s'est écrié à plusieurs fois : *Mon Dieu, la force, la force! — Seigneur, mon Dieu, ayez pitié de moi! — Seigneur mon Dieu, que je souffre! — Seigneur, mon Dieu, donnez moi la patience.* »

A chaque tenaillement, on l'entendit jeter des cris terribles ; mais de même qu'il l'avait fait lorsque sa main avait été brûlée, il regarda chaque plaie, et ses cris cessaient aussitôt que le tenaillement était fini. Enfin on procéda aux ligatures des bras, des jambes et des cuisses pour opérer l'écartellement. Cette préparation fut très longue, et très douloureuse. Les cordes, étroitement liées, portant sur des plaies si récentes, causaient au patient des douleurs horribles qui lui arrachèrent de nouveaux cris, ce qui ne l'empêcha pas de regarder avec une sorte de curiosité tous ces épouvantables préparatifs. Les chevaux ayant été attachés, les tirades furent réitérées long temps avec des cris affreux de la part du supplicié. L'extension des membres fut incroyable ; mais cependant, rien n'annonçait le démembrement. Malgré les efforts des chevaux, qui étaient jeunes et vigoureux, cette dernière partie du supplice durait depuis plus d'une heure, sans qu'on en pût prévoir la fin. Les médecins et chirurgiens attestèrent aux commissaires qu'il était presque impossible d'opérer le démembrement, si l'on ne facilitait l'action des chevaux en coupant les nerfs principaux qui pouvaient bien s'allonger prodigieusement, mais non pas être séparés sans une amputation. Sur ce témoignage, les commissaires firent donner ordre à l'exécuteur de faire cette amputation, d'autant plus que la nuit approchait, et qu'il leur parut convenable que le supplice fût terminé auparavant. En conséquence de cet ordre, aux jointures des bras et des cuisses, on coupa les nerfs au patient; puis on fit de nouveau tirer les chevaux. Après plusieurs secousses, on vit se détacher une cuisse et un bras. Damiens regarda encore cette douloureuse séparation; il parut conserver la connaissance après les deux cuisses et un bras séparés du tronc; ce ne fut qu'au dernier bras qu'il expira.

Le lendemain matin, tous les juges s'étant rassemblés en la grand'chambre, le greffier donna lecture du procès verbal de torture et d'exécution; puis le procureur-général donna lecture de ses nouvelles conclusions. Intervint immédiatement un arrêt ordonnant au père, à la femme et à la fille de Damiens de quitter pour toujours le royaume, et enjoignant à ses frères et à ses sœurs de changer de nom. Le même arrêt ordonnait la démolition de la maison où Damiens était né. Puis on s'occupa de Gautier, et il fut ordonné qu'à son égard il serait plus amplement informé pendant un an, durant lequel temps il garderait prison.

Ainsi se termina cette grande affaire qui put donner à Louis XV la mesure de l'affection que lui portait le peuple.

« On demandait des nouvelles du monarque, dit un historien; on voulait savoir tous les détails de cette incroyable catastrophe; mais c'était de la curiosité, et non de l'intérêt. On était consterné plus qu'affligé; le cœur prenait peu de part à l'événement : les larmes ne coulaient point; les églises étaient vides. »

C'était là un grand enseignement; les hommes de cour ne le comprirent pas : il leur fallait 89.

Mary del

Les Portugais et les Espagnols furent les premiers européens qui s'établirent sur les côtes de l'Inde ; y vinrent les Hollandais, les Danois, les Anglais, Louis XIV établit une compagnie en 1664 qui, après avoir eu quelques succès, fut ruinée par les Anglais, elle fut remplacée par une autre compagnie, composée de financiers et de traitants, qui luttèrent pendant longtemps contre l'Angleterre pour rétablir nos affaires dans l'Inde.

La compagnie aux abois ne cessait de demander des secours et la protection du gouvernement qui, de son côté, formait projets sur projets, et n'en exécutait aucun, lorsqu'en 1755 on apprit que les Anglais venaient de s'emparer, en pleine paix, de deux vaisseaux français sur le banc de Terre-Neuve. Ces faits augmentèrent la haine des Français contre les Anglais et fournirent l'occasion [...] de cette époque que [...] dès cet instant [...]

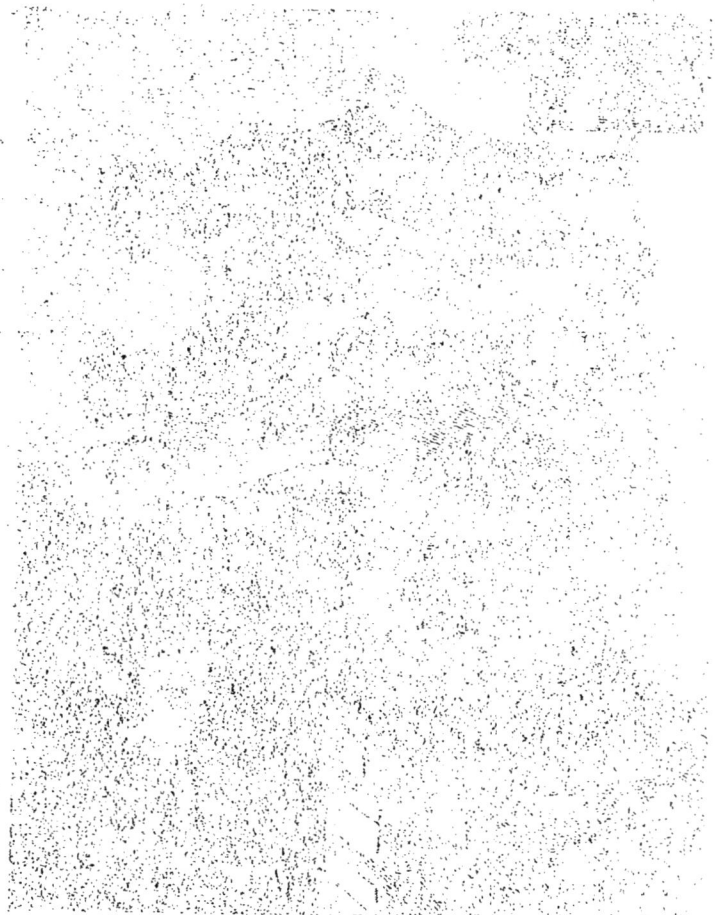

LALLY TOLLENDAL.

(1763.)

Les Portugais et les Espagnols furent les premiers peuples européens qui s'établirent sur les côtes de l'Inde; après eux y vinrent les Hollandais, les Anglais, puis les Français. Louis XIV établit une compagnie des Indes orientales qui, après avoir eu un succès et un éclat extraordinaires, marcha rapidement vers sa ruine, malgré le talent et le courage de Labourdonnais et de Dupleix, qui luttèrent pendant onze ans contre l'Angleterre pour rétablir nos affaires dans l'Inde.

La compagnie aux abois ne cessait de demander des secours et la protection du gouvernement qui, de son côté, formait projets sur projets, et n'en exécutait aucun, lorsqu'en 1755 on apprit que les Anglais venaient de s'emparer, en pleine paix, de deux vaisseaux français sur le banc de Terre-Neuve. Ces faits émurent enfin le cabinet de Versailles; il sentit la nécessité de prendre un parti. C'est à cette occasion que fut prononcé le nom du général Lally, et c'est de cette époque que date la série des malheurs si célèbres de cet homme infortuné.

Thomas-Arthur, comte de Lally, baron de Tollendal, en

Irlande, naquit en Dauphiné, en 1702. Ses ancêtres, Irlandais d'origine, vinrent en France, comme ceux de Fitz-James, à la suite de Jacques II. Il se livra de bonne heure à la carrière des armes, et se mit au service de la France. Il se distingua dans toutes les occasions, et fut l'ami particulier et le compagnon du maréchal de Saxe. D'un caractère hardi et entreprenant, d'une grande activité d'esprit, il avait fait la guerre avec le prince Charles-Edouard en Angleterre ; il avait plusieurs fois présenté au ministère des plans de campagne ou d'expéditions qui avaient attiré sur lui l'attention publique ; aussi, dans ces circonstances, fut-il mandé à Versailles et consulté sur des mesures à prendre : « Il y en a trois, répondit-il : descendre en Angleterre avec le prince Edouard, abattre la puissance des Anglais dans l'Inde, attaquer et conquérir leurs colonies d'Amérique. » Les ministres frémirent à l'idée d'un pareil projet ; le comte d'Argenson seul le soutint avec chaleur, et, tout en appuyant les deux premiers moyens, voulut que le second au moins fût l'objet d'une délibération immédiate. Le ministère hésita, conclut à la demande d'une satisfaction ; la réponse à cette demande arriva de Londres au bout de quelques mois, lorsque déjà, plus de deux cent cinquante navires de guerre avaient été capturés, et plus de quatre mille Français faits prisonniers.

On reconnut alors qu'il n'y avait plus qu'à agir. Les plans de M. de Lally furent approuvés. M. d'Argenson fit nommer par le roi le comte de Lally lieutenant-général, grand'croix de Saint-Louis, commissaire du roi, syndic de la compagnie, commandant-général de tous les établissements français aux Indes-Orientales. On arma pour l'expédition six vaisseaux ; on y consacra six millions et six bataillons. En même temps, l'élite de la jeune noblesse française, les Crillon, les Montmorency, les d'Estaing, les Lafare, formèrent un brillant état-major au général, et la compagnie promettait de payer largement l'armée.

Mais toutes ces belles promesses ne tardèrent pas à s'évanouir : l'embarquement fut retardé six mois par force majeur. Pendant ce temps, le ministère retrancha de l'expédition deux vaisseaux, deux millions et deux bataillons. Les Anglais, qu'il était important de devancer, arrivèrent avant nous dans l'Inde, et dans un premier combat contre l'amiral Pocock, le comte d'Aché, commandant de l'escadre française, perdit un vaisseau de 74. Mais à peine débarqué Lally éprouva bien d'autres déceptions encore : il apprit que les Anglais venaient de s'emparer de Chandernagor, où ils avaient trouvé des trésors d'une valeur de plus de 75 millions ; que le comptoir de Pondichéry était endetté de plus de 14 millions ; qu'il ne pouvait plus trouver de crédit, et qu'il n'avait ni magasins, ni ressources, ni munitions.

Cependant, il ne perdit pas courage, et voulut, par son activité, suppléer à la mauvaise fortune. Le soir même de son arrivée, il investit Gondelaur qu'il prit au bout de six jours, il se rendit maître ensuite, après un assaut brillant, du fort de Saint-David, regardé comme imprenable, marcha sur Divicotté, qui ouvrit ses portes Ces importants succès furent remportés dans l'espace de trente-huit jours. Il résolut alors de s'emparer de Madras, la plus riche des possessions anglaises ; mais le comte d'Aché ayant déclaré qu'il était hors d'état de seconder ses opérations, il fallut renoncer momentanément à cette précieuse conquête. Déjà la mésintelligence la plus coupable existait entre le commandant de la flotte, les représentants de la Compagnie, à la tête desquels était M. Duval de Leyrit, et le général de Lally. Celui-ci, homme d'une grande probité, d'un immense courage et d'une très grande résolution, se faisait chaque jour des ennemis acharnés par son caractère dur et peu conciliant. M. de Leyrit lui ayant déclaré par écrit que, passé quinze jours, il ne se chargerait plus ni de nourrir ni de payer l'armée, il résolut d'aller exiger du rajah de Tanjaaut treize

8

millions qu'il devait à la Compagnie des Indes. Il était poussé à cette expédition par le père Lavaur, supérieur des jésuites, qui avait un grand pouvoir à Pondichéry, et qui jouera bientôt un rôle important dans l'histoire des malheurs du général. Il part; mais, comme toujours, il éprouve à chaque pas de nouvelles et bien dures déceptions. A peine en route, le soldat manque de tout; il reste quatorze heures sans manger. Cependant Lally arrive, le rajah nie sa dette, on marche sur sa capitale, on l'investit; on était sur le point de s'en emparer lorsqu'on apprit que l'escadre venait d'éprouver une nouvelle défaite, que Karikal et même Pondichéry étaient menacés; on tint un conseil de guerre, qui décida qu'il fallait aller au secours des points menacés, et on fit retraite.

Des événements militaires de la plus haute importance eurent lieu encore à diverses reprises; mais celui qui fit le plus d'honneur au général Lally fut le siége de Madras, qu'il investit en décembre 1758, et qu'il leva au bout de trois mois, après avoir occasioné aux Anglais des pertes incalculables. Déjà il avait fait pratiquer une brèche que le commandant du génie déclarait praticable, mais inabordable; déjà, contrairement à cette opinion, et pensant qu'une brèche praticable était essentiellement abordable, il avait décidé un assaut général pour la nuit du 16 au 17 février, lorsque le matin, à la pointe du jour, il vit arriver dans la rade de Madras six vaisseaux anglais, chargés de munitions de toute espèce et d'un renfort de six cents hommes que les commandants des forces françaises avaient laissé passer. Craignant alors pour la ville de Pondichéry, qui renfermait trois mille prisonniers anglais, et qui n'était gardée que par trois cents soldats invalides, il leva, avec le plus profond désespoir, le siége de Madras pour se porter au secours de Pondichéry.

Tous ces événements jetèrent dans l'âme du général un

tel dégoût qu'il écrivit au comte d'Argenson, son protecteur et
son ami : « La probité est ici à son zénith; je n'ai pas vu l'ombre d'un honnête homme. Au nom de Dieu, retirez-moi d'un
pays pour lequel je ne suis point fait... L'enfer m'a vomi
dans ce pays d'iniquité, et j'attends, comme Jonas, la baleine qui me recevra dans son ventre. » Mais l'infortuné devait suivre, jusqu'au bout, sa fatale destinée. Après des
succès et des revers de toute nature, après avoir à plusieurs
reprises avancé lui-même l'argent nécessaire pour payer les
troupes révoltées, après avoir éprouvé la plus profonde inimitié de la part de toutes les autorités du pays, et notamment
de Bussy, un des plus braves et des plus anciens officiers au
service de la compagnie, qui lui avait voué une haine mortelle,
le dernier et le plus fatal de tous les désastres attendait le
malheureux Lally. Le 17 mars 1760, deux escadres et deux
armées anglaises commencèrent l'investissement et le blocus de Pondichéry; Lally se prépara à une résistance désespérée : après avoir enduré toutes les horreurs de la famine,
après une lutte de près de dix mois, après avoir vu la guerre
civile envahir la malheureuse cité, après avoir été menacé
d'assassinat, atteint de poison, après s'être fait porter malade
et affaibli sur les remparts en feu, il rendit la ville au général Coote qui commandait une armée de 15,000 soldats bien
pourvus et bien équipés, et qui avait sur la flotte une réserve de 7,000 hommes. Il fut transporté le soir même à
Madras, puis embarqué sur un misérable bâtiment marchand
qui le transporta prisonnier de guerre à Londres, où il arriva
le 23 septembre 1760.

Pendant sa captivité, ses ennemis qui étaient puissants,
se remuèrent; ils l'accusèrent de tous les malheurs de l'Inde,
et déployèrent contre lui une activité haineuse, sans exemple dans l'histoire. Cette haine allait si loin, que Bussy disait
partout et tout haut, qu'il fallait que la tête de Lally tombât ou la sienne. Cependant, instruit à Londres de ce qui se

passait, il obtint du ministère britannique de venir en France, prisonnier sur parole.

Le 1er novembre, le ministre de la guerre, cédant à d'invincibles obsessions, signa contre lui une lettre de cachet. Le duc de Choiseul l'en fit prévenir par ses amis, et lui conseilla de s'évader, sauf, plus tard à revenir et à se faire rendre justice. Mais Lally, que l'expérience n'avait pas corrigé, et qui était destiné à ne jamais connaître les hommes, se rendit le 3 novembre à Fontainebleau, et écrivit au duc ces paroles célèbres : « J'apporte ici ma tête et mon innocence. » Paroles bonnes dans d'autres temps, avec d'autres hommes, et d'autres circonstances. Le 5 il se constitua prisonnier à la Bastille. Dès ce moment il fut perdu.

Il était depuis dix-neuf mois en prison, sans avoir été interrogé, et sans que le ministère eût osé prendre un parti, lorsqu'une circonstance imprévue amena, la solution horrible que nous allons raconter. Le jésuite Lavaur, qui avait été une puissance à Pondichéry, mourut à Paris en 1763. En faisant l'inventaire de ses papiers, on trouva dans une cassette un mémoire contre Lally. Plusieurs témoins dignes de foi prétendirent qu'on en trouva deux, un pour, un contre le général, et ce qui donnerait de la consistance à cette opinion, c'est qu'il s'agissait plutôt d'un libelle que d'un mémoire en forme, libelle dans lequel le jésuite aurait recueilli tous les bruits débités contre Lally, avec lequel il s'était entendu souvent, et avec lequel il s'était cotisé plusieurs fois personnellement pour le paiement de la solde des troupes révoltées Or, il est naturel de penser, que, dans cette position, le père Lavaur, toujours prudent, et suivant, sans se compromettre, les détails de la lutte continuelle qui n'avait cessé d'exister à Pondichéry, entre Lally et les représentants de la Compagnie, ses ennemis jurés, ait rédigé pour son utilité à venir, et afin de pouvoir au besoin prendre un parti, deux libelles : l'un contenant le récit des faits et des

bruits accusant le général, et l'autre le récit des faits et des
bruits qui lui étaient favorables. Toujours est-il, que le procureur-général ayant eu connaissance de ce libelle, porta plainte
contre Lally, et l'accusa de concussion et de haute trahison.
Le parlement, jaloux de jouir du droit qu'il regardait comme
sa plus précieuse prérogative, de connaître d'office des crimes, et des attentats, ordonna au Châtelet d'instruire.

Le lieutenant criminel Lenoir commença la procédure. Sur
ces entrefaites, le ministère, au lieu de nommer une commission militaire, seule capable de juger une cause dans laquelle
il se présenterait à discuter les questions les plus ardues de
stratégie, fit signer au roi des lettres-patentes qui attribuaient
à la grand'chambre de Paris, changée en commission militaire, la connaissance de tous les délits commis dans l'Inde,
tant avant, que depuis l'envoi du comte de Lally.

Le conseiller Pasquier fut nommé rapporteur; il entendit
les témoignages les plus absurdes et les plus contradictoires.
Des marchands, des valets d'écurie, vinrent discuter, devant
un magistrat étranger au métier des armes, les plus hautes
questions de stratégie, et attaquer sans les comprendre, les
opérations du général.

Trois fois l'infortuné Lally présenta requête afin d'être
autorisé à prendre un conseil, et trois fois sa requête fut
rejetée. Cette décision injuste aggrava d'une manière déplorable sa position. D'un caractère naturellement vif et emporté, il se laissa souvent aller à attaquer d'une manière
violente les magistrats et les témoins. Ses récriminations,
justes au fond, lui aliénèrent l'esprit des conseillers déjà mal
disposés. Il publia deux mémoires dans lesquels ses opérations étaient exposées, analysées et défendues. On n'y prêta
aucune attention. Lorsqu'il fut introduit dans la salle sombre
et lugubre des interrogatoires, à l'aspect de cette sellette sur
laquelle s'étaient assis les plus grands criminels, et qu'il allait occuper, il ne put retenir ses larmes et son indignation,

et découvrant sa tête blanchie par l'âge et les chagrins, sa poitrine sillonnée de cicatrices : « Voilà donc, s'écria-t-il, la récompense de cinquante-cinq ans de services ! »

Cette scène attendrissante fut suivie d'autres plus violentes et plus affreuses dans lesquelles le malheureux accusé, livré à lui-même, sans appui, en présence de ses seuls accusateurs, se compromettait même lorsqu'il disait la vérité, par sa seule manière de la dire. Il récusa son rapporteur pour des scènes violentes et des menaces horribles qui lui avaient été adressées, et comme celui-ci niait, il demanda qu'on prît le greffier à serment. Il récusa, mais avec douceur, le commissaire aux confrontations, déclarant qu'entraîné par la partialité de son collègue, il avait mutilé certaines dépositions et refusé plusieurs fois de faire aux témoins les interpellations nécessaires à la défense de l'accusé. Le premier président Maupeou se contenta de dire froidement : « Messieurs les commissaires, vous entendez. » Et il passa outre.

Après deux ans d'une instruction secrète, le rapport fut lu. On refusa à l'accusé huit jours pour mettre sa défense en état. Il s'était cependant rencontré des magistrats honnêtes et impartiaux : le doyen des substituts, Pierron, chargé de faire le rapport au parquet, avait conclu, le 30 avril, à l'absolution entière du comte de Lally, sur tous les chefs non relatifs à la partie militaire, pour laquelle le roi serait supplié de nommer un conseil de guerre. Le 2 mai, le premier avocat-général Séguier avait soutenu ces conclusions de la manière la plus éloquente. Mais le lendemain matin, samedi, le procureur-général signa des conclusions tendant à la peine de mort.

L'honnête Danjou, procureur de Lally, qui avait obtenu la veille, à neuf heures du soir, et avec beaucoup de peine le *soit-communiqué au procureur-général*, lui fit signifier, avant dix heures du matin, la requête d'atténuation et les pièces innombrables qu'il produisait à l'appui, avec la liste

de celles qu'il n'avait pu se procurer, mais qu'il avait besoin de connaître pour pouvoir se faire une opinion et répondre à la requête. Le procureur-général ne prit pas la
peine d'ouvrir le sac contenant les pièces, et il écrivit au
bas des conclusions qu'il avait signées, le matin , ces mots
renfermant un indigne mensonge : «Depuis, vu la requête...
les pièces y jointes ou énoncées... Je persiste. »

Enfin, cette incroyable procédure se termina par l'arrêt
suivant :

« Vu par la cour, la grand'chambre assemblée, le procès
criminel commencé par le prévôt de Paris, ou son lieutenant
criminel au Châtelet... Ouï le rapport de M. Denis-Louis Pasquier, conseiller, tout considéré ; la Cour , la grand' chambre assemblée, sans s'arrêter aux requête et demande dudit
Lally, dont il est débouté, ni aux reproches par lui fournis
contre les témoins , lesquels sont déclarés non pertinents et
inadmissibles, déclare ledit Thomas-Arthur de Lally dûment
atteint et convaincu d'avoir trahi les intérêts du roi , de son
État et de la compagnie des Indes , d'abus d'autorité, vexa-
tions et exactions envers les sujets du roi et étrangers, habitants de Pondichéri ; pour réparation de quoi et autres
résultant du procès, l'a privé de ses états, honneurs et dignités, l'a condamné et condamne à avoir la tête tranchée par
l'exécuteur de la haute justice sur un échafaud qui, pour
cet effet, sera dressé en place de Grève ; déclare tous ses biens
acquis et confisqués au roi , sur iceux préalablement prise la
somme de 10,000 livres d'amende, applicables au pain des
prisonniers de la Conciergerie du Palais, et 300 livres applicables aux pauvres habitants de Pondichéri , ainsi qu'il en
sera ordonné pas le roi. »

Par le même arrêt, le comte d'Aché et les autres, accusés
pour la forme, furent acquittés.

Cet arrêt excita une indignation générale. Le premier

président, malgré toute sa mauvaise volonté, n'osa pas refuser aux amis du général un sursis de trois jours ; mais en
même temps une députation du parlement se rendit auprès
du roi pour l'engager à enchaîner sa clémence. De son côté,
le maréchal de Soubise alla à Choisy, où se trouvait le roi,
et se jeta à ses pieds. Le ministre de la guerre, qui était
présent, en fit autant ; tous deux demandèrent, au nom de
l'armée, la grâce de Lally. Le roi répondit au ministre avec
une indécision mêlée de regrets : « C'est vous qui l'avez fait
arrêter. Il est trop tard. Ils l'ont jugé !... ils l'ont jugé ! »

Cependant, l'infortuné Lally, qui attendait en silence dans
son obscur cachot le résultat du sursis et des démarches de
ses amis, vit entrer le geôlier qui, d'une voix triste, le pria
de le suivre à la chapelle de la Conciergerie. Il se leva et le
suivit. En entrant, il vit des gardes, un greffier et un confesseur, et il comprit que son sort était décidé, que son heure
suprême approchait. Le greffier se mit à lire l'arrêt d'une
voix émue : « Abrégez, dit le général. » Lorsqu'il lut ces
paroles : « Avoir trahi les intérêts du roi. » — Cela n'est
pas vrai, reprit le général, d'une voix tonnante, jamais !...
jamais ! » Et lorsque la lecture fut finie, il se répandit en
imprécations contre ses juges et contre le ministre, qu'il accusait de sa perte.

Mais peu à peu, il cessa de parler, se recueillit en lui-même,
mit la main sur son cœur, s'agenouilla devant l'autel, et
tomba baigné dans son sang. Il venait d'enfoncer dans son
sein un compas qui n'atteignit pas le cœur. Son confesseur
vint à lui aussitôt, lui prit le compas des mains et lui prodi-
gua avec douceur les paroles et les consolations de la religion.
A ce moment entrèrent le rapporteur et un autre commissaire
de la grand'chambre qui venaient lui demander l'aveu de ses
complices et de ses inspirateurs, et le prévenir qu'il n'avait
plus de grâce à espérer. Le condamné leur fit dire par son
confesseur qu'il leur pardonnait, puis il détourna la tête et

s'entretint de nouveau avec le digne prêtre, dont la présence venait adoucir ses derniers moments.

A peine avait-il repris cet entretien suprême, qu'il vit entrer un personnage à la figure sinistre. Cet homme s'approcha de lui d'un air honteux, comme s'il allait commettre une mauvaise action. C'était le bourreau qui venait, par ordres supérieurs, lui attacher un bâillon, et qui, plus humain que ceux qui l'envoyaient, ne remplissait qu'en tremblant cette infâme mission. Aidé des exhortations de son confesseur le général surmonta son indignation et se laissa faire.

Comme on craignait l'effervescence populaire, on avait avancé l'exécution de six heures. Le digne curé qui assistait le condamné avait obtenu de l'autorité qu'il sortirait de la Conciergerie aux flambeaux, dans son carrosse, suivi d'un corbillard et de plusieurs voitures d'amis qui consentaient à lui rendre ces derniers et pénibles devoirs. On lui manqua de parole. En sortant de la Conciergerie, au lieu de son carrosse qu'il attendait, le général vit s'avancer un infâme tombereau dans lequel on le fit monter; alors, et malgré la difficulté qu'il éprouvait à parler, il s'écria assez haut : « J'étais payé pour m'attendre à tout de la part des hommes ; mais vous, monsieur, vous, me tromper ! » Le curé lui répondit d'une voix forte, de manière à être entendu des assistants : « Monsieur le comte, ne dites pas que je vous ai trompé. Dites qu'on nous a trompés tous deux. » Le cortége funèbre se mit en marche au milieu d'un concours immense de spectateurs, touchés jusqu'aux larmes à la vue de ce noble vieillard contre lequel on avait déployé une cruauté sans exemple.

Arrivé sur la place de Grève, au pied de l'échafaud, deux commissaires du parlement qui stationnaient à l'Hôtel-de-Ville, lui firent demander s'il n'avait rien à leur déclarer. Il répondit : « Qu'on leur dise que Dieu m'a fait la grâce de leur pardonner dans ce moment, et que si je les voyais une fois de plus, je n'en aurais peut-être pas le courage. » Ayant

9

dit ces mots, il gravit d'un pas assuré les degrés de l'échafaud, se fit couvrir les yeux avec un bandeau, et se mit à
genoux attendant sans crainte le coup fatal. Mais à la vue de
tant de résignation, à la vue de cette tête vénérable et de ces
cheveux blancs, le bourreau se sentit ému, il frappa d'un
bras mal assuré et fit à la tête une affreuse blessure. Le condamné tomba étendu sur l'échafaud, étreint par d'atroces
douleurs. Ce ne fut qu'au quatrième coup que le bourreau
parvint à séparer la tête du corps, au milieu des imprécations
de la foule saisie d'indignation et d'horreur.

Le général comte de Lally avait un fils, mort pair de
France, sous la restauration. Ce fils auquel il avait recommandé sa mémoire, a satisfait religieusement au dernier
vœu d'un mourant. A peine majeur, il se pourvut au conseil du roi qui, après un long examen des pièces et une
instruction à laquelle il avait consacré trente deux séances,
cassa, par arrêt rendu à l'unanimité le 21 mai 1778, l'arrêt
du parlement de Paris et tout ce qui s'en était suivi. Tardive
réparation, arrachée à la justice par la piété filiale !

LA CHALOTAIS.

(**1765.**)

Né à Rennes en 1701 , Louis-René de Caradeuc de La
Chalotais était doué d'un esprit vif, d'un caractère indépendant , et d'une éloquence pleine d'énergie , qualités qui le
firent arriver promptement aux plus hauts emplois de la ma-
gistrature. En 1761 il était procureur-général au parlement
de Bretagne. La cour , à cette époque , incertaine sur le
parti qu'elle devait prendre à l'égard des jésuites , observait
avec inquiétude l'accroissement de leur puissance qu'elle
désirait et qu'elle n'osait diminuer. Ce fut La Chalotais qui
porta le premier coup à ce corps immense qui menaçait le
monde entier ; dans ses *Comptes rendus* , publiés en 1761 ,
l attaqua vigoureusement les jésuites. Une fois l'élan donné ,
a haine qui suit la puissance, la politique des cours, et l'envie des autres ordres religieux secondèrent les efforts de
La Chalotais. Le parlement de Bretagne et plusieurs autres
firent fermer les colléges des jésuites ; la cour elle-même se
trouva entraînée, et un édit de 1764 ordonna la suppression
de l'ordre.

Les jésuites se réunirent bientôt contre La Chalotais. Dé-
daignant leurs menaces, et sans en informer le duc d'Aiguil-

lon, il fit rendre, sur son réquisitoire, un arrêt qui défendait
de demander leur rétablissement Le duc d'Aiguillon, mé-
content de n'avoir pas été consulté, déclama avec fureur
contre celui qui avait sollicité et obtenu cet arrêt important.

Les jésuites, sûrs de l'appui du duc, leur protecteur et
leur protégé, cherchèrent de nouveau à mettre le trouble
dans les états de Bretagne.

Quelques magistrats avaient appuyé près du parlement les
plaintes formées contre l'administration du duc d'Aiguillon :
ces magistrats étaient les mêmes qui s'étaient montrés
contre les Jésuites, et ceux-ci se réunirent au duc pour le
perdre.

D'Aiguillon, tout puissant, fit mander ces magistrats intègres à Compiègne, puis à Versailles, où l'on chercha à
exciter leur impatience par des ordres obscurs et contradictoires.

On poussait également les états à Nantes ; le ministère
voulut faire enregistrer par le parlement de Bretagne des
édits sur les impôts qui attaquaient les franchises et les antiques libertés de la province. Le parlement de Rennes défendit vivement ces privilèges, surtout La Chalotais, qui
passait pour le diriger. L'enregistrement fut refusé ainsi que
l'avaient espéré les instigateurs de cette lutte honteuse.

Pendant ces événements, des assemblées de jésuites se tenaient jour et nuit dans divers quartiers de Rennes. Dans ces
assemblées, par les manœuvres du duc d'Aiguillon, et sous
ses auspices, on mûrit le projet de se débarrasser, par un procès, de magistrats assez audacieux pour poursuivre les Jésuites et offenser leur protecteur.

Lassé des ennuis qu'on lui faisait éprouver, le parlement de
Rennes, au mois de mai 1765, donna sa démission à l'exception de douze de ses membres.

Deux mois après, le 9 juillet, le roi ordonna qu'il fût procédé à l'instruction, à l'extraordinaire, contre La Chalotais et plusieurs autres, parmi lesquels se trouvaient cinq membres du parlement de Bretagne. Des lettres-patentes du 18 du même mois renvoyèrent à la chambre de la Tournelle du parlement de Paris la connaissance et le jugement des délits, intrigues et pratiques tendant à exciter des troubles dans la province de Bretagne.

Le 26, le procureur-général rendit sa plainte, obtint permission de faire informer; et dans la nuit du 10 au 11 novembre, La Chalotais, de Caradeuc, son fils, Piquet de Montreuil, Charette de La Gascherie et Charette de La Colinière, furent enlevés à main armée avec l'appareil le plus scandaleux. La Chalotais fut conduit au château du Taureau.

L'information commença le 5 décembre; le 17, on amena, escorté de dragons, La Chalotais pour assister à la levée des scellés apposés chez lui dès le lendemain de son arrestation. Le 21, ce digne magistrat partit, toujours sous bonne escorte, pour le château de Saint-Malo.

Détenu étroitement au château de Saint-Malo, le respectable La Chalotais s'était vu priver chaque jour de tout ce qui aurait pu lui fournir les moyens de se justifier. Résolu cependant à opposer l'exposé de la vérité aux calomnies dont il était accablé, il se servit d'un cure-dents trempé dans de la suie délayée, pour tracer sur des enveloppes de sucre et de chocolat son premier mémoire. Son contenu souleva l'indignation publique. Voltaire fit éclater la sienne; et jamais peut-être, sa plume si brillante ne montra autant d'énergie que dans les lignes suivantes : « Malheur à toute âme insensible qui ne sent pas le frémissement de la fièvre en lisant le mémoire de l'infortuné La Chalotais !... Son cure-dents grave pour l'immortalité ! »

Le 22 novembre 1766, près d'un an après son arrestation, La Chalotais fut transféré à la Bastille avec ses co-prévenus.

Dès lors, la voix du peuple commença à se faire entendre. Les remontrances des cours souveraines, celles non moins énergiques du duc de Choiseul, firent impression sur l'esprit du roi qui déclara éteints tout délit et accusation. Mais ce n'était pas la fin des maux de La Chalotais; on l'exila à Saintes, et on lui refusa la consolation d'embrasser, avant son départ, sa fille, qui, depuis plus de quinze mois, victime des fureurs du duc d'Aiguillon et de ses créatures, à cause de l'intérêt qu'elle avait montré à un père et à un frère injustement accusés, était retenue dans son lit par une maladie de langueur, à laquelle elle succomba au commencement de l'année 1767.

Dix années s'écoulèrent sans que les efforts de la famille et des amis de La Chalotais pussent faire cesser les persécutions dont il était l'objet. Enfin, en 1775, Louis XVI qui venait de monter sur le trône, touché des infortunes de cet homme de bien, lui rendit la liberté et lui fit remettre une somme de 100,000 fr., faible compensation à de si longues souffrances.

FAVRAS.

(**1790**.)

Issu d'une famille de magistrats, le marquis de Favras naquit à Blois en 1745. Il entra dans la carrière des armes, devint lieutenant des Suisses de la garde de Monsieur, depuis Louis XVIII, et se démit de cette charge en 1786.

Favras avait une imagination ardente et fertile en projets ; il en proposait dans tous les temps et sur toutes les matières. Dès le commencement de la Révolution, il se rendit suspect, en proposant plusieurs plans politiques qui n'étaient pas du goût de la nation. En 1790, on l'accusa d'avoir offert au gouvernement de lever, sur les frontières de France, une armée de cent quarante quatre mille hommes pour s'opposer à la nouvelle constitution, en commençant par assembler douze cents cavaliers bien armés, et portant en croupe douze cents fantassins déterminés. Ces deux mille quatre cents hommes, suivant le projet qu'on lui attribuait, devaient entrer à Paris par les trois portes principales, assassiner Bailly et Lafayette, enlever le roi et sa famille pour les conduire à Péronne, où une armée de vingt mille hommes devait les attendre.

Favras, traduit devant le Châtelet, s'y défendit avec calme et nia tous les complots qu'on lui imputait. « Cet accusé, dit

Prudhomme, dans son *Journal des révolutions de Paris*, parut devant ses juges avec tous les avantages que donne l'innocence, et qu'il sut faire valoir, parce qu'à un esprit orné, il joignait la facilité de s'exprimer avec grâce. Ses paroles avaient même un charme dont il était difficile de se défendre. Il avait de la douceur dans le caractère, de la décence dans le maintien. Il était d'une taille avantageuse, d'une physionomie noble. La croix de Saint-Louis, dont il était décoré, contribuait à rehausser sa bonne mine. »

Dans tout le cours de sa défense, il ne perdit jamais cette attitude qui convient à l'innocent. Favras répondit à toutes les questions avec netteté, sans embarras. Les juges restèrent pendant six heures aux opinions, et condamnèrent l'accusé à être pendu et à faire préalablement amende honorable. A trois heures du soir le 18 février 1790, il fut conduit au lieu de son supplice. Les cheveux épars, les mains liées, assis dans l'infâme tombereau, il n'en conserva pas moins le calme et la majesté de sa figure. Arrivé devant l'église de Notre-Dame, il descendit, prit des mains du greffier l'arrêt qui le condamnait, et il en fit lui-même la lecture à haute voix. Lorsqu'il fut à l'hôtel-de-ville, il demanda à dicter une déclaration dont voici un extrait : « En ce moment terrible, prêt à paraître devant Dieu, j'atteste en sa présence, à mes juges et à tous ceux qui m'entendent, que je pardonne aux hommes, qui, contre leur conscience, m'ont accusé de projets criminels qui n'ont jamais été dans mon âme... J'aimais mon roi ; je mourrai fidèle à ce sentiment ; mais il n'y a jamais eu en moi ni moyens, ni volonté d'employer des mesures violentes contre l'ordre de choses nouvellement établi...

Je sais que le peuple demande à grands cris ma mort ; eh bien ! puisqu'il lui faut une victime, je préfère que le choix tombe sur moi, plutôt que sur quelque innocent faible peut-être, et que la présence d'un supplice non mérité jetterait dans le désespoir. Je vais donc expier des crimes que je n'ai pas commis. »

Favras corrigea ensuite tranquillement les fautes d'orthographe et de ponctuation faites par le greffier, et dit un éternel adieu à ceux qui l'entouraient. Le juge rapporteur l'ayant invité à déclarer ses complices, il répondit : « Je suis innocent, j'en appelle au trouble où je vous vois. » Quand il fut sur l'échafaud, la douceur de son regard et la sérénité de son visage, enchaînèrent un instant la rage des spectateurs, cruellement prévenus contre le patient, et commandèrent le silence ; alors, il se tourna vers le peuple, et s'écria : « Braves citoyens je meurs sans être coupable, priez pour moi le Dieu de bonté. » Il dit ensuite au bourreau de faire son devoir, et de terminer ses jours.

Jamais exécution n'avait attiré autant de monde sur la place de Grève; des croisées furent louées jusqu'à 36 livres. On n'entendait sur la place et dans toutes les rues avoisinantes que ces cris d'une populace féroce : *Favras à la lanterne !... Il n'échappera pas !... A mort ! à mort !... Pas de grâce pour les traîtres !...* On accusait tout haut l'autorité de vouloir le soustraire à la peine prononcée contre lui. Afin de détruire cette opinion et de prévenir les troubles que l'on redoutait, le gibet où l'infortuné gentilhomme devait être pendu était beaucoup plus élevé que de coutume, de sorte que l'exécution put être vue de tous les points de la place de Grève et de ses abords, ce qui n'empêcha pas le bruit de se répandre, peu d'heures après cette exécution, que Favras était vivant, et que l'exécuteur, en conséquence des ordres secrets qui lui avaient été donnés, avait fait semblant de l'étrangler. Mais cette violence eut bientôt sa réaction, et ce peuple qui avait demandé la mort de Favras avec acharnement, ne tarda pas à le plaindre et à déplorer son sort.

« Favras, dit M. Thiers dans son *Histoire de la révolution*, montra à ses derniers moments une fermeté digne d'un mar-

10

tyr, et non d'un intrigant. Il protesta de son innocence, et demanda à faire une déclaration avant de mourir. L'échafaud était dressé sur la place de Grève. On le conduisit à l'Hôtel-de-Ville, où il demeura jusqu'à la nuit. Le peuple voulait voir pendre un marquis, et attendait avec impatience cette égalité dans les supplices. Favras rapporta qu'il avait eu des communications avec un grand de l'État qui l'avait engagé à disposer les esprits en faveur du roi. Comme il fallait faire quelques dépenses, ce seigneur lui avait donné cent louis, qu'il avait acceptés. Il assura que son crime se bornait là, et il ne nomma personne. Cependant, il demanda si l'aveu des noms pourrait le sauver. La réponse qu'on lui fit ne l'ayant pas satisfait : « En ce cas, dit-il, je mourrai avec mon secret », et il s'achemina vers le lieu du supplice avec une grande fermeté.»

LOUIS XVI.

1793.)

La Convention qui avait prononcé la déchéance de Louis XVI à la suite de la sanglante journée du 10 août 1792, appelait, six mois après, ce prince à sa barre pour y être jugé.

Louis XVI parut devant l'assemblée des représentants avec un front calme et tranquille; il était assisté de trois conseils, Malesherbes, Tronchet et Desèze. Ce dernier qui était chargé de porter la parole, parla avec force de l'inviolabilité de la personne du roi; il déclara que, si on refusait à Louis XVI les droits de roi, il fallait lui laisser au moins ceux de citoyen. Il ajouta avec une hardiesse qui ne rencontra qu'un silence absolu, qu'il cherchait partout des juges et ne trouvait que des accusateurs. Puis, il passa à la discussion des faits, et repoussa ensuite victorieusement l'accusation d'avoir versé le sang français au 10 août. Enfin, il termina par ces mots : « Louis était monté sur le trône à vingt ans; et, à vingt ans, il donna sur le trône, l'exemple des mœurs; il n'y porta aucune faiblesse coupable, ni aucune passion corruptrice; il y fut économe, juste, sévère, et il s'y montra toujours l'ami constant du peuple. Le peuple désirait la destruction d'un impôt désastreux qui pesait sur lui, il le détruisit; le peuple de-

mandait l'abolition de la servitude, il commença par l'abo-
lir lui-même dans ses domaines; le peuple sollicitait des
réformes dans la législation criminelle, pour l'adoucissement
du sort des accusés, il fit ces réformes; le peuple voulait que
de milliers de Français, que la rigueur de nos usages avait
privés jusqu'alors des droits qui appartiennent aux citoyens,
acquissent ces droits, ou les recouvrassent, il les en fit jouir
par ses lois; le peuple voulut la liberté, et il la lui donna! Il
vint même au–devant de lui par ses sacrifices, et cependant,
c'est au nom de ce même peuple, qu'on demande aujour·
d'hui..... Citoyens, je n'achève pas.... Je m'arrête devant
l'histoire; songez qu'elle jugera votre jugement, et que le
sien sera celui des siècles! »

Après cette plaidoirie, et Louis XVI ayant été reconduit au
Temple, un orage violent s'éleva au sein de l'assemblée.
Lanjuinais s'élança à la tribune, et, au milieu des cris
qu'excitait sa présence, il demanda, non pas un délai pour la
discussion, mais l'annulation même de la procédure. Il s'é-
cria que le temps des hommes féroces était passé; qu'il ne
fallait pas déshonorer l'assemblée, en lui faisant juger
Louis XVI; que personne n'en avait le droit en France, et
que l'assemblée, particulièrement, n'avait aucun titre pour le
faire. Les girondins, et notamment l'éloquent Vergniaud,
leur principal orateur, proposèrent avec force l'appel au
peuple, qui fut repoussé par Robespierre, Saint-Just, Barrère, et tout le parti de la montagne. La discussion se prolongea depuis le 27 décembre 1792, jusqu'au 7 janvier
suivant. Le 14 janvier fut fixé pour la position des questions
et l'appel nominal.

L'assemblée se composait de sept cent quarante-neuf
membres; six cent quatre-vingt trois d'entre eux, déclarèrent Louis XVI, coupable de conspiration contre la liberté
de la nation, et d'attentats contre la sûreté générale de
l'État. L'appel nominal pour la question décisive, celle

de l'application de la peine, dura toute la nuit du 16, et
toute la journée du 17, au milieu d'une agitation menaçante qui se manifestait fréquemment dans les tribunes.
Sept cent vingt-un députés étaient présents à cette séance ;
la majorité absolue était de trois cent soixante-une voix, et
il y eut trois cent soixante-une voix pour la mort sans condition. Les autres voix s'étaient partagées entre le bannissement,
les fers, et la mort avec sursis.

Alors Vergniaud, qui présidait en ce moment l'assemblée,
déclare, avec l'accent de la douleur, que *la peine prononcée
contre Louis Capet est la mort.*

Louis XVI attendait depuis quatre jours ses défenseurs, et
demandait en vain à les voir. Le 20 janvier, à deux heures
de l'après-midi, il entend le bruit d'un cortége nombreux ;
il s'avance, et aperçoit les envoyés du conseil exécutif. Il
s'arrête avec dignité sur la porte de sa chambre, et ne
paraît point ému. On lui annonce qu'on vient lui communiquer les décrets de la convention. Le premier de ces décrets déclare Louis XVI coupable d'attentat contre la sûreté
générale de l'État; le second le condamne à mort; le troisième rejette tout appel au peuple ; le quatrième enfin ordonne l'exécution sous vingt-quatre heures. Louis, promenant sur tous ceux qui l'entouraient un regard tranquille,
prit l'arrêt, le mit dans sa poche, et lut à Garat, ministre de
la justice, une lettre dans laquelle il demandait à la convention trois jours pour se préparer à la mort, un confesseur
pour l'assister dans ses derniers moments, la faculté de voir
sa famille, et la permission pour elle de sortir de France.
Garat se chargea de remettre sur-le-champ cette lettre à la
convention, et Louis XVI rentra avec beaucoup de calme,
demanda à dîner, et mangea comme à l'ordinaire. Comme
on avait retiré les couteaux, et qu'on refusait de lui en donner : « Me croit-on assez lâche, dit-il avec dignité, pour attenter à ma vie? Je suis innocent, et je saurai mourir sans crainte.»

Il acheva son repas sans couteau, rentra dans son appartement et attendit avec sang-froid la réponse à sa lettre. La convention refusa le sursis, mais on accorda toutes les autres demandes. Garat envoya chercher M. Edgeworth de Firmont, le prêtre que Louis XVI avait choisi. En apprenant le rejet de la demande du sursis, le malheureux prince montra une magnanimité si tranquille, que le ministre, qui lui apportait cette triste nouvelle, en fut et surpris et touché.

Quand l'abbé Edgeworth eut été introduit auprès du roi, il voulut se jeter à ses pieds, mais le prince l'en empêcha, Il lui demanda avec une vive curiosité, des nouvelles du clergé de France, de plusieurs évêques, et surtout de l'archevêque de Paris, et le pria d'assurer ce dernier prélat qu'il mourait fidèlement attaché à sa communion.

Il était huit heures du soir. Le roi se leva, pria M. Edgeworth d'attendre, et sortit avec émotion, en disant qu'il allait voir sa famille. Les municipaux, ne voulant pas perdre de vue la personne du roi, même pendant qu'il serait avec sa famille, avaient décidé qu'il la verrait dans la salle à manger, qui était fermée par une porte vitrée, et dans laquelle on pouvait apercevoir tous ses mouvements, sans entendre ses paroles. Le roi s'y rendit, et fit placer de l'eau sur une table, pour secourir les princesses, si elles venaient à perdre connaissance. Il attendit avec anxiété le moment de cette douloureuse et dernière entrevue. A huit heures et demie, la porte s'ouvrit; la reine, tenant le dauphin par la main, madame Élisabeth, Madame Royale, se précipitèrent dans les bras de Louis XVI, en versant des torrents de larmes. La porte fut fermée, et ce ne fut, pendant le premier moment, qu'une scène déchirante de confusion et de désespoir. Enfin, la conversation devint plus calme, et les princesses, tenant toujours le roi embrassé, lui parlèrent quelque temps à voix basse. Après un entretien assez long, interrompu fréquemment par des moments de silence et d'abattement, Louis XVI se leva pour s'arracher à cette pénible situation et promit à la reine et à madame Élisabeth de les revoir le lendemain matin à huit heures. A minuit, il se coucha en recommandant à Cléry, son valet de chambre de le réveiller à cinq heures.

«Le lendemain, 21 janvier, dit M. Thiers, cinq heures avaient sonné au Temple Le roi s'éveille, appelle Cléry, lui demande l'heure, et s'habille avec beaucoup de calme. Il s'applaudit d'avoir retrouvé ses forces dans le sommeil. Cléry allume du feu, transporte une commode dont il fait un autel. M. Edgeworth se revêt des ornements pontificaux, et commence à célébrer la messe; Cléry la sert, et le roi l'entend à genoux, avec le plus grand recueillement. Il reçoit ensuite la communion des mains de M. Edgeworth. Après la messe, il se relève plein de forces, et attend, avec calme le moment d'aller à l'échafaud. Bientôt il demande des ciseaux pour couper ses cheveux lui-même, et se soustraire à cette humiliante opération faite de la main des bourreaux, mais la commune les lui refuse par la défiance.

« Dans ce moment, le tambour battait dans la capitale. Tous ceux qui faisaient partie des sections armées se rendaient à leurs compagnies avec une complète soumission ; ceux qu'aucune obligation n'appelait à figurer dans cette terrible journée se cachaient chez eux. Les portes, les fenêtres étaient fermées, et chacun attendait chez soi la fin de ce triste événement. On disait que quatre ou cinq cents hommes dévoués devaient fondre sur la voiture et enlever le roi. La convention, la Commune, le conseil exécutif, les jacobins étaient en séance.

« A huit heures du matin, Louis XVI, entendant le bruit, se lève et se dispose à partir. Il n'avait pas voulu revoir sa famille, pour ne pas renouveler la triste scène de la veille. Il chargea Cléry de faire pour lui ses adieux à sa femme, à sa sœur et à ses enfants; il lui donna un cachet, des cheveux et divers bijoux, avec commission de les leur remettre. Il lui serre ensuite la main, en le remerciant de ses services. Après cela, il s'adresse à l'un des municipaux, en le priant de transmettre son testament à la Commune. Ce municipal était un ancien prêtre, nommé Jacques Roux, qui lui répond brutalement qu'il est chargé de le conduire au supplice, et non de faire ses commissions. Un autre s'en charge, et Louis, se retournant vers le cortége, donne avec assurance le signal du départ.

« Des officiers de gendarmerie étaient placés sur le devant de la voiture ; le roi et M. Edgeworth étaient assis dans le fond. Pendant la route, qui fut assez longue, le roi lisait, dans le bréviaire de M. Edgeworth, les prières des agonisants, et les deux gendarmes étaient confondus de sa piété et de sa résignation tranquille. Ils avaient, dit-on, la commission de le frapper si la voiture était attaquée. Cependant, aucune démonstration hostile n'eut lieu depuis le Temple jusqu'à la place de la Révolution. Une multitude armée bordait la haie ; la voiture s'avançait lentement et au milieu d'un silence universel. Sur la place de la Révolution, un grand espace avait été laissé vide autour de l'échafaud. Des canons environnaient cet espace ; les fédérés les plus exaltés étaient placés autour de l'échafaud, et la vile populace, toujours prête à outrager le génie, la vertu, le malheur, quand on lui en donne le signal, se pressait derrière les rangs des fédérés, et donnait seule quelques signes extérieurs de satisfaction, tandis que partout on ensevelissait au fond de son cœur les sentiments qu'on éprouvait. A dix heures dix minutes, la voiture s'arrête. Lous XVI, se levant avec force, descend sur la place. Trois bourreaux se présentent ; il les repousse, et se déshabille lui-même. Mais, voyant qu'ils voulaient lui lier les mains, il éprouve un mouvement d'indignation, et semble prêt à se défendre. M. Edgeworth, dont toutes les paroles furent alors sublimes, lui adresse un dernier regard, et lui dit : « Souffrez cet outrage comme une

dernière ressemblance avec le Dieu qui va être votre récompense. » A ces mots, la victime, résignée et soumise, se
laisse lier et conduire à l'échafaud. Tout à coup, Louis fait
un pas, se sépare des bourreaux, et s'avance pour parler au
peuple. « Français, dit-il d'une foix forte, je meurs innocent des crimes qu'on m'impute ; je pardonne aux auteurs
de ma mort, et je demande que mon sang ne retombe pas
sur la France. » Il allait continuer, mais aussitôt l'ordre de
battre est donné aux tambours ; leur roulement couvre la
voix du prince, les bourreaux s'en emparent, et M. Edgeworth
lui dit ces paroles : « *Fils de saint Louis, montez au ciel !* »
A peine le sang avait-il coulé, que des furieux y trempent
leurs piques et leurs mouchoirs, se répandent dans Paris, en
criant : *vive la république! vive la nation!* et vont, jusqu'aux portes du Temple, montrer la brutale et fausse joie
que la multitude manifeste à la naissance, à l'avénement et
à la chute de tous les princes. »

Du reste, Paris, pendant toute cette fatale journée, ressem-
bla à une vaste solitude ; le silence des rues n'était troublé que
par les pas et le cliquetis des armes des nombreuses patrouilles,
qui parcouraient en tous sens la capitale où commençait en
ce moment le règne de la terreur, et par le roulement lointain
des canons que les fédérés emmenaient après avoir vu tomber
la tête de l'auguste victime. Toutes les fenêtres des maisons,
depuis le rez-de-chaussée jusqu'aux étages les plus élevés étaient
exactement fermées, non pas seulement à cause du brouillard
froid et épais dont l'atmosphère était chargée, mais parce que
l'autorité avait défendu de les ouvrir, et que les patrouilles
avaient reçu l'ordre formel de faire feu sur les contrevenants.
Déjà, depuis quelques mois, presque toutes les voitures de luxe
avaient disparu et l'on ne voyait plus d'autres véhicules que de
grossières charrettes et des fiacres délabrés du plus triste aspect ; et pourtant ce n'était là que les prémices de ce règne de
sang.

11

A peine la mort de Louis XVI fut-elle connue dans les départements, que de toutes parts arrivèrent à la Convention des
pétitions demandant la mort de tous les *complices du tyran*,
et particulièrement de sa femme. Ces pétitions, dont la plupart
émanaient évidemment de misérables salariés, furent chaude-
ment accueillies par la Montagne : Robespierre disait à la tribune que le peuple ne pouvait accepter une satisfaction in-
complète, et Barrère demandait s'il n'était pas temps d'*extir-
per tous les rejetons de la royauté*. Toute espèce de frein était
rompu, et les plus sanglants épisodes de l'histoire de cette terrible époque allaient se succéder rapidement.

Farey del

CHARLOTTE CORDAY.

Marie-Anne-Charlotte Corday-d'Armont, née en 1768 à Saint-Saturnin, près de Séez en Normandie, était fille d'un gentilhomme de cette province. Sortie du couvent à l'âge de dix-sept ans, son esprit et sa beauté, plus encore que sa fortune, lui attirèrent les hommages de tous les plus fameux distingués que le sang des révolutions sanguinaires, s'être fait une sentiment que celui de l'indépendance.

Fixée à Caen chez l'une de ses parentes, elle songea de refaire son éducation ; ses auteurs de prédilection étaient Plutarque, Montaigne, Rousseau, Raynal. Elle lisait aussi les publicistes et les historiens les plus distingués de l'Europe, et au commencement de 1793, riche de souvenirs antiques qui agrandissaient son amour de l'indépendance, elle salua avec enthousiasme les premières lueurs de l'ère qui commençait à poindre. Mais bientôt, les crimes de la révolution la .... forcée de renoncer aux illusions .....
..... Il se serait signalé l'une de ces beau..... la voulut, les maudits à faire hommage qui .... du sang .... et ... vertueux.

Suivant .... venue de la Convention.

CHARLOTTE CORDAY.

(1793.)

Marie–Anne–Charlotte Corday–d'Armans, née en 1768 à Saint–Saturnin, près de Séez en Normandie, était fille d'un gentilhomme de cette province. Sortie du couvent à l'âge de dix–sept ans, son esprit et sa beauté, plus encore que sa fortune, lui attirèrent les hommages de tous les jeunes hommes distingués qui la virent dans le monde; mais Charlotte ne devait avoir d'autre amour que celui de l'indépendance.

Retirée à Caen chez l'une de ses parentes, elle entreprit de refaire son éducation; ses auteurs de prédilection étaient Plutarque, Montaigne, Rousseau, Raynal. Elle lisait aussi les publicistes et les historiens les plus distingués de l'Europe, et au commencement de 1789, riche de souvenirs antiques qui agrandissaient son amour de l'indépendance, elle salua avec enthousiasme les premières lueurs de l'ère qui commençait à poindre. Mais bientôt, les crimes de la révolution la désenchantèrent, et, forcée de renoncer aux illusions dont elle s'était bercée, elle se sentit animée d'une haine implacable contre les monstres à face humaine qui se gorgeaient du sang de leurs concitoyens.

Suivant attentivement les débats orageux de la Convention,

dans les journaux de Paris que recevait sa parente, Charlotte
Corday, dont le cœur était sensible autant que son imagination était ardente, vit avec douleur les Girondins succomber
sous les efforts des Montagnards, et les enfants de la Gironde
avaient déjà toutes ses affections, lorsque les plus distingués
d'entre eux, Barbaroux, Pétion, Lanjuinais, Louvet, Henri,
Larivière, pour échapper à la rage sanguinaire de leurs ennemis, se réfugièrent à Caen. Ce fut alors que Charlotte conçut le projet audacieux de sauver sa patrie, en frappant un
des scélérats qui couvraient la France de deuil. Cette résolution prise, elle hésita quelque temps entre Marat et Robespierre, et son choix n'était pas encore fait, lorsqu'un numéro
du journal l'*Ami du Peuple,* rédigé par Marat, lui tomba
par hasard sous la main. Marat, dans un article de ce numéro,
insistait sur la nécessité de faire tomber encore deux cent
mille têtes pour assurer le triomphe de la Révolution. Dès lors,
Charlotte n'hésite plus : elle se rend à l'intendance, où lo-
geaient tous les députés présents, demande à parler à Barbaroux, un d'eux, et le prie de lui donner une lettre de recommandation pour retirer du ministère de l'intérieur des
papiers appartenant à une de ses amies. Barbaroux, après
lui avoir fait observer que la recommandation d'un proscrit
lui serait plus nuisible qu'utile, offre d'écrire à son ami Duperret à ce sujet, ce qu'elle accepte, et munie de cette lettre
elle part pour Paris, où elle arrive le 11 juillet.

Le lendemain matin, 12, Charlotte Corday sort de l'hôtel
de la Providence, rue des Vieux-Augustins, où elle était des-
cendue, et se rend chez Duperret, qui l'accompagne au ministère de l'intérieur, mais ne peut lui faire obtenir une audience du ministre. Ayant appris que Marat, malade depuis
plusieurs jours, ne paraissait plus aux séances de la Convention, elle lui écrivit la lettre suivante :

« Citoyen, j'arrive de Caen ; votre amour pour la patrie
» me fait présumer que vous désirez connaître les derniers

» événements qui ont eu lieu dans cette partie de la répu-
» blique. Je me présenterai chez vous demain, vers une heure;
» ayez la bonté de me recevoir, et je vous mettrai à même
» de rendre un grand service à la France. J'attends votre ré-
» ponse, etc. »

Cette réponse n'arriva pas, et, néanmoins, Charlotte sortit le lendemain, à midi, de son hôtel pour se rendre chez
Marat. Elle se dirige d'abord vers le Palais-Royal, appelé alors
Palais-Egalité, où elle achète un long couteau à gaîne; puis
elle revient à la place des Victoires, et monte dans une voiture de place, qui, un quart d'heure après, s'arrêtait rue des
Cordeliers, devant la maison dont Marat occupait un appartement au premier étage, sur le devant. Mais c'est en vain
que Charlotte insiste; la femme, ou plutôt la servante de Marat, refuse de la laisser pénétrer jusqu'à son maître. Forcée
de se retirer, elle écrit à Marat ce nouveau billet :

« Citoyen, je vous ai écrit hier, et je me suis présentée ce
» matin à votre porte. Avez-vous reçu ma lettre? Si vous l'a-
» vez reçue, je compte sur votre complaisance. Je vous ré-
» pète que j'ai d'importants secrets à vous révéler, et que je
» puis vous mettre en état de rendre un grand service à la
» république. Il suffit d'ailleurs que je sois malheureuse pour
» avoir droit à votre attention. »

Vers sept heures du soir, Charlotte revint chez Marat. La
servante et une autre femme qui se trouvaient là refusent une
seconde fois de l'introduire près du malade qui prenait un
bain en ce moment. Elle insiste ; l'affaire qui l'amène, dit-
elle, est de la plus haute importance et ne peut se remettre.
La discussion s'animait ; Marat sonne pour savoir de quoi il
s'agissait, et informé de la présence de la jeune personne qui
lui avait écrit, il ordonne qu'on l'introduise près de lui. Charlotte s'assit près de la baignoire que surmontait une petite planche sur laquelle Marat, la main droite hors de l'eau, écrivait
un article pour son journal l'*Ami du Peuple.* La courageuse

jeune fille, qui était fort calme, l'entretint d'abord de l'insurrection du Calvados et des députés proscrits qu'elle nomma ;
Marat, entendant ces noms, les écrivit rapidement, puis,
surmontant la douleur physique que lui faisait éprouver l'espèce de lèpre dont il était couvert, il dit en souriant, avec
une joie féroce : « Bien, bien !... avant huit jours je les ferai
» tous guillotiner ! »

« *Ces derniers mots*, dit plus tard Charlotte Corday, *décidèrent de son sort.* »

Et, en effet, à peine les eut-il prononcés que Charlotte,
tirant de dessous ses vêtements le long couteau qu'elle avait
acheté le matin même, le plongea tout entier dans la poitrine
de son interlocuteur. « A moi ! chère amie ! » s'écrie Marat.
Les femmes qui le gardaient accoururent, et s'arrêtèrent épou-
vantées devant Charlotte Corday, qui, calme et immobile, tenait à la main le couteau tout sanglant avec lequel, d'un seul
coup, elle venait de mettre fin à la vie et aux fureurs du féroce tribun. Bientôt la garde vient, et une multitude furieuse
se précipite dans l'appartement pour venger l'*ami du peuple*.
Arrêtée sur-le-champ, Charlotte monta en voiture sous la
protection de la force armée, et fut conduite à la prison de
l'Abbaye au bruit des malédictions et des menaces de la populace exaspérée que cet événement avait attirée.

Cependant Marat n'avait pas perdu connaissance ; bien que
les médecins appelés jugeassent la blessure mortelle, il reprit la plume dès que l'on fût parvenu à arrêter le sang, et
d'une main encore assez ferme il écrivit le billet suivant à son
ami Gusman :

« Les barbares, mon ami, ne m'ont pas voulu laisser la
» douceur de mourir dans vos bras ; j'emporte avec moi la
» consolante idée que je resterai éternellement gravé dans
» votre cœur. Ce petit présent, tout lugubre qu'il est, vous

» fera souvenir du meilleur de vos amis; portez-le en mé-
» moire de moi.

» A vous jusqu'à mon dernier soupir.

» MARAT. »

Ce billet fut enveloppé dans un morceau de soie noire par la gouvernante de Marat, et ce fut elle qui en écrivit la suscription.

Marat expira le jour même; Charlotte ne devait pas lui survivre longtemps. Dès le lendemain, Fouquier-Tinville, obéissant à un décret de la Convention rendu sur la proposition de l'ex-capucin Chabot, se rendit à la prison de l'Abbaye pour commencer l'instruction; mais Charlotte refusa de répondre aux questions qu'il lui adressa, ainsi qu'aux interrogatoires qu'essayèrent de lui faire subir l'ex-capucin Chabot lui-même, et l'ex-boucher Legendre, tous deux députés montagnards.

« J'ai tué Marat, dit-elle; je ne le nie point. Quant aux raisons qui m'ont déterminée, ce n'est pas sous les verroux que je veux les faire connaître. » Invitée à faire choix d'un défenseur, elle eut un instant la pensée de s'adresser à Chabot, et finit par déclarer qu'elle s'en remettait du soin de la défendre à Gustave Doulcet de Pontécoulant, député de son département.

Le 17 juillet, Charlotte sachant qu'elle allait comparaître devant le tribunal révolutionnaire, apporta à sa toilette plus de soin que de coutume; elle ne négligea rien de ce qui pouvait ajouter aux charmes dont la nature l'avait douée, et lorsque l'huissier de service vint la chercher à la Conciergerie où elle avait été transférée la veille, il fut fort surpris de trouver cette jeune femme calme, le sourire sur les lèvres, et parée comme pour un jour de fête. Comme elle traversait le corridor sombre où se trouvait l'escalier conduisant au tribunal, elle rencontra le concierge nommé Richard. « Mon cher mon-
» sieur, lui dit-elle, j'espère que je ne resterai pas longtemps

» là-haut, car ces messieurs seront sûrement pressés d'en
» finir; ayez donc soin, je vous prie, que mon café soit prêt
» quand je descendrai, afin que je puisse faire mon dernier
» déjeûner avec vous et madame Richard. »

Arrivée dans la salle où siégeait le tribunal, elle promena
autour d'elle un regard assuré, et témoigna la surprise
qu'elle éprouvait de ne pas voir au banc des défenseurs
Doulcet de Pontécoulant. Le président Dumas s'adressant
alors au courageux et éloquent Chauvau-Lagarde qui était
présent, lui dit : « Citoyen Chauvau, le tribunal te commet
» d'office pour défendre l'accusée. »

Le greffier lut alors l'acte d'accusation, après quoi Dumas
adressa à Charlotte Corday les questions d'usage.

» Abrégeons, s'écria-t-elle ; toutes ces formalités sont inutiles : c'est moi qui ai tué Marat ; c'est là un fait que je ne
veux pas nier. »

Plusieurs témoins entendus successivement ne font que reproduire les faits contenus dans l'acte d'accusation. A chaque
déposition, l'accusée, interpelée par le président ne répond
que ces mots : « Cela est vrai. »

— Qui vous a engagée à commettre cet assassinat? demande le président.

— Les crimes de Marat.

D. Qu'entendez-vous par ces crimes? — R. Les malheurs
dont il a été la cause depuis la révolution.

D. Ainsi vous soutenez que personne ne vous a mis le
poignard à la main? — R. Personne. Seule j'ai conçu ce
projet et je l'ai exécuté seule.

D. Quel est en ce moment l'état de la ville de Caen? —
R. Il y a un comité central de tous les départements qui sont
dans l'intention de marcher sur Paris.

D. Que font les députés transfuges? — R. Ils ne se mêlent
de rien; ils attendent que l'anarchie cesse pour revenir à
leur poste.

D. De quois'occupent-ils? — R. Ils font des chansons, des proclamations pour rappeler le peuple à l'union.

D. Que disent-ils de Robespierre, de Danton? — R. Ils les regardent avec Marat comme les provocateurs à la guerre civile.

D. Etait-ce à un prêtre assermenté ou insermenté que vous alliez à confesse? — R. Je n'allais ni aux uns ni aux autres.

D. C'est donc dans les journaux que vous avez appris que Marat était un anarchiste? — R. Oui. Je savais qu'il pervertissait la France. J'ai tué un homme pour en sauver cent mille, un scélérat pour sauver des innocents, une bête féroce pour donner le repos à mon pays. J'étais républicaine bien avant la révolution, et je n'ai jamais manqué d'énergie.

D. Ne vous êtes-vous pas exercée à manier un poignard avant de frapper Marat. — R. Non, car je ne suis pas un assassin. Je l'ai frappé comme cela s'est trouvé.

Le président interrompt cet interrogatoire pour entendre la déposition de deux députés à la convention : Fauchet ex-évêque, et Duperret, qui avaient été d'abord décrétés d'arrestation comme complices de Charlotte. Fauchet s'exprime ainsi :

« On a prétendu que j'avais accompagné l'accusée dans une » tribune de la Convention; cela est faux : je n'ai jamais » connu cette femme ni directement ni indirectement, et je » la vois aujourd'hui pour la première fois.

« — Cela est vrai, dit Charlotte Corday en se levant : je ne » connais cet homme que de réputation; je sais qu'il est sans » mœurs et sans principes, et je le méprise trop pour lui » avoir jamais demandé le moindre service. »

Duperret déclare qu'il ne connaît l'accusée que depuis cinq ours, et qu'il l'a conduite au ministère sans même savoir quelle était l'affaire qui l'y appelait. Charlotte confirme cette déposition, et s'apercevant en ce moment qu'un jeune dessinateur, élève de David, s'occupe de faire son portrait, elle se

12

place dans la position la plus favorable aux désirs de l'artiste, et le remercie d'un regard et d'un sourire. Dumas, le président, reprenant l'interrogatoire, demande à l'accusée si avant de quitter Caen, elle n'a pas prêté quelque serment. —R. Aucun.

D. Quelles sont les personnes qui vous ont conseillé de commettre cet assassinat?—R. Je n'aurais jamais commis une telle action par le conseil des autres; c'est moi seule qui en ai conçu le projet et qui l'ai exécuté. (S'animant et élevant la voix :) Encore une fois, je ne suis pas un assassin! (Baissant la voix et se penchant vers Chauvau-Lagarde, son défenseur :) Le misérable! il me prend pour un assassin!...

D. Comment pensez-vous faire croire que vous n'avez pas été conseillée, lorsque vous dites que vous regardiez Marat comme la cause de tous les maux qui désolent la France, lui qui n'a cessé de démasquer les traîtres et les conspirateurs? — R. Il n'y a qu'à Paris où l'on ait les yeux fascinés sur le compte de Marat; dans les autres départements on le regarde comme un monstre.

D. Comment avez-vous pu regarder Marat comme un monstre, lui qui ne vous a laissé introduire chez lui que par humanité et parce que vous réclamiez de lui aide et protection? — R. Qu'importe qu'il ait été humain envers moi, si c'est un monstre envers les autres !

D. Croyez-vous avoir tué tous les Marat? — R. Non, et c'est bien malheureux !

Le président. — Vous avez fait remettre au tribunal deux lettres, l'une adressée par vous à Barbaroux, l'autre adressée à votre père; nous allons en donner lecture.

(Lisant.) « *Aux prisons de l'Abbaye*, *dans la ci-devant chambre de Brissot*, *le second jour de la préparation à la paix*.

« Vous avez désiré, citoyen, le détail de mon voyage; je ne vous ferai point grâce de la moindre anecdote.

« Je suis partie avec des voyageurs que j'ai bientôt reconnus pour de francs montagnards. Leurs propos, aussi sots que leurs personnes, étaient désagréables et m'ont bien vite ennuyée ; je les ai laissé parler tout leur content, et je me suis endormie.

« Un de ces messieurs, qui aime apparemment les femmes dormantes, a voulu me persuader à mon réveil que j'étais la fille d'un homme que je n'ai jamais vu, et que j'avais un nom dont je n'ai jamais entendu parler. Il a fini par m'offrir son cœur et sa main, et vouloir partir à l'instant pour me demander à mon père. Ces messieurs ont fait tout ce qu'ils ont pu pour connaître mon nom et mon adresse à Paris ; mais j'ai refusé de la leur dire, et j'ai resté fidèle à cette maxime de mon cher et vertueux Raïnal : *qu'on ne doit pas la vérité à ses tyrans.*

« Arrivée à Paris, je fus loger rue des Vieux-Augustins, hôtel de la Providence. Je fus ensuite trouver Duperret, votre ami : je ne sais comment le comité de sûreté générale a été instruit de la conférence que j'avais eue avec lui. Vous connaissez l'âme ferme de ce député : il leur a répondu la vérité. J'ai confirmé sa déposition par la mienne ; il n'y a rien contre lui, mais la fermeté est un crime. Je l'avais engagé à aller vous trouver ; il est trop têtu.

« Le croiriez-vous ? Fauchet est en prison comme mon complice, lui qui ignorait mon existence !

« J'ai été interrogée par Chabot et par Legendre. Chabot avait l'air d'un fou ; Legendre voulait absolument m'avoir vue chez lui le matin, moi qui n'ai jamais songé à cet homme. Je ne lui connais pas d'assez grands talents pour être le tyran de son pays, et je ne voulais pas punir tout le monde.

« Au reste, on n'est guère content de n'avoir qu'une femme sans conséquence à offrir aux mânes d'*un grand homme.* Pardon, ô hommes ! ce nom déshonore votre espèce. C'était une bête féroce qui allait dévorer le reste de la France par le feu de la guerre civile. Maintenant *vive la paix !* Grâces au ciel, il n'était pas né français. Je crois qu'on a imprimé ses dernières paroles : je doute qu'il en ait proféré. Mais voici les dernières qu'il m'a dites après avoir reçu vos noms à tous et ceux des administrateurs du Calvados qui sont à Evreux : il me dit pour me consoler, que, *dans peu de jours, il vous ferait guillotiner à Paris.*

« Ces derniers mots décidèrent de son sort. Si le département met sa figure vis-à-vis celle de St-Fargeau, il pourra faire graver ces paroles en lettres d'or.

« On doit croire à la valeur des habitants du Calvados, puisque les femmes même de ce pays sont capables de fermeté.» Au reste, j'ignore comment se passeront les derniers moments de ma vie, et c'est la fin qui couronne l'œuvre. Je n'ai pas besoin d'affecter de la sensibilité sur mon sort, car jusqu'ici je n'ai pas la moindre crainte de la mort : je n'estimai jamais la vie que par l'utilité dont elle devait être.

« J'espère que demain Duperret et Fauchet seront mis en liberté. On prétend que ce dernier m'a conduite à la Convention dans une tribune ; de quoi se mêle-t-il d'y conduire des femmes ! Comme député, il ne devait point être aux tribunes, et comme évêque, il ne devait point être avec des femmes ; ainsi c'est une correction ; mais Duperret n'a aucun reproche à se faire.

« Marat n'ira point au Panthéon ! il le méritait pourtant bien ! Je vous charge de recueillir les pièces propres à faire son oraison funèbre.

« J'espère que vous n'oublierez point l'affaire de madame Forbin. Voici son adresse, s'il est besoin de lui écrire.

« Alexandrine Forbin, à Mandrenne, par Zurich. Je vous prie de lui dire que je l'aime de tout mon cœur.

« Je vais écrire un mot à papa. Je ne dis rien à mes autres amis ; je ne leur demande qu'un prompt oubli : leur affliction déshonorerait ma mémoire. Dites au général Wimpfen que je crois lui avoir aidé à gagner plus d'une bataille en lui facilitant la paix. Adieu, citoyen, je me recommande au souvenir des amis de la paix.

« Les prisonniers de la Conciergerie, loin de m'injurier comme les personnes des rues, avaient l'air de me plaindre. Le malheur rend toujours compâtissant; c'est ma dernière réflexion.

« CHARLOTTE CORDAY. »

« Au citoyen Barbaroux, député de la Convention natiotionale, réfugié à Caen, rue des Carmes, hôtel de l'Intendance. »

Voici l'autre lettre :

« A monsieur d'Armans, rue de Belge, à Argentan.

« Pardonnez-moi, mon cher papa, d'avoir disposé de ma vie sans votre consentement. J'ai vengé bien d'innocentes victimes, j'ai prévenu bien des désastres. Le peuple, un jour désabusé, se réjouira d'être délivré d'un tyran. Si j'ai cherché à vous persuader que je passais en Angleterre, c'est que j'espérais garder l'incognito; mais j'en ai vu l'impossibilité. J'espère que vous ne serez pas tourmenté en tout; vous trouverez des défenseurs à Caen.

« Adieu, mon cher papa; je vous prie de m'oublier, ou plutôt de vous réjouir de mon sort. Vous connaissez votre fille; un motif blâmable n'aurait pu la conduire. J'embrasse ma sœur, que j'aime de tout mon cœur, ainsi que tous mes parents. N'oubliez pas ce vers de Corneille :

Le crime fait la honte et non pas l'échafaud !

« C'est demain, à huit heures, que l'on me juge. »

Cette lecture étant terminée, Charlotte Corday se lève et dit :

« Le comité du salut public m'a promis de faire tenir la

première de ces lettres à Barbaroux. Je m'en rapporte au
zèle du tribunal pour faire parvenir la seconde.

Le président. — La parole est à l'accusateur public.

Fouquier-Tinville commence par faire un pompeux éloge
de l'*Ami du Peuple*. « Marat, le vertueux Marat est mort !
dit-il ; mais il nous reste le souvenir de ses vertus... »

Ici il est interrompu par l'accusée, qui s'écrie avec l'accent
de l'indignation : — « Votre Marat n'est qu'un monstre ! »

Cette interruption semble faire quelque impression sur
Fouquier ; il se trouble, et c'est après quelques instants seulement qu'il parvient à retrouver le fil de son discours, assemblage de lieux communs, de pathos où la férocité domine.

Ce réquisitoire terminé, Chauvau-Lagarde se leva ; il allait
parler, lorsque le président Dumas lui dit :

— « Citoyen Chauvau , tu n'as rien de mieux à faire que
de t'en rapporter à notre justice. »

Le courageux défenseur, sans tenir compte de cette invitation, qui pouvait bien être considérée comme un ordre , prit
la parole d'une voix assurée et dit :

— « L'accusée avoue de sang froid l'horrible attentat qu'elle
a commis ; elle en avoue avec sang froid la longue préméditation ; elle en avoue les circonstances les plus affreuses ; en
un mot, elle avoue tout et ne cherche pas même à se justifier.
Voilà, citoyens jurés, sa défense tout entière. Ce calme im-
perturbable, et cette entière abnégation de soi-même , qui
n'annoncent aucun remords, et, pour ainsi dire , en présence
de la mort même, ce calme et cette abnégation, sublimes
sous un rapport, ne sont pas dans la nature ; ils ne peuvent
s'expliquer que par l'exaltation du fanatisme politique qui lui
a mis le poignard à la main. Et c'est à vous , citoyens jurés,
à juger de quel poids doit être cette considération morale
dans la balance de la justice : je m'en rapporte à votre prudence. »

Le président , après cette défense , déclare que les débats

sont clos, et il pose les questions aux jurés, qui se retirent immédiatement dans la chambre de leurs délibérations; ils en
sortent bientôt apportant une déclaration unanime de culpabilité d'après laquelle le tribunal condamne l'accusée à la
peine de mort, et ordonne que ses biens soient confisqués au
profit de la république.

Un sourire effleura les lèvres de Charlotte Corday, lorsque
le président prononça cet arrêt; puis se penchant vers Chauvau-Lagarde, son défenseur, elle lui dit : « Vous m'avez défendue d'une manière généreuse et délicate; c'était la seule
qui pût me convenir : je vous en remercie. Vos nobles paroles m'ont fait concevoir pour vous une estime dont je veux
vous donner une preuve : je dois quelque chose à la prison,
et vous venez d'entendre que mes biens sont confisqués : je
vous charge de payer mes dettes. »

Reconduite à la Conciergerie, elle dit au concierge Richard :
— « J'espérais, mon cher monsieur, que nous déjeunerions
ensemble; mais ces messieurs m'ont retenue là-haut plus
longtemps que je ne pensais. J'espère que vous me pardonnerez de vous avoir manqué de parole.»

Puis elle demanda à dîner et mangea de très bon appétit.
Elle n'avait pas encore achevé ce dernier repas, lorsqu'un
prêtre se présenta pour lui offrir les consolations de la religion.

—«Je vous remercie, monsieur, lui dit-elle, et vous prie de
remercier pour moi les personnes qui vous ont envoyé. Je suis
sensible à leur attention; mais je ne puis accepter votre ministère.

Voyant que l'heure approchait, elle quitta la table, demanda du papier, une plume et de l'encre et écrivit ce billet :

       « A Doulcet-Pontécoulant.

   « Doulcet–Pontécoulant est un lâche d'avoir refusé de me
» défendre, lorsque la chose était si facile. Celui qui l'a fait

» s'en est acquitté avec toute la dignité possible; je lui en con-
» serverai ma reconnaissance jusqu'au dernier moment.

« MARIE-CHARLOTTE-CORDAY. »

Elle n'avait pas encore fini d'écrire, lorsque l'exécuteur des
hautes-œuvres se présenta.

—«Permettez que j'achève, lui dit-elle; cela sera fait dans
un instant.»

Elle mit la suscription à la lettre, la cacheta; puis elle se
leva et s'avança vers l'exécuteur.

—« Me voici, lui dit-elle; faites comme vous l'entendrez,
car il s'agit d'une toilette à laquelle je ne suis pas accoutumée.»

Lorsque l'exécuteur lui eut coupé les cheveux, et l'eut revêtue de la chemise rouge, elle demanda à voir le concierge
Richard et sa femme, et les adieux qu'elle leur adressa firent
couler les larmes des guichetiers présents à cette scène.

—« Croyez-vous, demanda-t-elle en souriant à Richard,
que Marat sera mis au Panthéon?»

Le concierge n'osa pas répondre, et Charlotte sortit pour
monter dans la fatale charette. Sept heures venaient de son-
ner lorsqu'elle sortit de la cour du Palais. Le caractère qu'elle
avait montré jusque-là ne se démentit pas un seul instant; elle
fit preuve, en allant au supplice, d'une indifférence, d'un calme
vraiment héroïques, et elle ne répondit que par des sourires
fréquents aux huées et aux outrages de la hideuse populace
qui environnait la charette. Il était huit heures moins un
quart, lorsqu'elle arriva sur la place de la Révolution, où
l'échafaud avait été dressé ; elle en franchit les degrés d'un
pas ferme et rapide.

« Montée sur le théâtre de son supplice, dit un journaliste
du temps, son visage avait encore la fraîcheur et le coloris
d'une femme satisfaite; mais un moment après, l'exécuteur
ui ayant enlevé le voile qui couvrait sa gorge, le rouge de la

pudeur colora ses joues, et son indignation s'exprima par un regard étincelant. »

Afin de hâter l'exécution, elle se pencha sur la planche fatale, et bientôt sa belle tête tomba. Un aide de l'exécuteur, nommé Legras, ramassa cette tête pour la montrer au peuple, selon la prescription de la loi; mais au lieu de s'en tenir à cette démonstration déjà si hideuse, il eut l'affreux courage de souffleter à plusieurs reprises ces joues que la mort avait déjà décolorées. Jusque là le peuple criant : *Vive la nation! vive la république! à bas les aristocrates!* n'avait cessé d'applaudir au supplice de cette femme extraordinaire; mais à la vue de cet acte de férocité et de lâcheté à la fois, sa colère se tourna vers le misérable qui s'en rendait coupable, et cet homme s'empressa de se soustraire par la fuite à la punition qui le menaçait. Toutefois, l'indignation publique était telle, qu'il lui fallait satisfaction : l'aide exécuteur fut traduit devant le tribunal de police et condamné à un mois d'emprisonnement.

Mais les généreuses espérances de Charlotte Corday ne se réalisèrent point : elle avait cru contribuer à sauver la patrie des fureurs des anarchistes, et le meurtre de Marat devint au contraire, l'arrêt de mort des Girondins, qui furent déclarés complices de cette courageuse femme. Marat fut considéré comme un martyr de la liberté; on décerna des couronnes à cet homme sanguinaire qui avait donné le signal de tant de massacres. Marat devint une sorte de divinité infernale à laquelle de nombreuses victimes humaines devaient être sacrifiées. Ainsi l'on vit le club des Cordeliers élever un autel *au cœur de Marat!* A la Convention, aux Jacobins, il fut décidé que l'on rendrait des honneurs extraordinaires aux dépouilles mortelles de Marat; on lui déféra les honneurs du Panthéon, bien que la loi ne permît d'y transporter un individu que vingt ans après sa mort. Son corps resta exposé pendant plusieurs jours; il était découvert, on voyait la blessure qu'il avait reçue, et qui disparut bientôt sous les fleurs dont les sociétés populaires vinrent couvrir le cadavre de ce féroce tribun.

« Si l'histoire rapporte de pareilles scènes, dit M. Thiers, c'est pour apprendre aux hommes à réfléchir sur l'effet des préoccupations du moment, et pour les engager à bien s'examiner eux-mêmes, lorsqu'ils pleurent les puissants, ou maudissent les vaincus du jour. »

CUSTINES ET SON FILS.

(1793).

Né à Metz en 1740, et issu d'une famille noble, Adam-Philippe de Custines, était entré de bonne heure dans la carrière des armes, où son courage et son talent l'avaient fait parvenir aux grades les plus élevés. Député de la noblesse aux États-Généraux, il s'y fit surtout remarquer par son génie et sa loyauté, et lorsque, trois ans plus tard, il fallut remplacer le général Dumourier, qui avait abandonné l'armée et passé à l'ennemi, l'opinion publique désigna Custines, qui fut appelé à ce poste périlleux, et alla se mettre à la tête des troupes.

Les deux partis qui divisaient alors la Convention comptaient également sur le nouveau général; mais le parti de la Montagne ne tarda pas à reconnaître que Custines ne partageait pas ses fureurs. Dès lors, Robespierre et ses partisans s'efforcèrent de contrarier toutes les opérations du nouveau général. Marat, dans son journal, *l'Ami du Peuple*, l'accusait hautement de trahison et appelait sur lui la haine du peuple et de l'armée.

Custines ne pouvant obtenir du ministre de la guerre les secours qu'il demandait, et voyant toutes ses opérations paralysées par les menées des montagnards, se disposait à demander son rappel, lorsque, le 29 juillet 1793, il fut décrété d'accusation, et reçut l'ordre de se rendre à Paris. Il arriva bientôt, et loin de craindre que ses actions fussent mises au grand jour, il appela lui-même l'examen en attaquant vigoureusement le ministre dont le mauvais vouloir avait amené tout récemment la reddition de Mayence, revers qui avait motivé le décret d'accusation lancé contre le général.

Les démarches que fit Custines pour démontrer la culpabilité du ministre de la guerre ne servirent qu'à hâter sa perte à lui-même ; Marat prétendit que Custines n'était venu à Paris que pour exciter un soulèvement général. L'ordre de l'arrêter fut donné et exécuté ; conduit d'abord à l'Abbaye, Custines fut quelques jours après, transféré à la Conciergerie.

L'acte d'accusation dressé contre le général Custines par le trop fameux Fouquier-Tinville était un tissu de monstrueuses stupidités. Ainsi, par exemple, on accusait ce brave officier d'avoir trahi la France, à l'exemple de Dumourier. Où ? quand ? comment avait-il trahi ? — On lui imputait à crime de n'avoir pas approuvé la condamnation de Louis XVI ; on lui reprochait surtout d'avoir fait fusiller quelques-uns de ses soldats qui, lors de la prise de Spire, s'étaient livrés au pillage, au viol et à l'assassinat, acte de fermeté qui avait sauvé l'honneur de l'armée et augmenté sa force en rétablissant la discipline.

A l'appui de ces charges, on apportait un billet insignifiant, attribué à Custines, que le général désavoua, et qui fut reconnu faux par les experts. On fit entendre des témoins ; mais pas un ne vint en aide à l'accusation ; et plusieurs rendirent publiquement et hautement hommage aux talents et à la loyauté de Custines. Il semble que dès lors, on aurait pu compter sur un acquittement ; mais le tribunal révolutionnaire avait mission de condamner quand même. En vain, l'éloquent et généreux avocat, Trouson-Ducoudray, démontra-t-il jusqu'à l'évidence l'innocence de son client ; en vain, le général prit-il lui-même la parole pour soutenir qu'il n'avait pas cessé de bien mériter de la patrie : le 27 août, à neuf heures du soir, le jury du tribunal révolutionnaire, après dix minutes de délibération, répondit affirmativement à toutes les questions qui lui avaient été posées.

Lorsqu'on fit rentrer Custines pour qu'il entendit l'arrêt motivé sur la réponse du jury, il s'avança avec calme et dignité. Le président lui fit part de la déclaration du jury, et lui dit qu'il pouvait, soit par lui-même, soit par l'organe de son défenseur, faire des observations sur l'application de la loi. Custines regarda autour de lui, et ne voyant point son défenseur qui s'était retiré, il dit : « — Ma conscience ne me reproche rien ; si je dois mourir, je mourrai calme et innocent.»

Rentré à la Conciergerie, Custines fit appeler un prêtre qui passa la nuit près de lui, et il écrivit à son fils une lettre touchante dans laquelle il lui recommandait de ne rien négliger pour réhabiliter sa mémoire, dès que les troubles de la France seraient apaisés.

Le lendemain, 28 août 1793, le général Custines fut conduit à la place de la Révolution où était dressé l'échafaud. Arrivé au pied de l'échelle, il s'agenouilla, fit une courte prière; puis se relevant, il monta d'un pas ferme et rapide et se livra à l'exécuteur; une minute après sa tête tombait.

Cinq mois s'étaient à peine écoulés lorsque le fils de Custines fut traîné devant ce tribunal de sang qui avait fait égorger son père; on l'accusait de fuir les patriotes, et d'être lié avec les contre-révolutionnaires complices de son père. C'était là le prétexte; le véritable motif de la mise en accusation de ce jeune homme, était la crainte qu'il ne cherchât à venger son père.

« Custines, lui dit Dumas, président du tribunal révolutionnaire, vous avez écrit à votre père pour lui témoigner de la part que vous preniez à ses chagrins; quelles étaient ces peines auxquelles vous vous montriez si sensible ?

— Il s'agissait, répondit le noble jeune homme, de la prise

de Condé qui eut lieu presque en même temps que mon père était appelé à l'armée du Nord, et alors que Valenciennes était menacée du même sort.

Vinrent ensuite plusieurs questions ridicules et niaises auxquelles le jeune accusé répondit avec candeur et sans montrer le moindre trouble.

« — Il est pourtant certain, dit le président Dumas, qu'au commencement de la guerre, vous avez été envoyé auprès du prince de Brunswick.

« — Il est vrai, répondit-il, que l'on m'avait chargé d'engager ce prince, célèbre par ses talents militaires, à accepter le commandement des armées françaises, il est vrai que je n'ai rien négligé pour atteindre ce but, et que, si j'avais réussi, j'aurais cru rendre un grand service à ma patrie, en préparant ses triomphes sur les puissances coalisées; mais si, en me donnant cette mission, on a eu des vues ultérieures, je l'ignore, et vous comprendrez qu'on se fût bien gardé de me les confier, en vous rappelant qu'à cette époque je n'avais pas encore vingt-trois ans.

Le président voulut alors donner lecture de la correspondance du jeune Custines pendant qu'il était à Brunswick; mais l'accusé s'apercevant que l'on dénaturait le sens de ses lettres, s'écria : « Citoyens jurés, je demande que le président lise mes lettres en entier et sans y rien changer : il les dénature pour me perdre; je demande justice de cette mauvaise foi ! »

Dumas pâlit, et il promit de mettre la correspondance sous les yeux des jurés dont quelques uns ne savaient pas lire !....

Le président acheva d'interroger le jeune Custines en lui adressant cette question : « Avez-vous eu connaissance des complots de votre père ?

— Mon père, répondit celui-ci n'a jamais songé qu'à bien servir la république.

Fouquier-Tinville prit alors la parole, et après quelques lieux communs qu'il adaptait à toutes les circonstances, il termina en disant qu'il lui semblait impossible qu'un fils qui défendait si bien la mémoire de son père, ne fût pas le complice de ce dernier.

La défense était inutile ; l'arrêt était prononcé d'avance ; comme son père, le jeune Custines fut condamné à la peine de mort. Rentré dans sa prison, après avoir entendu prononcer cet arrêt sans pâlir, Custines écrivit à sa jeune femme cette lettre touchante :

« C'en est fait, ma pauvre Delphine, je t'embrasse pour la dernière fois ! Je ne puis pas te voir, et si même je le pouvais, je ne le voudrais pas : la séparation serait difficile, et ce n'est pas le moment de s'attendrir.

« Que dis-je, s'attendrir ? comment pourrais-je m'en défendre à ton image ? Il n'en est qu'un moyen.... Celui de la repousser avec une barbarie déchirante, mais nécessaire.

« Ma réputation sera ce qu'elle doit être, et, pour la vie, c'est chose fragile de sa nature. Des regrets sont les seules affections qui viennent troubler par moment ma tranquillité parfaite. Charge-toi de les exprimer, toi qui connais si bien mes sentiments, et détourne ta pensée des plus douloureux de tous, car ils s'adressent à toi.

« Je ne pense avoir fait à dessein du mal à personne. J'ai quelquefois senti le vif désir de faire le bien. Je voudrais en avoir fait davantage ; mais je ne sens pas le poids incommode du remords. Pourquoi donc éprouverais-je quelque trouble ? mourir est nécessaire, et tout aussi simple que de naître.

« Ton sort m'afflige. Puisse-t-il s'adoucir ! Puisse-t-il même devenir heureux un jour ! C'est un de mes vœux les plus chers et les plus vrais.

« Apprends à ton fils à bien connaître son père ; que des soins éclairés écartent loin de lui le vice ; et, quant au malheur, qu'une âme énergique et pure lui donne la force de le supporter.

« Adieu !.......... Je n'érige point en axiômes les espérances de mon imagination et de mon cœur ; mais je crois que je ne te quitte pas sans espoir de te revoir un jour.

« J'ai pardonné au petit nombre de ceux qui ont paru se réjouir de mon arrêt. Toi, donne une récompense à qui te remettra cette lettre. »

Le 4 janvier 1794, lendemain du jour où le jeune Custines écrivait ce touchant testament, il fut conduit au supplice : rien ne démentit en lui le noble caractère qu'il avait montré, et il mourut, comme son père, en homme de cœur et de haute intelligence.

MARIE-ANTOINETTE.

(1793)

Huit mois s'étaient à peine écoulés depuis la mort du noble, loyal et infortuné Louis XVI, lorsque, le 3 octobre 1793, Billaud-Varennes fit ordonner au tribunal révolutionnaire de *s'occuper, sans délai et sans interruption, du procès de la veuve Capet.* Le 11 octobre, le comité de salut public envoya les pièces à l'accusateur Fouquier-Tinville, en lui recommandant de seconder son zèle, recommandation inutile auprès de cette bête fauve qui semblait chaque jour plus altérée de sang. Le lendemain, 12, Marie-Antoinette fut interrogée secrètement dans une salle obscure, où plusieurs témoins l'entendirent sans qu'elle pût les apercevoir.

— « C'est vous, lui dit le président Hermann, qui avez appris à Louis Capet l'art de la dissimulation avec laquelle il a trompé le peuple ? — Oui, répondit la reine, le peuple a été trompé ; mais ce n'est ni par mon mari, ni par moi.

— Vous n'avez jamais cessé, dit encore le président, de vouloir détruire la liberté. Vous vouliez remonter au trône sur les cadavres des patriotes.

— Nous n'avons jamais désiré que le bonheur de la France,

14

répondit la reine ; nous n'avions pas besoin de remonter sur le trône, nous y étions.

Le 14 octobre, elle parut devant le tribunal révolutionnaire. Parmi les jurés qui devaient prononcer sur son sort, se trouvaient un perruquier, un peintre, un tailleur, un menuisier et un recors. L'acte d'accusation fut digne d'un pareil tribunal. « A l'instar des Brunehaut et des Frédegonde, disait Fouquier-Tinville, Marie-Antoinette a été le fléau et la sangsue des Français. » Cet acte d'accusation était un assemblage honteux d'iniquités et de mensonges ; il se terminait par la monstrueuse accusation dont Hébert et ses ignobles collègues étaient allés demander le témoignage aux propres enfants de l'illustre accusée. Cet Hébert, rédacteur de la dégoûtante feuille intitulée le *Père Duchêne*, et auparavant vendeur de contremarques à la porte des spectacles, rapporta, dans les termes les plus grossiers, les horribles questions qu'il avait faites à ces enfants. Il dit que Charles Capet (le dauphin) avait raconté à Simon, son précepteur, le voyage à Varennes, et désigné Lafayette et Bailly comme en étant les coopérateurs. Puis il ajouta que cet enfant avait des vices funestes et bien prématurés pour son âge ; que Simon, l'ayant surpris et l'ayant interrogé, avait appris qu'il tenait de sa mère les vices auxquels il se livrait. Hébert ajouta que Marie-Antoinette voulait sans doute, en affaiblissant la constitution physique de son fils, s'assurer le moyen de le dominer s'il remontait sur le trône. La reine, contenant d'abord son indignation, s'abstint de répondre ; mais, pressée par un des jurés sur les mêmes faits, elle se retourna vers le public avec dignité, et prononça ces paroles remarquables :

« Je croyais que la nature me dispenserait de répondre à une telle imputation ; mais j'en appelle au cœur de toutes les mères ici présentes. » Cette réponse si noble, si simple, fit une profonde impression sur tous les assistants.

Cependant Marie-Antoinette reçut de courageux hommages de la part de plusieurs témoins qu'on avait tirés de leurs prisons pour les faire comparaître. Quand le vénérable Bailly fut amené, Bailly, qui autrefois avait si souvent prédit à la cour les maux qu'entraîneraient ses imprudences, il parut douloureusement affecté ; et comme on lui demandait s'il connaissait la femme Capet :

Oui, dit-il en s'inclinant avec respect, oui, *j'ai connu madame.*

Il déclara ne rien savoir, et soutint que les déclarations arrachées au jeune prince, relativement au voyage à Varennes, étaient fausses.

— Fausses ! s'écria le président Hermann avec l'accent de la fureur ; tu oses, toi, vil aristocrate, accuser de mensonge le vertueux Hébert !... Mais c'est chose toute simple : il appartient à l'assassin du peuple de prêter assistance à une Messaline jadis couronnée dont le peuple souverain a brisé le trône.

— Si mon appui pouvait être de quelque secours à madame, répliqua dignement Bailly en s'inclinant de nouveau devant la reine, il n'y aurait ni injures, ni menaces capables de m'empêcher d'accomplir ce devoir ; mais je le ferais toujours sans outrager la vérité.....

— Le malheureux se perd ! dit à demi-voix Marie-Antoinette en se penchant vers Chauveau-Lagarde, un de ses défenseurs.

Bien que Bailly eût entendu ces paroles, il continua avec le même calme :

— L'homme qui a, toute sa vie, respecté la vérité, ne saurait mentir alors qu'il a un pied dans la tombe.

Cet incident ayant produit quelque sensation dans l'auditoire, le président ordonna de reconduire Bailly à la Conciergerie. Bailly alors se tourna pour la dernière fois vers la reine, et ils échangèrent un sublime regard.

Dans toute la suite des débats, le ridicule ne cessa d'être

joint à la barbarie. On entendit reprocher à la reine de France
le nombre de souliers qu'elle avait usés; on l'accusa d'avoir
accaparé pour quinze cent mille francs de sucre et de café,
d'avoir dépensé des fonds *conséquents* pour un rocher, d'avoir
tenu un conciliabule le jour où *le peuple fit l'honneur à son
mari de le décorer du bonnet rouge*, d'avoir *porté des pistolets dans ses poches*, etc.

Dans son résumé, le président parla de *bouteilles vides*
trouvées sous le lit de Marie-Antoinette, après le massacre du
10 août; il déclara que le peuple avait été trop longtemps victime des *machinations infernales de cette moderne Médicis*;
et il parla de *justice impartiale*, de *conscience*, même d'*humanité!* Pendant trois jours et trois nuits que durèrent les débats, l'auguste victime n'eut pas un seul instant de repos.
Elle fut constamment sublime par sa constance et par toutes
ses réponses simples, précises, pleines de calme et de noblesse.

Il faut bien le reconnaître, cette malheureuse reine n'était
pas entièrement irréprochable : son inflexibilité dans certaines circonstances, le dédain qu'elle avait quelquefois montré pour les classses inférieures, la fuite à Varennes qu'on
lui attribuait avec quelque apparence de raison, la tentative
de corruption de quelques députés influents, toute ces choses
avaient puissamment contribué à enlever à Louis XVI la popularité dont il avait d'abord été entouré à son avénement.
Mais combien ces griefs paraissent futils, comparés aux hideux traitements, aux supplices affreux qui furent infligés à
cette infortunée souveraine!... Ces incroyables accusations,
que nous venons de rapporter, avaient été précédées d'horribles tortures morales et physiques : enfermée dans un
des cabanons de la Conciergerie, Marie Antoinette y manquait des choses les plus essentielles à la vie; privée de linge, de chaussure, elle en était réduite à recoudre elle-même
ses vêtements tombant en lambeaux, et la veille de sa comparution devant ses juges, cette héritière des César, fille de

roi, femme de roi, mère de roi, raccommodait ses bas au
jour douteux qui pénétrait au travers des barreaux de son
cachot !

Cependant la terreur était à son comble, personne n'avait
osé se présenter pour défendre la reine. Le tribunal nomma
d'office Tronson-du-Coudray et Chauveau-Lagarde, qui
remplirent cette tâche périlleuse avec tout le courage et le
dévouement que permettaient les circonstances, et persua-
dés, comme ils l'étaient, de l'inutilité de leur ministère.

Marie-Antoinette fut condamnée à l'unanimité ; elle entendit son arrêt de mort sans effroi, le 16 octobre 1793, à quatre
heures du matin. Rentrée dans sa prison, elle écrivit à Madame Elisabeth une lettre touchante qui ne devait point parvenir à son adresse. Un prêtre constitutionnel s'était présenté
pour lui offrir les derniers secours de la religion, elle refusa
de l'entendre ; et lorsque les bourreaux entrèrent, cet homme
lui ayant dit : « Voilà le moment de demander pardon à
Dieu.

« — De mes fautes, reprit-elle ; mais de mes crimes, je
n'en ai jamais commis. »

Paroles remarquables ! véritable cri de l'âme qui a la conscience de sa noblesse, de sa dignité. A onze heures, elle sortit
de la Conciergerie, vêtue de blanc, témoigna quelque étonnement de ce qu'on ne la conduisait pas au supplice comme
Louis XVI, dans une voiture fermée, et monta dans un tombereau avec l'exécuteur et le prêtre. Elle avait elle-même
coupé ses cheveux ; ses mains étaient liées derrière le dos. Son
dernier vœu, ainsi qu'elle venait de l'écrire à madame Elisabeth, était de mourir avec autant de fermeté que son époux.

La garde nationale formait une double haie sur son passage ;
l'armée révolutionnaire suivait, et un histrion précédait le
cortége, exhortant le peuple à applaudir à la *justice nationale*.
Cette exhortation ne fut que trop entendue. Le cortége prit le
chemin le plus long, passa dans les rues les plus populeuses,

et fut plus de deux heures avant d'arriver au lieu du supplice, sur la place fatale où, dix mois auparavant, avait succombé Louis XVI. Partout, sur son passage, on entendit des cris féroces et des injures dégoutantes. Les marches du grand escalier de Saint-Roch étaient couvertes de spectateurs; ils applaudirent avec fureur, lorsque la fatale charrette passa devant eux, et voulant considérer à loisir les traits de la victime, ils la firent arrêter. Elle promenait avec indifférence ses regards sur ce peuple qui tant de fois avait applaudi à sa beauté et à sa grâce.

Arrivée au pied de l'échafaud, elle aperçut les Tuileries, et parut émue; alors elle se hâta de monter la fatale échelle, et se livra avec courage aux bourreaux.

Madame Elisabeth, sœur de Louis XVI, survécut sept mois à son infortunée belle sœur. On l'envoya à la mort le 10 mai 1794. Ce meurtre ne saurait trouver un seul motif d'excuse, même en politique. Madame Elisabeth était un ange de bonté; elle n'était connue que par ses bienfaits et ses vertus; sa condamnation ne put pas même être établie sur les prétextes vulgaires dont on se servait alors. Cette princesse fut jugée et conduite au supplice le même jour, dans une charrette, avec une foule d'autres condamnés qui furent exécutés avant elle. On eût dit que les bourreaux voulaient rendre plus cruels les derniers moments de la plus innocente victime, en la faisant mourir ainsi la dernière de sa famille et de ses compagnons d'infortune.

LES GIRONDINS.

(**1793**.)

Les Girondins, ces députés éloquents et généreux qui s'étaient opposés de toutes leurs forces au projet insurrectionnel du 10 août, qui avaient protesté énergiquement contre les massacres, qui avaient montré quelque pitié pour Louis XVI, qui avaient fait opposition à toutes les mesures révolutionnaires, devaient, par la nature même des choses, se trouver en butte à toute la rage des Jacobins. Pour assurer leur perte, on les accusa de conspiration, de projet de guerre civile.

La plupart de ces députés, du moins ceux qui avaient coopéré activement au soulèvement de quelques provinces, n'étaient pas sous la main de leurs ennemis. On résolut d'arrêter sans distinction tous ceux qui leur étaient unis par l'amitié ou par la communauté d'opinion. Vingt-un d'entre eux furent arrêtés et mis en jugement. Tous étaient à la fleur de l'âge, dans la force du talent, quelques uns même dans tout l'éclat de la jeunesse et de la beauté; c'étaient Brissot, Gardien, Lasource, Vergniaud, Gensonné, Lehardi, Mainvielle, Ducas, Boyer-Fonfrède, Duchastel, Duperret, Carra, Valazé, Lacase, Duprat, Sillery, Fauchet, Lesterple Beauvais, Boileau, Antiboul, et Vigée.

Gensonné était calme et froid, Valazé, indigné et méprisant ; Vergniaud était plus ému que de coutume ; le jeune Ducos était gai ; et Fonfrède, qu'on avait épargné dans la journée du 2 juin, parce qu'il n'avait pas voté pour les arrestations de la commission des douze, et qui, par ses instances réitérées en faveur de ses amis, avait mérité depuis de partager leur sort, Fonfrède semblait, pour une si belle cause, abandonner avec facilité et sa grande fortune, et sa jeune épouse, et sa vie.

On n'eut pas de peine à trouver de faux témoins pour attester la complicité des Girondins avec les massacreurs de septembre. Fabre d'Églantine, devenu suspect, pour cause d'agiotage, avait besoin de se populariser ; il appuya cette accusation avec perfidie. Vergniaud, ne pouvant se soutenir, s'écria avec indignation :

« Je ne suis pas tenu de me justifier de complicité avec des voleurs et des assassins. »

Malgré leur courageuse défense, les accusés virent bientôt que leur perte était résolue, et ils se préparèrent à mourir noblement. Ils se rendirent à la dernière séance du tribunal, avec un visage serein. Tandis qu'on les fouillait à la porte de la Conciergerie, pour leur enlever les armes meurtrières avec lesquelles ils auraient pu attenter à leurs jours, Valazé, donnant une paire de ciseaux à son ami Riouffe, lui dit, en présence des gendarmes : « Tiens, mon ami, voilà une arme défendue ; il ne faut pas attenter à nos jours ! »

Le 30 octobre 1793, les jurés prononcèrent la sentence de mort qui leur avait été imposée. En entendant cet arrêt, Brissot laissa tomber ses bras ; sa tête se pencha subitement sur sa poitrine ; Gensonné voulut dire quelques mots sur l'application de la loi, mais il ne put se faire entendre. Sillery qui était paralytique, laissa échapper ses béquilles en s'écriant : *Ce jour est le plus beau de ma vie !* On avait conçu quelques espérances pour les deux jeunes frères Ducos et Fonfrède,

qui avaient paru moins compromis ; mais ils furent condamnés comme les autres. Fonfrède, en embrassant Ducos, lui
dit :

« Mon frère c'est moi qui te donne la mort.

— Console-toi, répondit Ducos, nous mourrons ensemble.»

L'abbé Fauchée, le visage baissé semblait prier le ciel ;
Carra conservait son air de dureté; Vergniaud montrait dans
toute sa personne quelque chose de dédaigneux et de fier ;
Lasource prononça ce mot d'un ancien :

« Je meurs le jour où le peuple à perdu la raison ; vous
mourrez le jour où il l'aura recouvrée. »

Le faible Boileau, le faible Gardien, qui avaient eu la
honte de charger leurs coaccusés pour se justifier, ne furent
pas épargnés ; Boileau, en jetant son chapeau en l'air,
s'écria.

« Je suis innocent.

— Nous sommes innocents, répétèrent tous les accusés ;
peuple, on vous trompe ! »

Quelques-uns d'entre eux eurent le tort de jeter quelques
assignats, comme pour engager la multitude à les sauver; leur
tentative resta sans effet, et les gendarmes les entourèrent tous
pour les conduire dans leur cachot. Tout-à-coup un des condamnés tombe à leurs pieds; ils le relèvent noyé dans son
sang ; c'était Valazé, qui, en donnant ses ciseaux à Riouffe,
avait gardé un poignard, et s'en était frappé. Le farouche
tribunal décida sur-le-champ que son cadavre serait transporté
sur une charrette, à la suite des condamnés. En sortant du
tribunal, ils entonnèrent tous ensemble, par un mouvement
spontané, l'hymne des Marseillais.

Leur dernière nuit fut sublime. Vergniaud avait du poison,
il le jeta pour mourir avec ses amis. Ils firent en commun
un dernier repas, où ils furent tour-à-tour gais, sérieux,
éloquents. Brissot, Gensonné, étaient graves et réfléchis ; Vergniaud parla de la liberté expirante avec de nobles regrets,

15

et de la destinée humaine avec une éloquence entraînante.

Ducos répéta des vers qu'il avait faits en prison ; et tous ensemble chantèrent des hymnes à la France et à la liberté. Le lendemain 31 octobre, une foule immense s'était portée sur leur passage. Ils répétaient, en marchant à l'échafaud, cet hymne des Marseillais que nos soldats chantaient en marchant à l'ennemi. Arrivés à la place de la Révolution, et descendus de leurs charrettes, ils s'embrassèrent en criant : *Vive la République!* Sillery monta le premier sur l'échafaud, et, après avoir salué gravement le peuple, dans lequel il respectait encore l'humanité faible et trompée, il reçut le coup fatal. Tous imitèrent Sillery, et moururent avec la même dignité ; en trente-une minutes, le bourreau fit tomber ces illustres têtes.

BAILLY.

(1793.)

Bailly (Jean-Sylvain) était, avant la révolution, garde honoraire des tableaux du roi. Il semblait destiné à devenir un peintre de quelque mérite, lorsque le hasard lui fit rencontrer l'abbé Lacaille, astronome enthousiaste, qui fit promptement partager à Bailly son goût pour l'astronomie. Plein d'ardeur et d'intelligence, Bailly fit des progrès rapides, et en 1775, il publia *l'Histoire de l'Astronomie*, qui ouvrit à son auteur, en 1784, les portes de l'Académie.

Bailly avait 53 ans, lorsque, en 1789, il fut nommé, par les électeurs de Paris, député du tiers-état aux états généraux. La fameuse séance du jeu de paume qu'il présida, lui acquit dès lors une grande popularité. Après cette séance mémorable, Bailly s'étant rendu à Paris à la tête d'un grand nombre de membres de l'assemblée nationale, il y fut accueilli par les témoignages les plus éclatants de la reconnaissance du peuple ; sa marche fut un véritable triomphe, et à l'enthousiasme qui éclata partout sur son passage, on eût pu croire qu'il tenait en ses mains les destinées de l'Europe entière. Une circonstance toute particulière vint encore augmenter cette manifestation publique : le cortège se rendait à

l'église Notre-Dame pour y rendre grâce à Dieu du triomphe
de la liberté sur le despotisme. Comme il passait devant la
maison des Enfants-Trouvés, Bailly apercevant cette foule
de pauvres orphelins qui poussaient des cris de joie, s'avance
au milieu d'eux ; il en prend successivement plusieurs dans
ses bras, leur prodigue des caresses paternelles, puis fouillant
dans ses poches, il en tire tout l'or et l'argent qu'il y trouve,
et le distribue à ces infortunés.

Dès lors la popularité de Bailly était au comble ; mais il ne
devait pas tarder à reconnaître combien est éphémère cette
faveur du peuple, et avec quelle facilité il passe de l'admiration à la haine.

Le départ du roi et de sa famille, leur arrestation à Varennes avaient fait fermenter les esprits ; le 17 juillet 1791,
une foule immense s'était portée au Champ-de-Mars dans
l'intention de signer, sur l'autel de la patrie, une pétition à
l'assemblée nationale pour demander que la déchéance de
Louis XVI fût prononcée. Bailly, qui était maire de Paris depuis deux ans, crut devoir s'opposer à cette manifestation, et
il se rendit au Champ-de-Mars en même temps que Lafayette qui marchait avec la même intention à la tête de la
garde nationale dont il était le commandant. Bailly, entouré
des officiers municipaux, invita d'abord à plusieurs reprises le
rassemblement à se dissiper ; on lui répondit par des huées, et
un coup de feu fut tiré sur Lafayette qui, pourtant, n'en fut
pas atteint. Bailly fit alors déployer le drapeau rouge, et il
proclama la loi martiale. Cette mesure acheva d'exaspérer les
esprits ; les cris : *à bas les baïonnettes !* se firent entendre de
toutes parts, et une grêle de pierres fut lancée contre le maire
et le général. Bailly tente inutilement de se faire entendre au
milieu de cet effroyable tumulte ; plusieurs coups de fusil sont
dirigés sur lui sans l'atteindre ; alors, il fit les trois somma-
tions prescrites par la loi et ordonna de faire feu sur les factieux. Trois décharges se succédèrent rapidement, et la foule

éperdue se dissipa, laissant sur le terrain quelques morts et un assez grand nombre de blessés.

L'assemblée nationale approuva cet acte de rigueur qui seul pouvait imposer à la multitude et faire rentrer les factieux dans le devoir ; mais dès lors le peuple ne vit plus dans Bailly qu'un assassin. Suspect à la famille royale, odieux à la cour, ne pouvant plus compter que sur un petit nombre d'amis, le malheureux maire donna sa démission et se retira dans une maison de campagne qu'il possédait aux environs de Nantes ; mais après les événements du 10 août, il crut devoir se rapprocher du centre du gouvernement : il fit part de ce projet au célèbre Laplace, son ami, qui était alors retiré à Melun, et qui s'empressa de lui offrir un asile dans sa maison.

Bailly se disposait à quitter Nantes, lorsque Laplace lui écrivit qu'un bataillon de l'armée révolutionnaire étant venu occuper Melun, il l'engageait à différer son départ ; mais le malheureux fugitif s'abusant sur les dangers que lui faisait entrevoir son ami, persista dans son projet, et il se mit en route. Il était à peine arrivé à Melun, qu'un soldat de l'armée révolutionnaire le reconnut. Son nom, répété avec fureur, devint le signal d'une émeute. Traîné à la municipalité, Bailly y montra son passeport, et le maire de la ville, Tarbé des Sablons, mit tout en œuvre pour le soustraire à la rage du peuple ; mais il ne put rien obtenir, sinon que Bailly serait gardé dans la maison de Laplace jusqu'à ce que l'on eût reçu réponse du comité de sûreté générale, auquel on allait écrire sur-le-champ. Cette réponse fut un ordre de transférer Bailly à Paris, et de le déposer à la Force, prison dans laquelle il entra au commencement d'octobre, et où il ne resta que peu de jours. Quelques papiers relatifs aux événements du Champ-de-Mars, trouvés dans les cartons de l'Hôtel-de-Ville, signés de Bailly, devinrent, entre les mains de ses ennemis, des armes contre le malheureux maire, voué dès longtemps à la mort.

Transféré à la Conciergerie, Bailly ne se fit aucune illusion sur le sort qui lui était réservé; mais il attendit le coup fatal avec un calme extraordinaire, et lorsqu'on l'appela comme témoin dans le procès de Marie-Antoinette, bien que le président l'interrogeât, plutôt en accusé qu'en témoin, et que chaque question tendît évidemment à démontrer sa complicité dans les faits reprochés à la reine, il répondit avec fermeté, et ne parla de l'illustre accusée qu'avec le respect dû à de si grandes infortunes.

Enfin, le 20 novembre 1793, Bailly comparut pour son propre compte devant le terrible tribunal révolutionnaire; son acte d'accusation, dressé par Fouquier-Tinville, portait : qu'abusant de la confiance du peuple, il avait employé tous les moyens qui étaient en son pouvoir pour favoriser l'évasion de Louis XVI et de sa famille; qu'il se proposait de les suivre dans leur fuite, et qu'après l'arrestation de Louis, il avait fait voir une mollesse et une partialité extrêmes dans le jugement qu'il porta sur cet événement; que son intention était visiblement d'armer les citoyens les uns contre les autres; que c'était dans cette vue qu'il avait supposé des projets d'insurrection dans les rassemblements du Champ-de-Mars, et qu'il avait proclamé la loi martiale pour jouir du plaisir barbare de faire égorger ses frères.

Les débats durèrent deux jours, non qu'on voulut donner à l'accusé une plus grande latitude pour sa défense; mais parce qu'on avait un grand nombre de témoins sur l'affaire du Champ-de-Mars, et que les dépositions de ces gens, ne pouvant qu'être défavorables à l'infortuné maire, on n'était pas fâché de se donner cette apparence d'impartialité. A la fin de la dernière séance, le jugement fut prononcé; il portait que, attendu qu'il avait existé entre Jean-Sylvain Bailly, Louis Capet, sa femme et autres, un complot tendant à troubler la tranquillité intérieure de l'État, à exciter à la guerre civile en armant les citoyens les uns contre les autres, en portant atteinte à la liberté du peuple , et dont la suite avait été le massacre d'un nombre considérable de citoyens au Champ-de-Mars, le 17 juillet 1791, le tribunal condamnait Jean-Sylvain Bailly à la peine de mort ; ordonnait la confis-cation de ses biens ; ordonnait, en outre, que le drapeau rouge déployé par Bailly au Champ-de-Mars, et depuis dé-posé à la municipalité, serait traîné derrière la voiture jus-qu'au lieu de l'exécution, où il serait brûlé par l'exécuteur des hautes-œuvres.

Bailly entendit prononcer cet arrêt sans manifester la moindre émotion. Ce fut avec le même calme qu'il monta dans la charrette décorée du funeste drapeau. En vain les cris, les injures , les imprécations de toutes sortes s'élevèrent-ils autour de lui; il promenait un regard tranquille sur cette multitude en délire.

Contre l'ordinaire, l'échafaud n'avait pas été dressé sur la place de la Révolution; mais au milieu du Champ-de-Mars, sur la place même où Bailly avait déployé le drapeau rouge et pro-clamé la loi martiale. Le temps était sombre et froid ; une pluie glaciale tombait sans interruption, et le funèbre cor-tége n'avançait que lentement. Bailly sentait ses forces phy-siques l'abandonner peu à peu ; mais il conservait toute son énergie. Enfin, la charrette arriva au pied de l'échafaud; l'accusé se disposait à descendre, croyant toucher au terme de ses maux, lorsque du milieu de la foule s'élevèrent des réclama-tions : on dit que le champ de la Fédération ne devait pas être souillé du sang d'un si grand coupable, et qu'il fallait l'exécuter ailleurs. Aussitôt une troupe de forcenés se rue sur l'échafaud qui est démoli, transporté pièce à pièce, et lentement reconstruit hors du Champ-de-Mars , sur le bord de la Seine. Plus de trois heures s'écoulèrent ainsi. Bailly, auquel on avait arraché son habit, avait les membres glacés.

— Tu trembles! lui dit un des misérables qui l'environ-naient.

— Oui, mon ami, répondit-il avec calme, mais c'est de froid.

Ces paroles furent le signal de nouvelles tortures : des furieux frappent l'infortuné Bailly de leurs bâtons, d'autres lui crachent au visage et le couvrent de boue. Le malheureux s'évanouit ; mais bientôt le mouvement de la charette le rappelle à la vie : il arrive au lieu où l'échafaud a été transporté. En exécution de l'arrêt, le drapeau rouge est jeté dans un brasier ardent ; mais dès qu'il est enflammé, des monstres s'en emparent et promènent les flammes qui le dévorent sur le visage de la victime, à laquelle cette torture nouvelle arrache des cris. Bailly supplie ses bourreaux de hâter l'exécution. Enfin on le traîne au pied de l'échafaud ; là, il semble recouvrer ses forces, et c'est d'un pas assuré qu'il monte sur la plate-forme où bientôt tombe sa tête, aux applaudissements de la multitude.

LA COMTESSE DU BARRI.

(1793.)

Retirée au Château de Luciennes, qui lui appartenait, madame du Barri y vivait paisiblement depuis longtemps, lorsque la révolution éclata ; mais dès les premiers troubles qui précédèrent la convocation des états généraux, la maison de l'ex-favorite devint le rendez-vous des amis de Louis XVI et de la reine. Plus tard, les gardes du corps échappés au massacre du 6 octobre, se traînèrent de Versailles à Luciennes, et la comtesse du Barri les fit soigner chez elle avec autant d'empressement que s'ils eussent été ses parents. Mais le temps approchait où la dernière maîtresse de Louis XV devait subir de cruelles épreuves.

Bientôt on apprend que d'audacieux brigands se sont introduits chez madame du Barri, lui ont volé ses diamans, et se sont refugiés à Londres. La comtesse partit alors pour l'Angleterre où se trouvaient un grand nombre d'émigrés français ; puis elle revint à Paris, retourna à Londres, et revint enfin à Luciennes.

Pendant que cela se passait, la tourmente révolutionnaire devenait chaque jour plus terrible ; ainsi Brissac, dernier

16

amant de la comtesse, était arrêté et renvoyé devant la cour criminelle d'Orléans. Maussaubré, aide-de-camp de Brissac, se rend en toute hâte à Luciennes pour informer la comtesse de cet événement; mais en même temps le château de Luciennes est envahi par une bande de forcenés qu'on appelait les *Marseillais;* Maussaubré est reconnu et massacré sous les yeux de madame du Barri. Le lendemain, d'autres assassins se présentent au château, et jettent aux pieds de la comtesse une tête sanglante : c'était celle de Brissac, égorgé à Versailles, alors qu'on le conduisait à Orléans.

Frappée de terreur, madame du Barri se dispose à retourner en Angleterre, toujours sous le prétexte de retrouver ses diamants. Cette fois encore on la laisse partir; mais on la fait espionner par deux misérables, dont l'un était un nègre nommé Zamore, qui était depuis vingt ans au service de la comtesse, et qu'elle avait comblé de biens. Elle était en sûreté, lorsque la loi sur les émigrés vint lui donner de nouvelles craintes; elle ne put supporter l'idée d'être dépouillée de ses biens et elle s'empressa de revenir à Paris. Zamore et son complice s'empressent alors de la dénoncer; ils rapportent mille faits tendant à prouver que les voyages de madame du Barri n'avaient eu pour motifs que des intrigues politiques ayant pour but le renversement de la république; ils nomment les personnages avec lesquels elle était en relation, et ils donnent des détails vrais ou faux, mais suffisants pour servir de base à une accusation formidable.

Arrêtée le 22 septembre 1793, la comtesse du Barri comparut le 7 décembre suivant devant le redoutable tribunal révolutionnaire, avec le banquier Vandenyver et ses deux fils. Elle était assistée du célèbre Chauveau-Lagarde; Fouquier-Tinville qui occupait le siège du ministère public, donna, après les questions d'usage, lecture de l'acte d'accusation suivant dressé par lui-même, et qui peut être regardé comme un modèle du genre.

« Antoine Quintin Fouquier, accusateur-public du tribunal révolutionnaire établi au Palais, à Paris, par décret de la Convention nationale du 10 mars 1793, l'an II de la république, sans aucun recours au tribunal de cassation, en vertu du pouvoir à lui donné par l'art. 2 d'un autre décret de la Convention du 5 avril suivant, portant que l'accusateur-public dudit tribunal est autorisé à faire arrêter, poursuivre et juger sur la dénonciation des autorités constituées ou des citoyens :

« Expose que, par délibération du comité de sûreté générale et de surveillance de la Convention nationale, du 29 brumaire dernier, il a été arrêté que *Jeanne* VAUBERNIER, *femme* DU BARRI, *Jean-Baptiste* VANDENYVER, *Edme-Jean-Babptiste* VANDENYVER, et *Antoine-Augustin* VANDENYVER seraient traduits au tribunal révolutionnaire ; qu'en conséquence, la nommée Vaubernier, femme du Barri, a été constituée prisonnière dans la maison d'arrêt dite Sainte-Pélagie, et les nommés Vandenyver, père et fils, banquiers hollandais, dans la maison d'arrêt dite de la Force ; que les pièces concernant ces différents accusés ont été apportées à l'accusateur-public le 30e jour de brumaire, et qu'ils ont été interrogés les 2, 4 et 7 frimaire suivant par l'un des juges du tribunal ;

« Qu'examen fait desdites pièces par l'accusateur-public, il en résulte que les plaies profondes et mortelles qui avaient mis la France à deux doigts de sa perte, avaient été faites à son corps politique bien des années avant la glorieuse et impérissable révolution qui doit nous faire réjouir des maux cuisans qui l'ont précédée, puisqu'elle nous a délivrés pour jamais des monstres barbares, fanatiques qui nous tenaient enchaînés sur l'héritage de nos pères ; que, pour prendre une idée juste de l'immoralité de l'accusée Du Barri, il faut jeter un coup-d'œil rapide sur les dernières années, pendant le cours desquelles le tyran français, Louis XV du nom, a scandalisé l'univers, en donnant la surintendance de ses honteuses

débauches à cette célèbre courtisane ; qu'en 1769, ce Sarda-
napale moderne se trouvant blasé sur toutes les jouissances
qu'il avait poussées à l'excès dans le Parc-aux-cerfs, *sérail
infâme, où le déshonneur d'une infinité de familles honnêtes
fut consommé*, s'abandonnant lâchement aux vils complaisans
qui l'entouraient, pour réveiller ses feux presque éteints ;
qu'un de ces odieux complaisans ayant fait la connaissance
d'un ci-devant comte Du Barri, noyé de dettes, et le plus cra-
puleux libertin, eut occasion de voir chez lui la nommée Vaubernier, sa maîtresse, qui n'était passée dans ses bras qu'après
avoir fait un cours de prostitution ; que le ci-devant comte
Du Barri, à qui tous les moyens étaient bons pour parvenir à
apaiser ses créanciers, proposa à ce complaisant de lui céder
la Vaubernier, s'il parvenait à la faire admettre au nombre des
sultanes du crime couronné ; que cette créature débontée lui
fut en effet présentée, et qu'en peu de temps elle parvint, par
ses rares talens, à prendre l'empire le plus absolu sur le faible et débile despote. Bientôt des flots d'or roulèrent à ses
pieds : les pierreries les plus précieuses lui furent données avec
profusion, les artistes les plus célèbres furent occupés aux
chefs-d'œuvres les plus dispendieux, elle devint la cause uni-
verselle des ci-devant grands ; les ministres, les généraux et
les ci-devant princes de l'église furent nommés ou culbutés
par cette nouvelle Aspasie, et tous venaient bassement faire
fumer leur encens à ses genoux ; le faste le plus insolent, les
dépravations et les débordements de tout genre, furent affichés par elle. Le scandale était à son comble ; elle puisait à
pleines mains dans les coffres de la nation pour enrichir sa famille et combler l'abîme de dettes du ci-devant comte Du Barri,
qui avait poussé l'infamie et le déshonneur jusqu'à devenir son
époux ; que son imbécile amant ne rougit pas lui-même d'in-
sulter au peuple, en se plaçant à côté d'elle dans les chars les
plus brillants , et la promenant ainsi dans les différents lieux ;
que pour ne pas effaroucher sa pudeur, l'accusateur public ne

soulèvera pas le voile qui doit couvrir à jamais les vices ef-
froyables de la cour, jusqu'en l'année 1774, époque à laquelle
celui à qui des esclaves avaient donné le nom de *Bien-*
Aimé, disparut de dessus la terre, emportant dans ses veines
le poison infect du libertinage, et couvert du mépris des Français ; que la Du Barry fut reléguée à Rethel–Mazarin, et de
là à Meaux, dans la ci-devant abbaye du Pont–aux–Dames ;
que dans cette retraite solitaire, elle aurait dû faire les plus
sérieuses réflexions sur le néant des grandeurs et sur les désordres de sa conduite qui avaient entraîné la ruine de son pays ;
mais qu'ayant été rendue à la liberté par le tyran des Français, il lui conserva non-seulement les dépouilles du peuple,
mais encore la combla de nouvelles prodigalités, et lui conserva le château de Luciennes, où elle se forma bientôt une
nouvelle cour, à laquelle se présentèrent en foule les vils courtisans qui avaient profité de sa faveur pour dilapider les finances avec elle ; qu'elle les tint tous enchaînés à son char, jusqu'à l'époque mémorable où le peuple français, fatigué du
poids de ses chaînes, se leva, brisa ses chaînes, et en frappa la
tête des despotes. Tous les soi-disant grands d'alors, se voyant
prêts à être écrasés par la vengeance nationale, s'enfuirent
épouvantés, abandonnèrent un sol qu'ils avaient souillé depuis trop longtemps, furent implorer l'assistance des tyrans
de l'Europe, pour venir égorger un peuple qui avait eu le
courage de conquérir sa liberté : mais ce peuple saura leur
faire mordre la poussière, ainsi qu'à ceux qui ont épousé leurs
projets sanguinaires ; que la Du Barri ayant vu se dissiper
l'essaim de ses adorateurs, et réduite à régner seulement sur
son nombreux domestique, ne retrancha non-seulement rien
de son faste, mais forma le dessein d'être utile, tant aux émigrés
qu'au petit nombre de ses amis qui étaient restés en France,
et qui trouvaient chez elle un asile assuré, notamment La-
roche, ci-devant grand-vicaire d'Agen, condamné à la peine
de mort par jugement du tribunal ; que, pour procurer d'une

manière certaine des secours aux émigrés, elle se servit d'un stratagême qui lui donna la facilité de faire quatre voyages à Londres ; qu'elle prétendît avoir éprouvé un vol considérable de diamants et autres effets, dans la nuit du 10 au 11 janvier 1791, et que les voleurs étaient passés en Angleterre, où il fallait qu'elle se rendît pour en poursuivre la restitution ; que ce vol n'était qu'un jeu concerté entre elle et un nommé Forth, le plus rusé des espions que le cabinet britannique ait envoyés en France pour soutenir le parti de la cour, et s'opposer aux progrès de notre révolution ; que, pour poursuivre les auteurs de ce prétendu vol, elle eut le talent de subtiliser différents passeports, tant du ministre des affaires étrangères, que de la municipalité de Luciennes et du département de Seine-et-Oise, dont plusieurs membres la protégaient ouvertement, et particulièrement le nommé Lavalerie, qui depuis s'est donné la mort ; qu'au moyen de ces passeports clandestins, elle se joua impunément de la loi contre les émigrés, puisqu'elle était encore à Londres dans les premiers jours du mois de mars dernier ; que pendant les quatre séjours qu'elle fit dans cette ville, elle vivait habituellement avec tous les émigrés qui s'y étaient réfugiés, et auxquels elle a porté des sommes d'argent considérables, ainsi qu'il sera démontré par la suite ; qu'elle avait également formé des liaisons les plus étroites avec les lords les plus puissants, tous conseillers intimes du tyran de l'Angleterre, et particulièrement avec l'infâme Pitt, cet ennemi implacable du genre humain, pour lequel elle avait un si haut degré d'estime, qu'elle rapporta dans la république française une médaille d'argent portant l'effigie de ce monstre ; qu'elle favorisait également de tout son pouvoir les ennemis de l'intérieur, auxquels elle prodiguait les trésors immenses qu'elle possédait ; qu'elle fit compter une somme de 200,000 livres en constitution de rente à Rohan-Chabot, qui possède des terres considérables dans la Vendée, sur l'étendue desquelles s'est formé le premier noyau des rebelles,

selon la commune renommée; que, par l'entremise d'un
nommé Descours, ci-devant chevalier, elle prêta une pareille
somme de deux cent mille livres à **La Rochefoucault**, ancien
évêque de Rouen; que ce même Descours, détenu à la Force,
le nommé Labadie, son neveu, et le ci-devant vicomte de
Jumilhac, émigrés, ont reçus d'elle des sommes considérables à la même époque; qu'elle provoquait des rassemblements dans son pavillon de Luciennes, dont elle voulait faire
un petit château-fort, ce qui est suffisamment prouvé par les
huit fusils que son bon ami, ce scélérat d'Angremont, escro-
qua pour elle à la municipalité de Paris, sous le prétexte que
c'était la municipalité de Luciennes qui demandait ces fusils,
ce qui a été reconnu faux; qu'elle comptait tellement sur la
contre-révolution, à laquelle elle travaillait si puissamment,
qu'elle avait fait cacher dans sa cave sa vaisselle plate et autre
argenterie; qu'elle avait fait enterrer dans son jardin ses diamants, son or, ses pierres précieuses, avec les titres de noblesse, brevets, etc., de l'émigré Graillet; qu'elle avait également fait enterrer dans les bois, les bronzes les plus riches et
les bustes de la royauté, et qu'elle avait dans un grenier un
magasin énorme de marchandises et d'étoffes du plus haut
prix, dont elle avait nié l'existence; qu'il a été trouvé chez elle
une collection rare d'écrits et de gravures contre-révolutionnaires; que, lors de son séjour à Londres, elle a publiquement
porté le deuil du tyran; que cette femme, enfin, qui a fait
tout le mal qui était en elle, et dont Forth, le fameux espion
anglais, s'était adroitement servi comme d'un instrument utile
aux desseins perfides des cours des Tuileries et de Londres,
entretenait des correspondances et des liaisons avec les ennemis les plus cruels de la république, tels que Crussol, De-
poux, Canonet, Calonne, d'Aiguillon, Beauvau, Chavigny,
Mortemart, Brissac, Frondeville, Coigny, Brancas, Denesle,
Lavaubalière, Durfort, Maussabie, Breteuil, Boissesson, Narbonne, Rohan-Chabot, La Rochefoucault, et une foule d'au-

tres dont il serait trop long de donner l'énumération ; qu'elle
était tellement protégée par le parti ministériel de la Grande-
Bretagne, que quand la guerre fut déclarée à cette puissance,
elle resta tranquillement à Londres, tandis que les Français
en étaient chassés ou horriblement persécutés, ce qui ne
peut laisser aucun doute sur le rôle odieux que jouait cette
femme, que l'on doit regarder comme un des plus grands
fléaux de la France, et comme un gouffre épouvantable dans
lequel s'est englouti une quantité effroyable de millions; qu'il
résulte encore des pièces, que la caisse des nommés Vandenyver, père et fils, était un trésor inépuisable, et que ces agio-
teurs fameux versaient l'or à grands flots sur les émigrés en
remettant des sommes immenses à la Du Barri, lors de ses
voyages en Angleterre, pour leur être délivrées; et que ce
sont ces perfides étrangers qui avaient fait passer à Amster-
dam les diamants de cette dernière, pour y être convertis
en numéraire; que, sous le stupide prétexte de son procès, il lui donnèrent une lettre de crédit de six mille livres
sterling, lors de son voyage en Angleterre, en 1791; que pour
un autre voyage, il lui en donnèrent une de deux mille livres
sterling; une autre, en 1792, de cinquante mille livres sterling; et enfin, une autre illimitée; que les Vandenyver ont
aussi fourni les 200,000 livres pour Rohan-Chabot, de la
part de la Du Barri, et les 200,000 autres livres pour le ci-
devant évêque de Rouen, La Rochefoucault; qu'il est à remarquer que ce dernier prêt s'est fait par les ordres de la
Du Barri pendant son séjour à Londres ; que ces manœuvres,
constatées au procès, sont trop grossières pour qu'il soit possible de résister à la persuasion intime qui naît naturellement,
que ces sommes prodigieuses n'étaient destinées que pour les
émigrés; qu'ils étaient si bien accoutumés à ce manége, qu'ils
partageaient avec la majeure partie des banquiers de Paris, ce
qui nous a causé tant de mal; qu'ils fournirent encore des
fonds à la Du Barri postérieurement à la loi contre les émigrés,

et qu'ils la rangaient dans cette classe, puisque, par leur lettre du mois de novembre 1792, ils lui conseillèrent de rentrer en France, parce que, est-il dit dans cette lettre, les décrets de la Convention nationale sont fulminants contre les sujets absents qu'on qualifie tous d'émigrés ; que ce qui prouve encore d'une manière irrésistible que les Vandenyver ont toujours été les ennemis de la France, à laquelle ils ne tenaient que par intérêt, c'est qu'ils étaient complices du complôt abominable qui exista, en 1782, entre le dernier de nos tyrans et celui d'Espagne ; pour opérer une banqueroute chez les deux nations, et engloutir la fortune publique ; que, par suite de cet agiotage infernal, Vandenyver, Pierre Lalaune, Girardot, Haller, Lecoulteux et Antoine Pacot, mort en 1786, sont devenus propriétaires d'un mandat au porteur ou cédule d'un million de piastres fortes, tiré par le roi d'Espagne sur son trésor de la Havane (dans lequel il n'y avait pas un sou), ladite cédule à l'ordre des banquiers Cabarus et Lalaune, négociants à Madrid, le 7 décembre 1782, et que, par un revirement de finances que l'on peut qualifier de brigandage effréné, dans lequel ils firent un profit connu d'eux seuls, on voit l'exécrable Calonne devenir, à son tour, propriétaire de cette rescription fantastique, qu'il noya dans l'emprunt des rentes viagères créées en 1783 ; qu'enfin, pour combler tant de forfaits ténébreux, les Vandenyver, père et fils, sont prévenus de s'être trouvés au nombre des chevaliers du poignard dans la journée du 10 août, et d'y avoir tiré sur le peuple.

« D'après l'exposé ci-dessus, l'accusateur-public a dressé le présent acte d'accusation contre la Jeanne Vaubernier, femme Du Barri, Jean-Baptiste Vandenyver, Edme-Jean-Baptiste Vandenyver et Antoine-Augustin Vandenyver, pour avoir méchamment et à dessein, savoir : Jeanne Vaubernier, femme Du Barri, conspiré contre la république française, et favorisé le succès de ses ennemis sur son territoire, en leur procurant des sommes exorbitantes dans les différents

17

voyages qu'elle a faits en Angleterre, où elle a émigré elle-même, et dont elle n'est de retour que depuis le mois de mars dernier ; avoir entretenu des correspondances et des liaisons intimes avec les émigrés et autres ennemis de la liberté et de l'égalité ; avoir porté, à Londres, le deuil du tyran, et y avoir vécu familièrement avec le parti ministériel, et particulièrement avec Pitt, dont elle a rapporté et conservé précieusement l'effigie empreinte sur une médaille d'argent ; avoir complété une collection d'ouvrages et estampes contre-révolutionnaires ; avoir fait entrer des lettres de noblesse d'un émigré, ainsi que les bustes de la ci-devant cour ; et enfin avoir dilapidé les trésors de l'Etat par ses dépenses effrénées.

« Et Jean-Baptiste Vandenyver, Edme-Jean Baptiste Vandenyver et Antoine-Augustin Vandenyver, père et fils, pour avoir également, méchamment et à dessein, conspiré contre la république française, et favorisé les progrès des armes de ses ennemis sur son territoire, en leur fournissant des sommes prodigieuses par le ministère de la Du Barri, lors des voyages de cette dernière en Angleterre ; avoir aussi favorisé les projets des ennememis de l'intérieur, en donnant deux cent mille livres à Rohan-Chabot, et deux cent autres mille livres à La Rochefoucault, ci-devant évêque de Rouen ; avoir été les instruments et complices d'un plan de banqueroute générale, qui aurait perpétué l'esclavage des Français, et sauvé la tête du tyran ; et avoir enfin coopéré au massacre du peuple, dans la journée mémorable du 10 août, étant au nombre des chevaliers du poignard, dans le ci-devant château des Tuileries.

« En conséquence, l'accusateur-public requiert qu'il lui soit donné acte, par le tribunal assemblé, de l'accusation qu'il porte contre Jeannne Vaubernier, femme du Barri, actuellement détenue dans la maison d'arrêt dite de Sainte-Pélagie, et contre Jean-Baptiste Vandenyver, Edme-Jean-Baptiste Vandenyver et Antoine-Augustin Vandenyver, actuellement détenus dans la maison d'arrêt dite la Force; qu'il soit dit et ordonné qu'à sa diligence, et par un huissier du tribunal, porteur de l'ordonnance à intervenir, ladite Vaubernier, femme Du Barri, et les Vandenyver père et ses deux fils, seront retirés, sous bonne et sûre garde, des maisons d'arrêt de Sainte-Pélagie et de la Force, pour être transférés dans la maison d'arrêt dite la Conciergerie, sur les registres de laquelle ils seront écroués, pour y rester comme en maison de justice; comme aussi que l'ordonnance à intervenir sera notifié la municipalité.

« Fait au cabinet de l'accusateur-public, le 13e jour de frimaire, l'an IIe de la république française une et indivisible.

« *Signé*, A. Q. Fouquier. »

Cette lecture terminée, le président, Dumas, interrogea la comtesse; elle répondit avec beaucoup de calme et de présence d'esprit, que, présentée à la cour en 1769, elle y était restée jusqu'en 1774; que Beaujon, par l'ordonnance du ministre Bertin, acquittait toutes les dépenses de sa maison sur des bons signés d'elle; que son influence sur le roi, bien que réelle, n'avait jamais été aussi grande qu'on le disait; que devant 2,700,000 liv. lors de la mort de Louis XV, elle avait fait proposer à Louis XVI de payer cette dette, et que le roi ayant refusé, elle avait échangé avec lui des contrats, des bijoux, des tableaux, de la vaisselle, contre des espèces avec lesquelles elle avait éteint ses dettes sauf 250,000 fr. qu'elle devait encore; mais qu'elle ne pouvait manquer de payer attendu que ses dépenses à Luciennes étaient au-dessous de son revenu, lequel pouvait s'élever à 200,000 liv. et provenait des largesses de Louis XV.

« Quant à mon mobilier, ajouta-t-elle, j'en ignore la valeur. Les diamants qui m'ont été volés pouvaient valoir 1,500,000 fr., et ce n'était qu'une partie de ceux que j'avais possédés. »

Le premier témoin entendu après cet interrogatoire, fut un Irlandais nommé Greive qui avait été longtemps au service de la comtesse ; il l'accusa d'avoir empêché le recrutement à Luciennes ; d'avoir enfoui ses trésors, ainsi que les bustes de Louis XV, du régent et d'Anne d'Autriche ; d'avoir supposé le vol de ses diamants ; d'avoir trompé la Convention nationale en disant que ses bijoux étaient la seule garantie qu'eussent ses créanciers, tandis qu'elle possédait, tant en rentes sur l'hôtel-de-ville, en actions de la caisse d'escompte, qu'en pierreries, or, etc., une fortune d'au moins 12,000,000.

Un autre espion qui l'avait suivie en Angleterre, prétendit avoir été témoin des relations qu'elle avait eues avec un agent secret du ministère anglais. Il dit qu'elle s'était mise en rapport avec tous les émigrés de distinction, et qu'après la mort de *Capet,* elle avait pris le deuil, et assisté aux services célébrés dans les chapelles des puissances ennemies de la République.

Enfin, le nègre Zamor déclara que la comtesse Du Barri l'avait chassé de chez elle parce qu'il manifestait des sentiments républicains ; et un autre de ses anciens domestiques, prétendit l'avoir entendue dire que le peuple n'était composé que de misérables et de scélérats.

La plupart de ces faits pouvaient être vrais ; mais où y avait-il là motif à une condamnation capitale ? Enfouir le buste d'un roi mort que l'on a aimé vivant, dire que l'on est pauvre alors qu'on est riche, avoir visité à Londres d'anciens amis, chasser des domestiques qui reconnaissent les bienfaits par la trahison, qu'y a-t-il de plus simple, de plus rationnel ?... Il faut bien le reconnaître, tout cela n'était que des prétextes créés *pour le* besoin de la cause, comme on dit en style de palais. Madame Du Barri, pauvre, eût été oubliée ; madame Du Barri, riche de 12,000,000 ne pouvait éviter l'anathème de ces pairs républicains qui n'égorgeaient que pour dépouiller impunément leurs victimes.

« Vous voyez, s'écrie le président Dumas, vous voyez cette Laïs, célèbre par l'éclat de ses débauches, associée au despote qui lui sacrifia les trésors et le SANG de ses peuples. Le scandale de son élévation et sa honte ne sont pas ce qui doit fixer votre attention; vous avez à décider si cette Messaline, née dans le peuple, a conspiré contre la liberté et la souveraineté de la nation, si elle est devenue l'agent des conspirateurs, des nobles et des prêtres. Les débats ont jeté le plus grand jour sur un vaste complot : royalistes, fédéralistes, divisés en apparence, ont le même objet : la guerre civile et la guerre extérieure. Dumouriez et Pétion marchent également sous les ordres de Pitt. Le voile qui couvrit tant de scélératesse est déchiré en entier. Oui, Français, nous le jurons, les traîtres périront; la liberté résistera à tous les efforts des despotes, des prêtres et des esclaves. La conspiratrice qui est devant vous, pouvait, au sein de l'opulence acquise par ses charmes, vivre heureuse dans une patrie où était enseveli avec son amant le souvenir de sa prostitution; mais la liberté du peuple fut un crime à ses yeux; il fallait qu'elle fût esclave, qu'elle rampât encore sous des maîtres. »

Les débats furent clos le soir, à dix heures et demie. A onze heures, sur la déclaration du jury, le tribunal rendit un jugement qui condamnait Jeanne Vaubernier, femme Du Barri, le banquier Vandenyver et les deux fils de ce dernier à la peine de mort.

En entendant prononcer cet arrêt, madame Du Barri poussa un cri terrible, tomba, et perdit connaissance. On l'emporta à la conciergerie. Revenue de son évanouissement, elle reprit courage, et passa une nuit assez tranquille. Le lendemain, il sembla que l'espoir lui fût revenu; mais lorsque, un peu avant quatre heures, il fallut monter dans la fatale charrette, son courage l'abandonna de nouveau. Pendant le trajet de la

Conciergerie à la place de la Révolution, elle ne cessa de pousser des cris déchirants : « *A moi! à moi!... Ils vont me tuer!* » criait-elle. Et ses yeux hagards semblaient chercher des défenseurs dans la foule qui l'entourait.

Ses trois compagnons d'infortune tentèrent de lui faire entendre quelques paroles de consolation, et de lui rendre un peu d'énergie ; mais leurs efforts furent sans succès. Lorsqu'elle aperçut l'échafaud, elle parut perdre connaissance ; puis tout-à-coup, elle se débattit violemment et recommença à crier. Comme on l'attachait sur la planche à bascule, on l'entendit dire d'une voix suppliante : « Encore un moment, monsieur le bourreau !... Encore... » Et le couteau, en tombant, interrompit cette dernière prière.

Madame Du Barri avait alors quarante-sept ans, et elle était encore remarquablement belle. En 1774, le lendemain de la mort de Louis XV, Louis XVI ayant ordonné, par lettre de cachet, à madame Du Barri de se rendre au couvent de Pont-aux-Dames.

« *Beau f... règne, qui commence par une lettre de cachet !* » s'était écriée l'ex-favorite. Elle était bien loin d'imaginer alors que ce règne finirait, pour elle, d'une manière plus terrible qu'il ne commençait.

LE BARON DE TRENCK ET ANDRÉ CHÉNIER.

(1794.)

Frédéric, baron de Trenck, célèbre dans toute l'Europe par ses malheurs et sa longue détention dans les forteresses de Gratz et de Magdebourg, comparaissait le 7 thermidor an II (juillet 1794) devant le tribunal révolutionnaire, en même temps qu'André Chénier et le poète Roucher. Trenck était accusé d'être l'agent secret du roi de Prusse ; on l'accusait en outre, ainsi qu'André Chénier, et Roucher, d'avoir pris part à la conjuration des prisonniers de la maison d'arrêt de Saint-Lazare.

— Votre nom, votre âge, votre profession ? demanda le président Hermann au baron de Trenck dont la haute taille dominait les baïonnettes des gendarmes et l'estrade des juges.

— Frédéric, baron de Trenck, né à Kœnigsberg en 1726, ancien officier supérieur au service de Prusse et d'Autriche, aujourd'hui homme de lettres.

— Vous êtes accusé d'entretenir des correspondances criminelles avec les rois de l'Europe. On a intercepté une lettre que l'accusateur public va vous faire passer, et où vous

vous exprimez en termes fort ambigus sur les événements
dont Paris a été le théâtre dans ces derniers jours.

— La religion de l'accusateur public a été trompée ; je
n'ai écrit aucune lettre en Allemagne. Depuis longtemps, je
ne fréquente plus les palais, et si les rois de l'Europe cher-
chaient à s'enquérir de ce qui se passe en France, ils n'auraient pas recours à la plume d'un homme qui s'est constamment montré le champion du peuple et de la liberté.

Citoyens, continua Trenck en découvrant ses bras qui por-
taient encore la trace des meurtrissures de ses fers, vous voyez
d'ici les stigmates que le despotisme a imprimé à mes membres, et vous voudriez que je consacrasse cette main à la défense de la tyrannie ! Non, vous ne le croyez pas, vous ne
devez pas, vous ne pouvez pas le croire.

Ces paroles prononcées avec une grande énergie, ébranlè-
rent un instant les juges et suscitèrent dans l'auditoire un
murmure d'intérêt. Le vieillard (Trenck avait soixante-huit
ans) s'était levé ; sa noble physionomie encadrée de cheveux
blancs s'était éclairée d'une lueur surnaturelle, et dans ses
gestes, et dans son attitude on retrouvait la mâle et stoïque
assurance du captif de Frédéric II.

— Vous ne pouvez nier que vous ne soyez le correspon-
dant du tyran Joseph II, empereur d'Allemagne.

— Je l'ai été, mais je ne le suis plus, répartit Trenck vivement ; au surplus, citoyen président, si vous voulez accorder quelques facilités à ma défense, je saurai en quelques
mots réduire au néant toutes les accusations dont je suis
l'objet.

— Parlez, dit Hermann.

— Je m'oppose, s'écrie aussitôt l'accusateur public. Fouquier-Thinville en se levant, à ce qu'on laisse plus longtemps
l'accusé se jeter dans des divagations inutiles. Les moments
du tribunal sont précieux : quatorze prévenus doivent être

jugés d'ici à quatre heures, et il est près de midi ; nous n'a—
vons pas de temps à perdre.

— Vous n'avez pas de temps à perdre ! reprit Trenck avec
indignation et en fixant ses yeux de colosse sur la piètre mine
de Fouquier. Appelez-vous donc temps perdu les instants ac-
cordés pour se défendre à ceux qu'on accuse ! ! !

— Parlez, accusé, dit le président.

— Alors, citoyen président, exclama Fouquier—Thinville,
je ne suis plus ici...

— Citoyen accusateur public, interrompit le président, à
moi seul est réservée la police de l'audience et la direction
des débats ; je vous engage à vous reposer sur moi du soin de
concilier les intérêts de la défense et ceux de l'accusation. Accusé, je vous le répète, vous pouvez parler.

Trenck se leva alors et s'exprima en ces termes :

— J'ai passé, citoyens, plus de dix années de ma vie dans
les fers. Une circonstance heureuse me valut enfin la liberté,
et je crois en avoir profité en homme qui en connaissait le
prix, en philosophe qui en a pesé la sainte nécessité. A peine
échappé de ma prison, je songeai à devenir un citoyen utile.
J'épousai à Aix—la—Chapelle la fille du bourgmestre de cette
ville, et je m'appliquai dès lors au commerce, à la littéra-
ture et à l'art militaire. J'ai créé à Aix—la—Chapelle une ga-
zette où je professais les doctrines les plus purés de la démo-
cratie et du christianisme. Par respect pour une souveraine
à laquelle je devais ma délivrance, je suspendis la publication de mon œuvre, mais je ne reniai pas mes principes. Ceci
se passait en 1772. De 1774 à 1777, je voyageai en France
et en Angleterre, et dans ce premier pays je me liai avec
Franklin, ce sage digne de Lacédémone, pour lequel je fis
ce vers latin, témoignage de mon admiration et de mon
amitié.

Eripuit cœlo fulmen, sceptrumque tyrannis.

18

De retour en Allemagne, mes concitoyens et les gouvernements voulurent bien me confier des fonctions publiques ; mais la mort de ma bienfaitrice la grande Marie-Thérèse...

— Vous ne devez pas profiter de la parole qu'on vous a accordée pour faire ici l'apologie des tyrans et des femmes de tyrans, s'écria grossièrement Fouquier-Thinville.

— Vous ne m'empêcherez pas de m'exprimer comme je le dois, répartit Trenck, et dans un procès monstrueux il est assez singulier de voir un magistrat républicain essayer de circonscrire dans le cercle de Popilius la liberté de la défense.

— Nous sommes ici pour juger, reprit Hermann, et non pour entendre formuler des éloges sur le compte des ennemis de la République.

— Dites peut-être pour condamner, mais vous m'avez accordé la parole, citoyen président, et je saurai la conserver répondit Trenck avec dignité. Puis il continua ainsi :

A la mort de ma bienfaitrice, la grande Marie-Thérèse, je me retirai en Hongrie et je me fis laboureur. Oui, citoyens, celui que vous accusez, l'homme que vous avez fait venir à votre barre sous le poids d'une accusation d'aristocratie, a été le collaborateur et l'ami de Franklin, et a dirigé la charrue dans la plaine de Zwabach. Enfin, en 1787, il me fut permis de revoir ma chère patrie : je me hâtai de quitter la Hongrie pour retourner en Prusse, et je ne restai dans mon pays que le temps nécessaire pour y payer la dette de la reconnaissance et d'une amitié bien profonde. L'objet de cette gratitude et de ce saint attachement descendit au tombeau, et je m'exilai, mais cette fois volontairement, de ces contrées, où j'ai connu tout ce qui glorifie l'homme et tout ce qui l'écrase. C'est à peu près à cette époque, citoyens, que mes mémoires parurent et que cette publication attira sur mes malheurs et sur moi l'attention de l'Europe. Moins attaché aux principes de la liberté et de l'égalité, j'aurais pu sans doute, reconstruire ma fortune en faisant le sacrifice de mes opinions aux potentats qui me recherchaient et qui, je puis le déclarer ici, m'aimaient. Je n'ai point voulu déserter mes convictions et je bravai même de nouvelles persécutions pour les conserver intactes.

Citoyens, j'ai écrit le premier à Vienne en faveur de la révolution française, et cette loyale démonstration a été punie de dix-sept jours d'arrêts avec injonction de cesser d'écrire sur ce sujet, sous peine d'être enfermé de nouveau dans une prison d'Etat.

Voilà, citoyens, pour un conspirateur, pour un valet du despotisme, une bien singulière conduite, n'est-il pas vrai ? J'habite Paris depuis 1791, et ces quatre années ont été consacrées à l'étude et à la publication de quelques brochures qui n'ont point été, je le crois, inutiles à l'éducation politique du peuple français. Si je n'ai point fréquenté comme je l'aurais dû peut-être, les assemblées populaires, c'est que ma qualité d'étranger me paraissait un obstacle à être entendu. Au reste, citoyens, consultez les magistrats de la section des Lombards où j'ai résidé longtemps, et ils vous diront si ma conduite, si mes actes n'ont pas été constamment ceux d'un bon citoyen et d'un honnête homme.

Je n'ai plus rien à ajouter à ma défense, citoyens ; je crois avoir suffisamment prouvé à vos consciences que je suis innocent du crime qu'on m'impute, et que je n'ai trahi en aucun temps, à aucune époque, la cause de la liberté et celle du peuple français.

Le vieillard se replaça sur son banc, après s'être incliné respectueusement devant le tribunal, et un long murmure d'approbation circula dans toutes les parties de l'auditoire.

L'accusateur public se leva.

— Je ne suivrai pas l'accusé, dit Fouquier-Thinville, dans ses interminables digressions, car la justice, et la justice révolutionnaire surtout, doit marcher aussi vite que la liberté, qui a des ailes. J'abandonnerai même, s'il le veut, la partie de l'accusation qui a rapport à ses menées secrètes avec les ennemis de la France, les tyrans du Nord ; mais que pourra objecter l'accusé aux accablantes charges que je vais dérouler ici ?

Citoyens jurés, poursuivit Fouquier, une conspiration qui avait pour but de détruire la République et de rétablir la royauté a été ourdie dans la prison de Lazare ; Trenck, André Chénier, Roucher, l'ex-capitaine de l'ex-marine royale, de Bart et plusieurs autres en étaient les chefs et les moteurs ; il y a en tout soixante conjurés : vous êtes appelés, citoyens jurés, à en juger la moitié aujourd'hui ; l'autre moitié passera demain sous le niveau de votre justice. La soirée du 6 thermidor avait été choisie pour mettre à exécution ce sanglant projet ; le génie de la liberté, qui veille sur les destinées de la République, n'a pas voulu permettre qu'un complot si bien combiné s'accomplît ; les hommes qui en étaient l'âme sont traduits à votre barre, et vous en ferez justice, car il y va du salut de la patrie.

— Un esclave a raison quand il brise ses chaînes ! s'écria André Chénier.

— Nous avons voulu échapper au supplice, mais nous n'avons pas prétendu détruire la République ! s'écria à son tour Roucher ; le métier d'assassin ne va pas à tout le monde, et le poignard ne tient pas dans une main qui a noblement tenu une plume et une épée.

— Quand je me suis sauvé de la forteresse de Gratz, ajouta Trenck, on appesantit mes chaînes, on resserra ma prison, mais on ne m'ôta point la vie ; il était réservé au tribunal révolutionnaire de surpasser les rois en tyrannie et en persécution.

— Pourquoi préjugez-vous l'arrêt que rendra le tribunal sur la déclaration du jury ? dit le président Hermann.

— Nous connaissons d'avance notre sort ! s'écria impétueu-

sement le poète Roucher; vainement vous voulez vous entourer de quelque simulacre de justice : la peau de renard dont
vous cherchez à vous couvrir ne dissimule pas celle du tigre
insatiable de sang, qui est la vôtre : notre perte est jurée d'a-
vance, et nous ne sortirons tous d'ici que pour marcher à l'é-
chafaud. Juges abominables, il y a au-dessus de nos têtes un
juge qui vous jugera à votre tour, et malheur à vous! Malheur
à vous, car vos arrêts sanguinaires vivront plus que vous, et
vos noms seront dans la postérité la plus reculée, attachés au
poteau de l'infamie.

— Dans l'intérêt même des accusés, je crois de mon devoir
de leur retirer la parole, dit Hermann.

— Retirez ou laissez-la nous, nous ne voulons pas nous
défendre, reprit Chénier; il y aurait faiblesse et pusillanimité
à lutter plus longtemps contre la révoltante partialité d'un tribunal tel que le vôtre. Juges et jurés du tribunal révolutionnaire, vous déshonorez la liberté!... mais non, la liberté ne
peut être souillée par vous... elle restera pure malgré vos pré-
varications, vos cruautés, vos passions haineuses, votre barbarie.

— Citoyen président, faites cesser, je vous prie, toutes ces
criailleries, interrompit Fouquier-Thinville, et invitez le jury
à entrer dans la salle des délibérations.

— Accusé Trenck, dit Hermann, votre défense a été marquée au coin de la modération; persistez-vous à dire que vous
êtes resté étranger à la conspiration de la maison d'arrêt dite
Lazare !

Trenck pouvait se sauver par un mot, il ne voulut pas le
prononcer. Le vieux sang teuton coulait dans ses veines, il
aurait eu honte de racheter sa vie par une lâcheté devant ce
nouveau tribunal véhémique ; et puis, ne voyait-il pas auprès
de lui deux poètes (dont l'un était presque au sortir de l'enfance), pleins d'avenir et de gloire, se vouer sans pâlir aux
dieux infernaux !

— Citoyens, s'écria Trenck en se levant, je prends ma part de responsabilité des paroles prononcées à l'instant par mes compagnons d'infortune. Leur destinée sera la mienne, je vivrai ou je mourrai avec eux.

Puis il se rassit en silence et serra affectueusement la main des deux poètes.

Le jury se retira aussitôt et rentra un quart-d'heure après avec un verdict de culpabilité pour tous les accusés, au nombre de trente, dont se composait cette première fournée, comme on disait alors.

Ils furent tous condamnés à la peine de mort pour avoir, dit la sentence, conspiré dans la maison d'arrêt dite Lazare, à l'effet de s'évader et ensuite, par le meurtre et l'assassinat des représentants du peuple et notamment des membres du comité de salut public et de sûreté générale, de dissoudre le gouvernement républicain et de rétablir la royauté.

Les accusés entendirent le prononcé de la sentence avec une grande impassibilité. Ils se levèrent tous silencieusement et se retirèrent escortés par les gendarmes.

A deux heures et demie, ils avaient été condamnés ; à quatre heures le fatal tombereau les portait vers la place de la Révolution.

La plupart des condamnés avaient entonné le chant du départ ; Roucher et André Chénier, assis côte à côte, s'entretenaient à voix basse de leurs affections, des chers objets qu'ils abandonnaient sur la terre, de leurs rêves poétiques si douloureusement évanouis. Ils me font mourir bien jeune, s'écriait André Chénier, et pourtant je sens, ajoutait-il, en se frappant le front, qu'il y avait là quelque chose !!! Cher ami, lui répondit Roucher, vous n'allez abandonner que des idées, moi je vais quitter des enfants, une épouse que j'adorais... Mais il est une autre vie, mon cher André, et nous nous retrouverons un jour tous ensemble pour ne plus nous séparer. Achevons noblement le sacrifice... Ne donnons pas à nos bourreaux le plaisir de nous voir faibles et tremblants. — Je ne tremble pas, répondit André, mais je déplore la perte d'une existence qui est tranchée sans fruit pour la République.

Cependant le peuple regardait passer les charrettes avec plus de compassion que de curiosité. Trenck disait alors à la foule, de sa voix forte et puissante : De quoi vous émerveillez-vous? Ceci n'est qu'une comédie à la Robespierre.

Arrivés près de l'échafaud, tous les condamnés descendirent : l'exécution des trente, dura quarante-cinq minutes ! ! ! Roucher fut guillotiné le dernier, Trenck l'avant-dernier. Il monta sur l'échafaud comme à la brèche, et s'écria avant de livrer sa tête au fatal couteau : Français ! nous mourons innocents, vengez notre mort et réhabilitez la liberté en immolant les monstres qui la flétrissent et qui la déshonorent.

Quelques secondes après il avait cessé de vivre, et la tête de l'auteur des *Mois* roulait sur la sienne.

Ainsi finit cet homme qui pendant les deux tiers d'une longue vie avait été en butte aux persécutions des rois ; il avait servi le despotisme avec une épée valeureuse, et le despotisme pendant dix années, l'ensevelit vivant dans ses forteresses ; il servit la liberté de sa plume, et une République le jeta aux gémonies comme un traître et un parjure. Trenck est une personnification de la fatalité orientale : la malignité de son étoile ne l'abandonna pas un seul instant. Si l'inique procédure qui le conduisit devant le tribunal révolutionnaire avait été retardée de vingt-quatre heures, il eût été sauvé.

Le malheureux Trenck, par un de ces pressentiments qui atteignent souvent les hommes les moins superstitieux, croyait à sa mort prochaine. Le 6 thermidor, la veille du jour où il fut condamné et guillotiné, il dit au comte de B... son compagnon de captivité, en lui remettant une fort belle tabatière d'écaille enrichie d'un sujet symbolique et pointillée d'or : Mon cher comte, acceptez ce gage de mon amitié, c'est le dernier présent de la princesse Amélie de Prusse, ma bienfaitrice et mon amie ; je le conserve depuis longtemps, conservez-le aussi longtemps que moi pour honorer ma mémoire et la sienne. Un ami seul doit être le dépositaire et le gardien de cet objet.

Et comme le comte de B... faisait quelques difficultés d'accepter ce bijou : Prenez-le mon ami, songez que c'est le legs d'un mourant. Car ils veulent me perdre, et ma tête tombera d'ici à trois jours.

Mais, mon cher baron, répondit le comte de B..., nous sommes l'un et l'autre sous le coup de la même accusation : si votre tête tombe, la mienne tombera également.

— Quelque circonstance heureuse vous sauvera, mon ami, je vous le prédis. Votre épée est nécessaire à votre pays; et vous pourrez lui consacrer encore de longues années...; quant à moi, mes destins sont fixés... je mourrai.

Vingt-quatre heures après, la prédiction était réalisée. La tête du baron de Trenck tombait.

Le comte de B... qui devait être jugé le 9 thermidor, recouvra au bout de trois mois sa liberté. Il conserva pieusement le legs du malheureux Trenck : seulement, pour ôter aux cupides gardiens dont il était entouré jusqu'au moindre prétexte de le lui ravir, il leur donna la garniture d'or qui enrichissait la boîte mystérieuse, et ne conserva que l'écaille ornée, comme nous l'avons dit, d'un merveilleux travail et pointillée d'or.

❀

CONSPIRATION D'ARÉNA ET AUTRES.

(**1800**.)

A mesure que Napoléon, devenu premier consul, consolidait sa puissance, ses ennemis redoublaient d'efforts ; les conjurations contre le chef de l'Etat se succédaient sans interruption, et l'on est étonné aujourd'hui en examinant les faits, que le grand homme ait échappé aux poignards des assassins dont il était sans cesse environné. Changer le gouvernement, tel était le but de tous les conjurés ; l'assassinat de Napoléon était le moyen qu'ils se proposaient d'employer.

Il est certain qu'à cette époque plus de cent assassins étaient entretenus à Londres et à Paris, soit par le gouvernement anglais, accoutumé à ne reculer devant aucun moyen pour jeter de nouveau la France dans le désordre et l'anarchie, soit par les émigrés dont les efforts pour renverser le gouvernement consulaire étaient plus grands à mesure que ce dernier s'affermissait.

Une des plus redoutables de ces ténébreuses machinations, fut découverte par la police vers la fin d'octobre 1800 ; elle avait pour auteurs ou complices, huit individus plus ou moins

19

obscurs ; mais résolus, lesquels, selon toutes les probabilités, obéissaient à des suggestions parties de plus haut. C'était les nommés Demerville, qui avait été employé dans les bureaux de la Convention ; Céracchi, sculpteur italien, l'un des fondateurs du gouvernement républicain établi à Rome en 1799, et réfugié en France depuis le rétablissement de l'autorité pontificale ; Aréna, ancien adjudant général et ancien membre du conseil des Cinq-Cents ; Topino-Lebrun, peintre, ancien juré du tribunal révolutionnaire ; Diana, notaire ; Madelaine Fumey, maîtresse d'un des conjurés ; Daiteg, sculpteur ; Lavigne, négociant.

Tous ces individus furent arrêtés dès les premiers jours de novembre ; mais on négligeait d'instruire leur procès, et peut-être même n'eût-il jamais eu lieu, le premier consul voulant dissimuler autant que possible les conspirations dirigées contre lui, si l'affaire de la machine infernale n'était venue rendre toute dissimulation impossible. Aréna et ses complices furent donc traduits devant le tribunal criminel de Paris le 7 janvier 1801.

« Déjà l'on savait, dit l'acte d'accusation, qu'il se faisait des réunions dans diverses maisons ; que les conjurés s'agitaient pour grossir le nombre de leurs partisans : l'on tentait de suborner ceux auxquels on supposait quelques motifs de haine ou de mécontentement ; des calomnies, des brochures, étaient imprimées et répandues pour exaspérer les esprits. Demerville, qui fut employé aux comités de sûreté générale et de salut public, était depuis longtemps sans place et dans la détresse ; il demeurait rue des Moulins, avec Madelaine Fumey, qui se dit sa parente. Un grand nombre d'individus se rendait journellement à son domicile, et beaucoup y allaient plusieurs fois chaque jour. Harel, capitaine à la suite de la 45ᵉ demi-brigade, connaissait Demerville ; il alla le voir au commencement de vendémiaire dernier. Demerville lui dit qu'il n'était pas étonné qu'il ne fût point en activité de service, que tous les anciens militaires étaient dans ce cas ; mais que, grâce à quelques hommes dévoués cela changerait bientôt. Après quelques entrevues de ce genre, Demerville se montra plus explicite ; il dit positivement à Harel qu'on avait l'intention de poignarder le premier consul à l'Opéra, que les conjurés étaient nombreux, et que le succès était certain.

Harel, effrayé d'une telle confidence, en fit part à un de ses amis, commissaire des guerres, nommé Lefèvre ; tous deux prévinrent le ministre de la police générale, et il fut convenu que Harel feindrait d'entrer dans la conjuration, afin d'en bien connaître toutes les ramifications. Quelques jours après, Demerville chargea Harel de se procurer quatre hommes bien déterminés que l'on mettrait en avant ; il lui promit de donner l'argent nécessaire, et lui remit même sur-le-champ 150 f., et le lendemain, deux autres sommes de 100 et de 160 fr. pour acheter des armes. Lors de cette dernière entrevue, Céracchi était présent, et ce fut de ses mains que Harel reçut les 160 fr.

Le 9 octobre, Demerville prévint Harel qu'une nouvelle pièce devait être donnée à l'Opéra le 11, et que c'était le moment choisi pour frapper le grand coup ; qu'il n'avait donc pas de temps à perdre. Le même jour, Demerville le fit prévenir que la pièce nouvelle qu'on ne devait jouer que le 11 avait été demandée pour le lendemain 10, et il lui recommanda de se hâter.

Le 10, Harel acheta plusieurs paires de pistolets ; il en donna une paire à Demerville, une autre à Céracchi, et ce dernier lui remit six poignards et lui donna de la poudre et des balles pour charger les pistolets. Ce même jour, un avocat de Bordeaux nommé de Barennes vint voir Demerville, avec lequel il était lié depuis longtemps. Demerville était violemment agité ; il dit à de Barennes qu'il se disposait à aller à la campagne, et lui conseilla de ne pas aller à l'Opéra, parce qu'il pourrait y avoir du trouble. Ce conseil et l'état d'agitation de celui qui le donnait, donnèrent de vives inquiétudes à de Barennes qui soupçonna quelque complot, et en donna avis au général Lannes.

Cependant, les quatre hommes demandés à Harel par Demerville lui avaient été indiqués. Ils se trouvèrent le 10, à deux heures d'après-midi au jardin des Tuileries, lieu du rendez-vous. Harel les y attendait avec un autre individu. Ils allèrent dîner tous ensemble chez un traiteur. Là Harel donna des armes aux quatre hommes, et leur indiqua les postes que les conjurés devaient occuper dans la salle de l'Opéra. Il sortit ensuite pour aller chercher de la poudre et de l'argent, et il se rendit à cet effet chez Demerville où se trouvait Céracchi. On lui donna la poudre ; mais on ne put lui donner d'argent, attendu, dit Céracchi qu'on n'avait point payé, à la trésorerie, les effets qu'il avait présentés. Il ajouta que néanmoins toutes les promesses faites seraient tenues, et qu'il pouvait compter sur 60,000 fr. en espèces. Il fut convenu que Demerville se tiendrait au Palais-Royal avec un grand nombre de jeunes gens qui se rendraient à l'Opéra dès que le coup serait porté, pour protéger l'évasion des conjurés, et que Céracchi se trouverait au café de l'Opéra avec celui des conjurés qui devait porter le coup et qu'il le ferait connaître à Harel.

Harel retourna vers ses hommes, fit charger les pistolets et leur donna rendez-vous au café de l'Opéra. Tous s'y trouvèrent bientôt réunis. Harel voyant que les chefs n'arrivaient pas, entra à l'Opéra avec un de ses hommes ; il y trouva Céracchi qui lui fit connaître Diana, qui l'accompagnait, comme étant celui qui devait porter le coup. Céracchi sortit ensuite en disant qu'il allait chercher des armes.

Diana se plaça dans le couloir des premières loges, du côté opposé à la loge du premier consul ; il était depuis quelque temps à ce poste, ayant les yeux fixés sur la loge du premier consul, lorsqu'il fut arrêté. On s'empara en même temps de Céracchi qui se tenait dans le couloir attenant à la loge du premier consul. On ne put arrêter Demerville ; mais une perquisition fut faite sur-le-champ à son domicile où l'on trouva des pistolets, des épées et un couteau de chasse ; Madelaine Fumey, sa cousine ou sa maîtresse, fut aussi arrêtée sur-le-champ, ainsi que les nommés Lavigne et Daiteg trouvés tous trois au domicile de Demerville.

Ce dernier, arrêté deux jours après, fit des aveux complets, et déclara qu'Aréna était le chef des conjurés ; que c'était lui qui donnait de l'argent ; que lui, Aréna, disait être à la tête de quatre ou cinq cents hommes qui environneraient l'Opéra au moment où le premier consul serait frappé. Aréna fut arrêté à son domicile où l'on trouva une certaine quantité de poudre, de balles et de pierres à fusil. Enfin, on arrêta également Topino-Lebrun, qui, d'après la déclaration de Demerville, avait fourni les poignards.

Renvoyés devant le tribunal criminel ces sept prévenus y parurent, ainsi que nous l'avons dit plus haut, le 7 janvier 1801. Interrogés par le président, tous se renferment dans un système de dénégation presque complet ; Demerville lui-même rétracte ses premières déclarations ; il s'efforce de démontrer que le complot n'a jamais existé que dans l'imagination de Harel qu'il présente comme un agent provocateur.

Céracchi soutient qu'il n'avait jamais entendu parler du complot fait contre le premier consul. Il n'a point dit que Topino-Lebrun lui eût donné douze poignards, ni qu'il en eût remis un à Diana : il le rencontra dans les corridors de l'Opéra ; ils se parlèrent, et cherchèrent des places ensemble. Il n'a pas dit avoir comploté contre la vie de Bonaparte, et non contre celle du premier consul. Toutes ces déclarations ne sont pas de lui, ou sont le fruit de la violence.

Aréna dit qu'il savait qu'on devait arrêter le 10 octobre les chefs d'une conspiration anarchique, dénoncée à la police ; mais qu'il n'avait arrêté aucun complot avec Céracchi, ni avec Demerville ; qu'il ne connaissait pas assez Céracchi pour lui faire de pareilles confidences, ne l'ayant vu que huit ou dix fois, en présence d'autres personnes ; qu'il prit un billet et entra à l'Opéra dans la soirée du 10 ; mais qu'il en sortit avant l'arrivée du premier consul, puisqu'en s'en allant, il avait rencontré ses voitures.

Diana nie également avoir pris part au complot ; il avoue connaître Céracchi et l'avoir vu à l'Opéra le 10 ; mais il soutient ne lui avoir dit qu'un mot en passant.

Tous les autres accusés nient également les faits qui leur sont imputés.

On procède alors à l'audition des témoins ; Harel, le premier et le plus important de tous est introduit ; il raconte comment Demerville après lui avoir fait confidence du complot qui se tramait, l'engagea à chercher, parmi les militaires qu'il connaissait, quatre hommes sur lesquels on pût compter.

« Le lendemain, dit-il, j'allai de nouveau chez Demerville ; il me parla de l'affaire. — Eh bien ! vous n'avez pu trouver les quatre hommes ? — Je ne me suis point occupé de cela. — Cependant, dit-il, le projet ne dépend que de cela, parce qu'il est absolument bien pris ; il n'y a qu'exactement le coup à porter. Alors je lui fis la question : Qui sont ceux qui sont à la tête du complot ? Le premier qu'il me cita, fut le ministre de la police générale. Il me dit que le ministre de la police générale était à la tête du complot. — Quelles preuves m'en donneriez-vous ? Il me dit : Je vais vous en donner une preuve. Tous les citoyens qui arrivent à Paris des départements, le ministre de la police générale nous en fait part tous les jours, et nous l'écrit. En voilà une preuve : c'est que, voyez-vous, il y a quinze jours que le coup devait se porter ; mais au moment où il devait se porter, le ministre de la police générale étant instruit, nous fit dire que la poire n'était pas assez mûre, qu'il n'était point temps de porter le coup ; sans quoi, cela serait déjà fini. Voilà ce que dit Demerville alors. Il ajouta : J'ai encore une autre preuve que ce complot est bien tramé : il y a Rossignol, le travailleur des faubourgs Antoine et Marceau, qui dernièrement a été dans un endroit où il a dit quelques propos, et il fut arrêté; aussitôt que le ministre de la police a su qu'il était de notre complot, il l'a fait mettre en liberté lui et ses amis. — Il cita un jeune homme arrivant de Bordeaux pour faire du mouvement. Il a été dans une maison publique, a tenu des propos, a été arrêté et emprisonné; le ministre de la police générale l'a fait mettre sur-le-champ en liberté. D'après cela, il me proposa de lui trouver quatre hommes. — Je lui en proposai deux, qui sont Serva et Pouthier. Il me dit : Quelle taille ont ces hommes? Je citai Serva : je lui dis que c'était un homme de cinq pieds six à sept pouces. — C'est trop grand; ce n'est point les hommes qu'il nous faut. — Alors j'en présentai de nouveaux, ne voulant point des autres. On fut à la police. Le ministre de la police fit donner quatre hommes; ils furent armés par les poignards que me distribua l'accusé Demerville, et en même temps, avec de la poudre et des balles qu'il me remit. Il m'avait donné de l'argent pour acheter quatre paires de pistolets et une paire d'espingoles. La somme qu'il me donna pour acheter ces pistolets ne suffisait pas. Voyant que la somme n'était pas suffisante, je fus trouver l'accusé Demerville; il me dit que s'il n'y en avait pas assez, on en donnerait d'autre. Ce fut Céracchi qui donna le surplus.

« J'achetai les pistolets, et les portai chez Demerville. En prenant les pistolets, il dit : Vous savez, cette pièce qui devait se donner le 11 du mois, n'a pas lieu. Est-ce que vous n'avez pas su cela? — Non, je n'en ai rien su. — Eh bien! c'est ce soir qu'elle doit se donner; il faut se tenir en mesure. Apprêtez vite vos quatre hommes; je vais vous donner ce qu'il faut pour ne pas manquer ce soir. De manière qu'alors il me remit les six poignards, prit une paire de pistolets pour lui; Céracchi en prit une autre, et ensuite je me retirai dans un endroit où j'avais ces quatre hommes. Je distribuai à chacun d'eux une paire de pistolets, et leur donnai les balles. Voilà comment la chose s'est passée. — Le soir, au moment du spectacle, Céracchi m'avait dit qu'il se trouverait au café : je l'ai attendu avec ces quatre hommes. Je fus au foyer ; il ne se trouvait pas grand monde au foyer, où j'ai été l'attendre avec un de mes hommes. Il arriva aussitôt avec un de ses hommes, qui était donc, suivant Céracchi, soi-disant celui qui devait porter le coup. Il me donna la main ; nous passâmes en face de la loge du premier consul ; et je lui demandai s'il avait fait armer son homme. Il dit qu'oui. — Et vous, êtes-vous armé? — Non ; mais je vais chercher mes armes. De manière qu'il descendit pour aller chercher ses armes. Pendant ce temps-là, je fis connaître l'homme qu'il avait amené. C'était Diana. »

Cette déposition est suivie de longs débats et de vives récriminations ; Demerville soutient que tous les faits rapportés par Harel sont faux ; il dit même que Harel ayant l'habitude de mal parler du gouvernement, lui, Demerville, l'avait prié de ne pas tenir ces sortes de discours chez lui. Il cherche à expliquer comment Céracchi ayant besoin de pistolets à cause d'un voyage qu'il était sur le point d'entreprendre, Harel s'était trouvé chargé d'acheter ces armes, attendu sa qualité de militaire qui devait le rendre plus propre qu'un autre à les bien choisir. Tous les autres accusés, s'élèvent avec énergie contre les parties de cette déposition qui les concernent, et nient fortement avoir fait partie d'aucune espèce de conjuration.

Le second témoin est le général Lannes (depuis duc de Montebello). « Le 18 vendémiaire (10 octobre), dit-il, le citoyen Barennes vint chez moi me dire qu'il sortait de chez Demerville, et que ce dernier lui avait dit qu'il devait y avoir un rassemblement contre le premier consul ; il me dit qu'il était important de s'assurer de cela. J'ordonnai au général de brigade qui était chez moi de faire doubler l'escorte. Je me portai moi-même à l'Opéra pour savoir s'il y avait des rassemblements ; je n'en trouvai aucun, et une demi-heure après, j'entendis dire qu'on avait arrêté Céracchi et un autre.

Je restai à l'Opéra. Je disais comme indigné au citoyen Barennes : « C'est de la racaille qui n'est pas à craindre. » Je parcourus toute la salle, et je ne vis aucun rassemblement. Si j'avais cru ces individus capables de tenter l'assassinat du premier consul, il y aurait eu assez d'un invalide avec une jambe de bois pour les mettre à la raison. Je me rendis à la loge du premier consul qui me dit : « Ils devaient se trouver quatre ou cinq pour m'assassiner. On s'est trop pressé. On a arrêté Céracchi et un autre ; cela a fait beaucoup de bruit dans la salle ; les cinq n'ont pas osé entrer. »

De Barennes, qui avait prévenu le général Lannes est ensuite entendu et il rapporte comment les paroles et l'agitation de Demerville lui ayant paru extraordinaire, il a cru devoir en faire part au général qu'il connaissait particulièrement.

L'adjudant de place Laborde est le troisième témoin entendu. « Le 18 vendémiaire, dit-il, à six heures du soir, je me rendis à l'état-major pour prendre l'ordre du général. Il me tout dit qu'il y avait un complot pour assassiner le premier consul au Théâtre-des-Arts (1). Il me demanda si je connaissais le nommé Céracchi. Il me donna ordre de me rendre à ce théâtre, et m'assurer de la personne dudit Céracchi. — Je me rendis tout de suite au Théâtre-des-Arts ; j'y restai une heure et demie. J'avais eu soin d'éloigner tout le monde de la loge du premier consul, pour laisser approcher ceux qui avaient l'intention de commettre quelque mauvais coup. J'aperçus venir Céracchi ; je lui tournai le dos, parce que je savais qu'il me connaissait. Au moment où il tournait pour aller à la loge du premier consul, je l'arrêtai et le remis entre les mains de deux adjudants de la garde, et je l'ai fait descendre au corps-de-garde. Il y est resté jusqu'au moment où je l'ai fait conduire devant le général.

(1) L'Opéra avait pris, à cette époque, la dénomination de *Théâtre-des-Arts.*

20

Quelques autres témoins dont les dépositions ne font connaître aucun fait nouveau sont encore entendus. Les accusés
Aréna, Demerville et Topino-Lebrun prennent ensuite la parole, et tous reprochent à la police d'avoir créé une conspiration à dessein de les compromettre. C'est aussi le système
adopté par les défenseurs qui s'efforcent de démontrer que Harel a tout fait et tout conduit. Deux séances sont consacrées
aux plaidoiries.

Le 9 janvier, vers deux heures de l'après-midi, le président
fait le résumé des débats ; puis les jurés se retirent dans la salle
des délibérations. Ils en sortent à dix heures du soir apportant un verdict d'après lequel Diana, Daiteg, Lavigne et la
fille Fumey sont acquittés ; et les accusés Demerville, Céracchi, Aréna et Topino-Lebrun sont condamnés à la peine de
mort.

Les condamnés s'étant pourvus en cassation, trois séances
du tribunal suprême furent employées à l'examen des moyens
proposés par leurs défenseurs. Enfin le pourvoi fut rejeté, et
l'exécution ordonnée pour le 30 janvier. Ce jour là, Demerville demanda à parler au préfet de police, et ce magistrat se
rendit à la Conciergerie.

— Monsieur, lui dit Demerville, la vie du premier consul
est en quelque sorte à ma disposition ; au moment où je vous
parle, cinquante poignards s'aiguisent pour le frapper, et la
police malgré les immenses moyens dont elle dispose, ne
parera pas tous ces coups. Moi seul puis sauver Bonaparte,
et pour cela, je n'aurais que quelques mots à vous dire, quelques noms à prononcer. Ce qui se passe entre le premier
consul et moi est une sorte de duel dans lequel, s'il se pro-
longe de quelques heures, je tomberai infailliblement le premier, puisque l'échafaud doit être dressé pour moi en ce
moment,, mais il ne me survivra guère.

— Si les révélations que vous annoncez sont aussi importantes que vous le dites, répondit le préfet, je prendrai sur

moi de retarder l'exécution, et je me rendrai sur le champ près du premier consul qui aura certainement égard au service que vous lui aurez rendu.

— Oh! s'écria Demerville en souriant, c'est me croire par trop candide; que Bonaparte commue la peine de mort à laquelle je suis condamné en une simple déportation, et je parlerai; sinon, non!

— Cela ne se peut; l'échafaud est dressé, et je ne puis motiver un sursis sur une simple promesse du condamné.

— Eh bien! n'en parlons plus; je suis prêt.

— Ainsi, vous ne voulez pas avoir foi en la loyauté du chef de l'état?

— J'aime mieux compter sur la vengeance c'est plus sûr.

Le préfet de Police, M. Dubois, qui existe encore, insista vivement près du condamné pour le faire changer de détermination; mais il ne put rien obtenir, et il dut se borner à dresser ce procès-verbal que nous rapportons textuellement:

« Nous, préfet de police, sur l'avis qui nous a été donné que les nommés Demerville, Céracchi, Aréna et Topino-Lebrun, détenus à la maison de justice, comme condamnés à la peine capitale, avaient des révélations à faire, et, à cet effet, demandaient à nous parler, nous sommes rendus en ladite maison, où étant, nous avons fait comparaître le nommé *Demerville*, auquel nous avons demandé quelle révélation il avait à nous faire. Il a dit qu'*il était dans l'intention de ne faire aucune espèce de révélation*, s'il n'avait la garantie du premier consul, que la peine à laquelle il est condamné serait commuée en une simple déportation; qu'il fait cette demande tant pour lui que pour ses co-condamnés.

» Sur quoi, nous, préfet de police, l'avons invité à nous faire toutes les révélations qui pourraient intéresser la sûreté du premier consul et celle de l'Etat, lui promettant de les mettre, à l'instant même, sous les yeux du gouvernement, et que, jusqu'à ce qu'il en ait pris connaissance, il serait sursis à toute exécution. Et ledit Demerville nous ayant déclaré qu'il persistait dans les conditions imposées à son offre de révélations, avons clos le présent procès-verbal, qu'il a signé , ainsi que nous, après que lecture lui en a été faite.

» *Signé*, D. DEMERVILLE, DUBOIS.

» Et les trois autres condamnés nous ayant fait dire, par le concierge, qu'ils n'avaient aucune révélation ni déclaration à nous faire, nous nous sommes retiré.

» *Signé*, DUBOIS. »

L'heure de l'exécution étant arrivée, les quatre condamnés montèrent dans la fatale charrette avec beaucoup de sang-froid et d'assurance ; tant que dura le trajet, ils s'entretinrent fort tranquillement ; on les vit même sourire à plusieurs reprises. Arrivés sur l'échafaud ils saluèrent la foule qui se pressait autour d'eux, et tous reçurent la mort sans laisser échapper une plainte ou un regret.

CONSPIRATION DE SAINT-RÉJANT.

(1800)

Le 24 décembre 1800, vers huit heures du soir, Bonaparte, alors premier consul, sortait des Tuileries pour aller à l'O-péra. Les grenadiers de la garde consulaire qui précédaient sa voiture, trouvèrent l'entrée de la rue Saint-Nicaise obs-truée par une petite charrette placée en travers et barrant la moitié de la rue dont l'autre moitié était occupée par une voi-ture de place. Un grenadier fit ranger cette dernière ; presque au même instant, le carrosse du premier consul arriva et passa rapidement entre la charrette et la voiture de place ; mais à peine était-il arrivé à quelques pas de cet étroit passage, qu'une détonation terrible se fit entendre. Au même instant, des frag-ments de cheminées, des briques, des pierres, des tuiles tom-bent avec fracas sur la voie publique ; plusieurs personnes sont tuées sur place ; beaucoup d'autres sont plus ou moins griè-vement blessées, et quarante-six maisons sont renversées de fond en comble ou gravement endommagées. La cause de tout ce désastre était la petite charrette dont nous venons de par-ler laquelle était chargée d'un baril de poudre mêlée de mi-traille auquel on avait mis le feu au moment même où pas-sait le carrosse du premier consul, de telle sorte que Bonaparte n'avait échappé à la mort que par une espèce de miracle.

« Cette invention diabolique, dit-il, dans le *Mémorial de Sainte-Hélène*, fut exécutée par les royalistes d'après l'idée des jacobins.

» Une centaine de jacobins forcenés, les vrais exécuteurs de septembre, du 10 août, etc., etc., avaient résolu de se défaire du premier consul ; ils avaient imaginé à cet effet une espèce d'obus de quinze ou seize livres, qui, jeté dans la voiture, eût éclaté par son propre choc, et anéanti tout ce qui l'entourait ; se proposant, pour être plus sûrs de leur coup, de semer une certaine partie de la route de chausses-trapes, qui, arrêtant subitement les chevaux, devaient amener l'immobilité de la voiture. L'ouvrier auquel on proposa l'exécution de ces chausses-trapes, prenant des soupçons sur ce qu'on lui demandait, aussi bien que sur la moralité de ceux qui l'ordonnaient, en prévint la police. On eut bientôt trouvé la trace de ces gens-là, si bien qu'on les prit sur le fait, essayant hors de Paris, près du Jardin-des-Plantes, l'effet de la machine qui fit une explosion terrible. Le premier consul, qui avait pour système de ne point divulguer les nombreuses conspirations dont il était l'objet, ne voulut pas qu'on donnât suite à celle-ci, on se contenta d'emprisonner les coupables. Bientôt, on se lassa de les tenir au secret, et ils eurent une certaine liberté. Or, dans la même prison se trouvaient des royalistes enfermés pour avoir voulu tuer le premier consul à l'aide de fusils à vent : ces deux bandes fraternisèrent, et ceux-ci transmirent à leurs amis du dehors l'idée de la machine infernale, comme préférable à tout autre moyen.

» Il est très remarquable que, la soirée de la catastrophe, le premier consul montra une répugnance extrême pour sortir : on donnait un *oratorio* ; madame Bonaparte et quelques intimes du premier consul voulaient absolument l'y faire aller ; celui-ci était tout endormi sur un canapé, et il fallut qu'on l'en arrachât ; que l'un lui apportât son épée, l'autre son chapeau ; dans la voiture même, il sommeillait de nouveau, quand il ouvrit subitement les yeux, rêvant qu'il se noyait dans le Tagliamento. Pour comprendre ceci, il faut savoir que, quelques années auparavant, étant général de l'armée d'Italie, il avait passé de nuit, en voiture, le Tagliamento, contre l'opinion de tout ce qui l'entourait. Dans le feu de la jeunesse et ne connaissant aucun obstacle, il avait tenté ce passage, entouré d'une centaine d'hommes armés de perches et de flambeaux. Toutefois, la voiture se mit à la nage : il courut le plus grand danger et se crut réellement perdu. Or, en cet instant, il s'éveillait au milieu d'une conflagration, la voiture était soulevée ; il retrouvait en lui toutes les impressions du Tagliamento, qui, du reste, n'eurent que la durée d'une seconde ; car une effroyable détonation se fit aussitôt entendre. Nous sommes minés ! furent les premières paroles qu'il adressa à Lannes et à Bessières, qui se trouvaient avec lui. Ceux-ci voulaient arrêter à toute force ; mais il leur dit de s'en bien donner de garde. Le premier consul arriva et parut à l'Opéra, comme si de rien n'était. Il fut sauvé par l'audace et la rapidité de son cocher. La machine n'atteignit qu'un ou deux hommes.

» Les circonstances les plus triviales se combinent parfois des plus immenses résultats. Ce cocher était ivre, et il est certain que c'est cette ivresse qui a conservé les jours du premier consul : le cocher avait pris cette horrible détonation pour un salut. »

Les premières recherches de la police devaient tendre à découvrir quelque rapport entre ce qu'elle savait des complots de l'Angleterre et de Georges, et les traces qu'avait laissées dans la rue Saint-Nicaise l'attentat qui venait d'y être commis. Le bouleversement produit était si grand, que les débris et les traces du crime semblaient avoir été effacés ou emportés dans la violence de l'explosion ; cependant, tous les débris dont la rue était semée, furent conservés et interrogés, et on en vit sortir bientôt plus de lumière qu'on n'en espérait.

Celui qui avait vendu le cheval le reconnut et donna le signalement de l'homme qui l'avait acheté ; on arriva bientôt au grainetier qui avait vendu le grain dont le cheval s'était nourri, au tonnelier qui avait cerclé le baril de poudre, à l'individu qui avait vendu la charrette ; à la rue où la charrette avait remisé, au portier et au propriétaire de la maison ; au fripier chez lequel les auteurs du crime avaient pris les blouses bleues dont ils étaient couverts en se préparant au crime et en l'exécutant.

Enfin, on obtint des renseignements qui firent tomber tous les soupçons sur le nommé François Carbon. On pénétra dans la maison de sa sœur, où il avait demeuré avant et depuis la perpétration du crime ; sa sœur et ses nièces furent arrêtées, et elles firent connaître le nouvel asile où il s'était réfugié, ainsi que les personnes qui l'y avaient reçu. Ces dernières étaient une dame de Gouyon, la demoiselle de Cicé et une ancienne religieuse.

Reconnu par les vendeurs de la voiture et du cheval, Carbon prit le parti de tout avouer. On sut donc que Limoléan, agent de Georges Cadoudal, et arrivant nouvellement d'Angleterre, s'était d'abord entendu avec Carbon pour se procurer les objets nécessaires à l'exécution du crime projeté. Limoléan acheta la poudre et les blouses qui devaient servir au déguisement ; Carbon se chargea de l'acquisition du cheval, de la voiture, des barils, de la bâche ; ce fut lui aussi qui fit cercler le tonneau qui devait faire explosion. Un troisième individu, Saint-Réjant, arrivé de Londres avec Limoléan, s'était chargé de mettre le feu à la machine. Il était allé dans la rue Saint-Nicaise, examiner les lieux et calculer les distances. Le 3 nivôse (4 décembre 1800) au matin, il s'était rendu chez la veuve Jourdan où il avait un logement, et la fille de cette femme déclara que la veille, elle avait acheté pour lui de l'amadou ; qu'il le lui avait fait couper par bandes longues de trois pouces sur un de large, et que le même jour, il avait mis sur sa cheminée de la poudre avec un morceau d'amadou, et qu'il avait brûlé cet amadou, la montre à la main, afin de voir le temps que durerait cette combustion.

Tous ces préparatifs étant faits, Carbon et Limoléan, couverts de blouses bleues, sortirent la voiture de la rue de Paradis où elle avait été remisée ; elle était garnie de deux tonneaux, d'un panier très lourd en forme de panier à poisson, qui avait été apporté le matin par Carbon; de plus, elle était garnie de paille et on avait même ramassé tout le fumier qui se trouvait dans l'écurie. Carbon, par l'ordre de Limoléan qui était venu le voir la veille, avait doublé la bâche par derrière, pour qu'on ne vît pas ce qui était dans la voiture. Arrivés dans la rue Saint-Denis, deux particuliers emportent, si l'on en croit Carbon, un des tonneaux, en rapportent un autre et le placent dans la voiture. Sur ces entrefaites arrive Saint-Réjant; il est aussi vêtu d'une blouse bleue, et il accompagne Limoléan et Carbon.

Ici s'arrêtent les révélations de Carbon ; il soutient n'avoir accompagné la charrette que jusqu'à la rue des Prouvaires, et avoir toujours ignoré les véritables projets de Limoléan et de ses complices; s'il a changé de domicile après l'exécution du crime, c'est que Limoléan le lui a conseillé en lui disant : « On attribuera ceci aux jacobins; mais en cherchant les uns, on pourrait trouver les autres. »

« Néanmoins, dit l'acte d'accusation, la voiture est conduite sur la place du Carrousel ; elle est placée à l'entrée de la rue Saint-Nicaise. Ce même jour, les malfaiteurs étaient prévenus qu'on donnerait, à l'Opéra, une représentation du chef-d'œuvre d'un homme de génie; ils savaient que le premier magistrat de la République devait y aller ; et c'est précisément parce qu'on connaissait cette intention, qu'on avait

21

choisi ce jour et ce moment pour faire usage de la machine infernale que portait cette voiture.

» Effectivement, le premier consul passe dans la rue Saint-Nicaise à huit heures trois minutes ; et, à l'instant même , une explosion terrible ébranle tout le quartier, causé les plus grands ravages, blesse une quantité considérable de personnes, en tue plusieurs autres, et présente le spectacle le plus horrible qu'il soit possible d'imaginer.

» Voilà tous les faits qui ont précédé et accompagné cet affreux événement. Voici ceux qui l'ont suivi.

» Peu de temps après, Saint-Réjant arrive chez la femme Leguilloux. Quel était son état ? ce n'est pas moi qui vais le dire ; c'est Collin, l'un des accusés. « Je l'ai trouvé, dit-il , » singulièrement affecté, crachant le sang, le rendant par » les narines , respirant avec peine, le pouls concentré, sans » aucune espèce de contusion ni de coup à l'extérieur, et » soufffrant de fortes douleurs abdominales, affecté de mal » d'yeux et de surdité de l'oreille gauche. »

» Voilà quel était l'état de Saint-Réjant au moment où , après l'explosion, il arrive chez la femme Leguilloux.

» A l'instant même, arrive Limoléan. On dit qu'il faut envoyer chercher un confesseur et un chirurgien. La femme Leguilloux ne connaît pas de confesseur ; Limoléan s'en charge. La femme Leguilloux envoie chercher Collin. C'est en ce moment que Collin arrive, constate l'état où était Saint-Réjant, et lui donne les secours de son état.

» Dans ce moment aussi était arrivé le confesseur amené par Limoléan. On passe la nuit auprès de Saint-Réjant.

» Limoléan avait à s'occuper d'autres soins. Ce Limoléan que Carbon prétend avoir quitté à la rue des Prouvaires, avait donné rendez-vous à Carbon pour le lendemain. Carbon n'était rentré aussi ; lui, qu'après l'explosion. Il va trouver maintenant au rendez-vous Limoléan, et Li-

moléan lui donne deux louis : il lui conseille fortement de
se cacher, de rester tranquille chez lui, de ne faire de démarches que celles qu'il lui prescrira.

» Malgré l'état affreux où se trouvait Saint-Réjant, il ne
reste point dans la maison de la femme Leguilloux, où il aurait pu demeurer tranquille s'il n'avait pas été coupable,
mais il se fait transporter dans la maison de la femme Jourdan.

» Là, se fait encore une réunion, et de Limoléan, et de
Bourgeois, et de Joyau, et de Saint-Hilaire, et de quelques
autres ; là, se tiennent encore des propos relatifs à cette malheureuse affaire. Enfin, de son côté, Limoléan va chez Carbon. Il voit chez Carbon un baril ; il ordonne de casser ce
baril ; il est effectivement cassé. On s'aperçoit qu'il contenait encore un peu de poudre ; et tout en le faisant briser, il
dit aux filles Vallon : *Voilà du bois, brûlez-le : c'est du bois
bien cher.* »

Saint-Réjant fut arrêté le 7 pluviôse (26 janvier) et avec
lui le sieur Collin, se disant officier de santé, qui lui avait
donné des soins dans la soirée du 3 nivôse et jours suivants.
On arrêta également mademoiselle *Adelaïde Champion de
Cicé, Marie-Anne Duquesne, la veuve Gouyon de Beaufort et
ses deux filles,* accusées d'avoir eu connaissance de la conjuration, et qui avaient procuré une retraite à Carbon, après
sa sortie de chez sa sœur. D'autres individus qui avaient eu
des relations avec les principaux accusés, furent également
incarcérés, et tous, au nombre de dix-sept, comparurent devant le tribunal criminel de Paris, le 11 germinal an IX (1er
avril 1801). C'était les nommés Saint-Réjant, Carbon, la
femme Vallon et ses deux filles, la dame de Gouyon et ses
deux filles, Leguilloux et sa femme, Micault, Lavieuville et
sa femme, Baudet, Collin, la demoiselle de Cicé et la demoiselle Duquesne.

Les prévenus contumaces étaient Limoléan, Bourgeois,
Coster, Lahaye, Joyau et Songé.

Le président interroge d'abord Carbon qui reproduit les aveux qu'il a faits, et persiste à soutenir qu'il ignorait les véritables projets des conjurés.

Saint-Réjant interrogé ensuite, nie avec beaucoup d'assurance les faits qui lui sont imputés, et accuse Carbon de mensonge dans tout ce que ce dernier a dit le concernant. « Il est vrai, dit-il, que j'ai reçu chez les femmes Leguilloux et Jourdan, chez chacune desquelles j'avais un logement, Limoléan, Saint-Hilaire, Joyau, Bourgeois et plusieurs autres; mais je n'ai rien comploté avec eux. Il est faux que j'aie fait acheter de l'amadou avant le 3 nivôse. La poudre que l'on a trouvée chez moi était destinée à la chasse, et la blouse qu'on a saisie était destinée à un déguisement de carnaval ; elle ne m'appartenait pas. »

On lui demande l'emploi de son temps dans la soirée du 3 nivôse, et il répond sans hésiter.

« Le 3 nivôse, je suis sorti de la maison où je demeurais, rue des Prouvaires, pour aller au Théâtre des Elèves, rue Thionville. Là j'entrai dans un café. J'entendis dire qu'on donnait une nouvelle pièce aux Français, actuellement le Théâtre de la République. C'était la *Création du Nouveau Monde*. Je dis : je vais m'y rendre, parce que mon intention était d'aller au Théâtre des Elèves. En attendant, je revins par la place du Carrousel, et me trouvai dans la rue de Malte, près d'une grille qui va droit au Palais-Royal, où l'explosion se fit sentir. Je fus très maltraité comme différentes autres personnes qui se trouvaient dans le voisinage. Et alors, deux individus, dont je ne sais pas le nom, un militaire habillé en gendarme, et un particulier, me prirent par-dessous les bras, et me demandèrent où je demeurais. Je dis que je demeurais près la rue des Prouvaires ; ils me conduisirent près de la rue des Prouvaires, et me demandèrent si je voulais prendre quelque chose. Je dis bien des remercîments; et j'arrivai chez madame Leguilloux. Voilà ce qui m'est arrivé le 3 nivôse.

« Cependant, dit le président, l'accusé Collin prétend que vous ne lui aviez pas déclaré la cause de votre indisposition, et qu'il en avait été étonné, parce que, quelque temps après, votre état était tout-à-fait changé et que vous étiez sourd d'une oreille. N'est-ce pas parce que vous avez mis le feu à la machine, et que vous n'avez pas eu le temps de vous sauver assez loin ?

» — J'ai toujours été incommodé de cette oreille-là, répond Saint-Réjant. J'étais dans la rue de Malte ; j'y fus atteint par différentes choses. Les ardoises tombaient de tous côtés ; mes oreilles ont pu s'en ressentir.

La femme Vallon, sœur de Carbon, avoue avoir connaissance du baril de poudre brisé chez elle ; mais elle n'a jamais su autre chose de cette affaire.

Interrogée à son tour, mademoiselle de Cicé dit qu'en effet elle a procuré un asile à Carbon ; mais elle ne veut pas nommer la personne qui le lui a recommandé. On disait Carbon malheureux et honnête, cette considération l'a déterminée à lui être utile. Elle dit que c'est à leur confiance en elle que les accusées de Gouyon et Duquesne doivent d'être impliquées dans le procès : « Ces dames sont parfaitement innocentes ; je le suis aussi, ajoute mademoiselle de Cicé ; c'était par un motif d'humanité. Il m'est arrivé souvent d'obliger des personnes qui ne me connaissaient pas. Un motif de charité m'a conduite dans cette action comme dans beaucoup d'autres. »

Mademoiselle de Cicé explique les lettres trouvées à son domicile, et les mots *vaincre ou mourir*, écrits sur un carré de papier trouvé dans un livre de piété et dont l'accusation s'est fait une arme contre elle. Ces mots signifient, dit-elle, suivant l'explication que j'en ai donnée, qu'il faut remporter la victoire sur ses passions. C'est une chose qui n'a rapport qu'à la religion.

Les dames Duquesne, Gouyon de Beaufort et ses filles

répondent dans le même sens que mademoiselle de Cicé.

La femme Leguilloux répond en ces termes aux questions du président :

« Saint-Réjant est rentré vers neuf heures. J'ai été ouvrir sans lumière ; il a passé près de moi, je ne l'ai pas aperçu. Il n'y a donc que quelque temps après que *M. de Beaumont* (Limoléan) est arrivé et m'a demandé si ce monsieur était rentré. J'ai dit oui. Il est venu dans sa chambre et quelque temps après il est venu me demander. Il dit : il est bien mal, bien mal ; il faut avoir un confesseur. Je dis : je n'en connais pas, et j'ajoutai : il serait plus à propos d'avoir le médecin. D'après cela, **M.** de Beaumont s'est chargé d'avoir un confesseur. J'ai fait inviter Bourgeois d'aller chercher le médecin et de l'amener lui-même. J'ai demandé à **M.** de Beaumont ce qu'avait **M.** de Saint-Réjant, il me répondit : «Il a été jeté à terre, et un cheval lui a marché sur le corps. »

On entend ensuite l'accusé Collin qui avait eu des relations avec Saint-Hilaire et Bourgeois, et avait été appelé, en qualité de médecin, avant le 3 nivôse et ce jour même, à donner des soins à Saint-Réjant. Il déclare qu'arrivé chez le malade, lorsque le prêtre s'en fut retourné, il s'approcha et le trouva couché dans son lit. Je lui demande : « Comment vous portez-vous? il me répond avec beaucoup de peine : fort mal. Je dis : Je suis étonné de vous trouver dans cet état, quelle en peut être la cause? Il dit : C'est une chute. Je répliquai : Comment êtes-vous tombé? êtes-vous tombé sur un corps tranchant, sur un corps rond; enfin, quelles sont les circonstances? Il me répondit : Je ne puis parler, je vous en prie, soulagez-moi. » Alors, réduit à moi-même, je lui ôte son bonnet, j'examine sa tête, il n'y avait ni plaie ni contusion; j'examine tout, il n'y en avait point à la poitrine, au bas-ventre; les membres étaient sans contusion nulle part.

Le médecin entre ensuite dans des développements scientifiques tendant à prouver qu'il ne pouvait attribuer l'état de

Saint-Réjant qu'à *une fluxion de poitrine,* dont il prétend avoir reconnu tous les symptômes.

Les témoins sont ensuite entendus ; ils ne font que reproduire les faits que nous avons rapportés plus haut. Quelques unes des victimes de cette horrible catastrophe sont aussi appelées à déposer. La première est la veuve Boyeldieu qui s'exprime ainsi :

Le soir, son mari, imprimeur à l'imprimerie de la République, n'était pas rentré ; dévorée des craintes les plus vives et toute en larmes, elle court à l'imprimerie, à la rue Saint-Nicaise, au Palais-Royal, à la Morgue. « Enfin, dit-elle, je tournai mes pas vers la Charité. J'arrive. Je vais à la réception ; je demande des nouvelles de mon mari : un des chirurgiens prend une liste et dit : nous n'avons point connaissance de la personne que vous demandez ; voilà tous les noms des morts et des blessés, nous n'avons point le vôtre. Alors le chirurgien en chef arrive ; il s'informe, il me regarde et me dit : il ne faut pas vous affliger ; ils se consultent, ils disent : que ferons-nous ? Oui, nous pouvons bien voir, mais enfin nous ne pouvons attester que ce soit lui : il n'y a qu'elle qui le réclame, il faut le lui montrer. Ils m'ont fait descendre dans l'amphithéâtre ; ils m'ont fait entrer… J'aperçus… mon mari étendu sur une table… la figure toute coupée… Il était impossible de croire que c'était un homme… J'ai reconnu un morceau de son pantalon qui était resté dans sa jambe gauche, alors… je me jetai sur le corps de mon malheureux mari, et je dis : c'est lui ! »

La veuve Pensol, la mère de la jeune fille à qui les conjurés avaient donné une pièce de 12 sous pour garder la fatale charrette, déclare qu'elle n'a pu voir les restes de sa malheureuse enfant ; ses membres avaient été dispersés…

Le sieur *Beirle* déplore la perte de sa jeune épouse ; elle était enceinte et a été tuée par l'explosion.

La veuve Barbier a été blessée à l'œil, son mari a été tué.

La fille Collinet passait avec une de ses amies, elle a été trépanée à la suite des blessures qu'elle a reçues, sa camarade a été tuée à ses côtés.

Le sieur Bany, jeune homme de dix-neuf ans, fait ainsi sa déclaration : Citoyens, je sortais de travailler et malheureusement j'ai passé rue Saint-Nicaise ; *je n'ai rien vu, mais je l'ai bien senti ; je voudrais que celui qui l'a inventée l'ait dans le ventre ;* je suis un des plus blessés, j'ai quatorze blessures sur le corps, dont sept sont très graves, et le bras perdu ; voilà tout ce que je peux dire.

La veuve Boulard dépose : « Je vis le premier consul qui allait à l'Opéra, je me rangeai contre le mur ; j'entendis un bruit sourd : je vis le feu et je tombai par terre ; j'y restai une demi-heure, trois quarts-d'heure. Je me relevai et je demandai du secours. J'ai reçu vingt-cinq ou trente blessures, j'ai eu deux doigts de la main droite coupés ; quand je me suis relevée, j'étais nue, mes vêtements avaient été brûlés. »

On entend plusieurs autres témoins qui tous ont été plus ou moins dangereusement blessés, et l'on remarque avec effroi qu'alors que la cour, les spectateurs et les autres accusés donnent des marques les moins équivoques d'affliction et de pitié, Carbon et Saint-Réjant restent froids et impassibles.

La parole est ensuite donnée aux défenseurs qui font entendre d'éloquentes paroles, impuissantes toutefois à détruire les profondes et pénibles impressions produites par les débats. Enfin, le président fait son résumé ; les jurés se retirent, et après vingt-huit heures de délibération ils rapportent un verdict d'après lequel, Lavieuville et sa femme, mademoiselle de Cicé, les demoiselles Gouyon de Beaufort, Vallon et Baudet sont acquittés ; les femmes Vallon, Leguilloux, veuve Gouyon de Beaufort, la femme Duquesne, Leguilloux père et Collin sont condamnés à trois mois d'emprisonnement dans une maison de correction ; Carbon et Saint-Réjant condamnés à la peine de mort.

La cour de cassation ayant rejeté le pourvoi formé par ces deux derniers, ils furent conduits le 30 germinal (19 avril) à la place de Grève, au milieu d'une foule immense qui les maudissait. Carbon paraissait résigné ; mais Saint-Réjant, si audacieux pendant le procès parût morne, abattu ; il avait peine à se soutenir, et ne semblait pas avoir la conscience de ce qui se passait autour de lui. Ce fut en cet état qu'ils arrivaient sur l'échafaud ou bientôt, leur tête tomba en expiation de l'horrible crime qu'ils avaient commis.

Mais ce n'était là qu'une expiation bien insuffisante : elle vengeait et ne réparait point. On vit pendant longtemps, à la suite de cet horrible événement la plus grande partie des malheureux habitants de la rue Saint-Nicaise se traîner comme des spectres au milieu des décombres de leurs maisons écroulées, de leurs établissements ruinés. A celui-ci l'épouvantable explosion avait enlevé les deux bras ; cet autre se traînait sur des béquilles ; on voyait des femmes que la commotion et l'effroi avaient réduites à l'état d'idiotisme ; de pauvres enfants qui s'étiolaient, atteints qu'ils avaient été jusqu'aux sources de la vie. Onze ans après cet horrible événement (nov. 1811), expirait sur son lit de douleur, qu'elle n'avait pu quitter pendant cette longue et affreuse agonie, madame Pasquier, femme d'un limonadier, qui, d'une des plus jolies femmes de Paris, était devenue la plus hideuse et la plus repoussante créature qu'il soit possible d'imaginer. Cette malheureuse, au moment de l'explosion, avait été soulevée, avec sa fille unique qu'elle tenait dans ses bras, et lancée contre le plafond de sa chambre. L'enfant mourut au bout de quelques jours ; mais l'infortunée mère, affreusement mutilée, lui survécut, comme nous venons de le dire, pendant onze années. Elle était devenue bossue, rachitique ; ses yeux étaient hagards ; son visage livide et couvert de cicatrices avait une expression de hi-

22

deur indicible... Que d'autres victimes de cet événement dont
nous ne pourrions dire les noms, ont enduré les mêmes tourments, sont morts de la même mort!... Et cela, parce que
quelques fanatiques avaient voulu tuer un homme qu'ils ne
connaissaient pas !

LE DUC D'ENGHIEN.

(**1804**).

On a beaucoup écrit sur les causes de l'arrestation et de la mort du duc d'Enghien ; les révélations, les justifications ont été nombreuses, surtout de 1820 à 1830, et cependant, le voile qui couvrit longtemps cette mystérieuse affaire ne paraît pas être entièrement levé ; on trouve toujours, à l'examen, les plus étranges contradictions. Ainsi, on lit dans le testament de Napoléon :

« J'ai fait arrêter et juger le duc d'Enghien, parce que cela était nécessaire à la sûreté, à l'intérêt et à l'honneur du peuple français ; lorsque... entretenait, de son aveu, soixante assassins à Paris. Dans une semblable circonstance, j'agirais de même. »

Mais on trouve, ailleurs, ces paroles prononcées par Napoléon :

« La mort du duc d'Enghien doit être éternellement reprochée à ceux, qui, entraînés par un zèle criminel, n'attendirent pas les ordres de leur souverain pour exécuter le jugement de la commission militaire. »

Serait-ce que l'arrestation et le jugement du prince eussent été ordonnés par Napoléon, et que l'exécution précipitée fût le fait de serviteurs trop zélés? C'est ce qu'il est impossible de décider, même après avoir longuement examiné tout ce qui a été publié sur cette catastrophe. Nous nous contenterons donc de rapporter les scènes de ce drame, laissant au lecteur l'appréciation des faits.

L'armée de Condé ayant été licenciée en 1801, le duc d'Enghien, alors âgé de vingt-neuf ans, et qui avait donné de nombreuses preuves de courage et de talent militaire, alla se fixer, avec l'agrément, d'abord du cardinal de Rohan, puis, de l'électeur de Bade, à Ettenheim, en Brisgaw, ci-devant évêché de Strasbourg, où il vivait dans l'intimité d'une liaison de cœur avec la princesse Charlotte de Rohan-Rochefort.

Cependant, cinq conspirations contre la vie de Napoléon, premier consul, ou contre la sûreté de l'Etat, se découvraient de 1803 à 1804; c'était celle de la machine infernale; le projet d'assassinat du premier consul à l'Opéra; les conjurations à l'occasion du concordat; celles de Moreau, Pichegru, Georges Cadoudal, etc.

Georges était muni de sommes considérables. Cette circonstance démontrait assez que l'entreprise avait un point de départ très élevé. Il était évident que ce n'était point au profit de la République que la conjuration avait été formée. La maison de Bourbon se présentait naturellement à tous les esprits. On disait au premier consul, et le premier consul se disait à lui-même, qu'il n'était pas probable qu'on se fût engagé dans une pareille entreprise, sans avoir sur les lieux un prince de la famille qui pût rallier tout à lui aussitôt que le coup serait porté. La mauvaise fortune sembla rassembler alors une masse de circonstances et de conjectures qui devaient accabler M. le duc d'Enghien. Il était dans les Etats de Bade près du Rhin; les détails donnés sur un étranger mystérieux, s'appliquaient assez bien à sa personne, et son courage, et la résolution de son caractère le rendaient propre à une entreprise décisive et périlleuse. On avait fait part au premier consul de la révélation des deux subordonnés de Georges et des conjectures dans lesquelles on s'était jeté et auxquelles on s'arrêtait, faute de plus amples renseignements. Le premier consul ordonna sur-le-champ, d'envoyer quelqu'un sur les lieux pour s'informer de ce qu'avait fait le duc d'Enghien depuis six mois. Un agent part en toute diligence, il arrive à Strasbourg ; là, il a pu apprendre que le duc d'Enghien venait, presque toutes les semaines, au spectacle dans cette ville... on ajoutait même qu'il était venu jusqu'à Paris, sous le gouvernement du Directoire et lorsque Bernadotte était ministre de la guerre. On concluait de là que, s'il s'exposait à de si grands dangers pour l'amour du spectacle, il n'en craindrait pas pour de plus grands intérêts. Plein de l'idée de la complicité du prince avec Georges, l'agent se hâte de rédiger son rapport et de se rendre à Paris. Suivant lui, le duc d'Enghien menait une vie mystérieuse, il recevait un grand nombre d'émigrés qui, d'Offembourg se réunissaient chez lui ; il faisait des absences fréquentes qui duraient huit, dix, douze jours, sans qu'on pût en pénétrer le secret ; c'était donc à Paris qu'il allait.

Il paraît pourtant démontré que toutes ces conjectures et tous ces prétendus faits étaient faux : non-seulement le prince n'avait point fait les voyages qu'on lui imputait ; mais il ignorait qu'il existât une conspiration. Quoiqu'il en soit, le 11 mars 1804, le général Ordener reçut l'ordre de partir de Paris, en poste, pour se rendre, le plus rapidement possible et sans s'arrêter un instant, à Strasbourg ; le but de sa mission était de se porter sur Ettenheim, de cerner le village, d'y enlever le duc d'Enghien.

Arrivé à Strasbourg, le général Ordener envoie à Ettenheim un commandant de gendarmerie nommé Charlot et un maréchal-des-logis du même corps, tous deux déguisés, et ayant ordre de reconnaître l'habitation du prince, et de savoir si ce dernier avait l'intention et la possibilité de se défendre.

La présence de ces deux hommes à Ettenheim fit naître des soupçons, et Schmidt, ancien officier de l'armée de Condé, fut chargé de pénétrer adroitement leurs projets. Mais le maréchal-des-logis Pferdsdorff, qui se tenait sur ses gardes, parvint à tromper Schmidt, qui assura que les deux inconnus ne devaient inspirer aucune crainte. Pendant ce temps, un officier supérieur de la garde des consuls fut dépêché à Ettenheim.

Malgré le rapport tranquillisant de Schmidt, le duc d'Enghien, qui avait passé toute la journée à la chasse, averti sans doute par quelques uns de ces pressentiments qui sont comme des envoyés secrets de la Providence, résolut de quitter Ettenheim le jour suivant.

Cela se passait le 14 mars. Dans la nuit du 14 au 15, vers une heure du matin, la maison qu'occupait le prince fut tout-à-coup cernée. Le duc d'Enghien venait de se mettre au lit quand on l'avertit qu'on entendait du bruit autour de son habitation ; aussitôt il s'élance en chemise, saisit un fusil, son valet-de-chambre en prend un autre, et, disposé à vendre chèrement sa vie, il paraît à la fenêtre en s'écriant : *Qui va là?* Sur la réponse du commandant Charlot, il s'apprêtait à faire feu ; mais un officier qui se trouvait dans l'appartement, releva le fusil du prince et l'empêcha d'en faire usage, en lui disant que toute résistance serait inutile. Le prince fit promettre au baron de *Grunstein,* qui était du nombre de ses officiers, que si l'on demandait le duc d'Enghien, il se nommerait, ce qui lui laisserait la possibilité de s'évader ; alors, il se revêtit à la hâte d'un pantalon et d'une veste de chasse ; mais avant qu'il eût eu le temps de mettre ses bottes, le commandant Charlot, suivi de quelques gendarmes, entre le pistolet à la main et demande lequel est le prince. Tous restaient muets, le baron de *Grunstein* a oublié la promesse qu'il a faite. Le commandant renouvelle sa question, et le duc rompant enfin le silence, répond lui-même : « Si vous ve-

nez pour l'arrêter, vous devez avoir son signalement : cher-
chez-le. »

Les gendarmes, dans l'impossibilité où ils étaient de reconnaître le duc d'Enghien parmi ceux qui l'entouraient, prirent le parti de les emmener tous. Conduit à la citadelle de
Strasbourg, le prince y distribua à ses serviteurs une partie·
de l'argent qu'il avait emporté.

Cependant, un rapport avait été envoyé à Paris sur les papiers saisis chez le duc. Trois jours après, le 18 mars au matin, les gendarmes entrent dans la chambre de l'illustre prisonnier ; ils le réveillent et l'engagent à s'habiller à la hâte.
Le duc demande s'il lui sera permis d'emmener son valet-de-
chambre Joseph ; on lui dit qu'il n'en aura pas besoin.

— Mais il faut au moins que j'emporte du linge, dit-il.

— Deux chemises vous suffiront lui répond l'officier.

On fait monter le prisonnier dans une voiture fermée, qui
roule jour et nuit. Le 20, à quatre heures et demie du soir,
on arrive aux portes de Paris, près la barrière de Pantin. Un
courrier s'y trouve, qui apporte l'ordre de tourner le long des
murs jusqu'à Vincennes.

Le prince entra dans cette prison à cinq heures. Là, ex-
ténué de besoin et de fatigue, il prit un léger repas, se jeta
sur un mauvais lit, placé à l'entresol, et s'endormit profond-
dément. Vers minuit, il fut réveillé par le bruit des portes
qu'on ouvrait. On le conduit alors dans une pièce du pavillon situé en face du bois. Là sont rassemblés huit officiers supérieurs. On interroge le prisonnier sur le fait d'avoir porté
les armes contre son pays.

— J'ai soutenu les droits de ma famille, répond-il fière-
ment ; et il est certain, que, dans l'état actuel des choses, un
Condé ne pourrait rentrer en France que les armes à la main.
Ma naissance, mes opinions me rendent à jamais l'ennemi de
votre gouvernement.

On l'avertit alors que les commissions militaires jugeaient sans appel.

— Je le sais, dit-il ; je ne me dissimule pas le danger que je cours. Mais j'espère qu'on ne me refusera pas une entrevue avec le premier consul.

Cet espoir fut déçu, et après un simulacre de débats d'une heure et demie, la commission rendit à l'unanimité un jugement qui déclarait Louis-Antoine-Henri de Bourbon, duc d'Enghien, coupable :

1° D'avoir porté les armes contre la République française ;

2° D'avoir offert ses services au gouvernement anglais, ennemi du peuple français ;

3° D'avoir reçu et accrédité près de lui les agents dudit gouvernement anglais, de leur avoir procuré les moyens de pratiquer des intelligences en France, et d'avoir conspiré avec eux contre la sûreté intérieure et extérieure de l'Etat ;

4° De s'être mis à la tête d'un rassemblement d'émigrés français et autres, soldés par l'Angleterre, formé sur les frontières de la France dans les pays de Fribourg et de Bade ;

5° D'avoir pratiqué des intelligences dans la place de Strasbourg, tendant à faire soulever les départements circonvoisins pour y opérer une diversion favorable à l'Angleterre ;

6° D'être l'un des fauteurs et complices de la conspiration tramée par les Anglais contre la vie du premier consul, et devant, en cas de succès de cette conspiration, entrer en France.

Sur ce, le président a posé la question relative à l'application de la peine. Les voix recueillies de nouveau dans la forme ci-dessus indiquée, la commission militaire spéciale condamne à l'unanimité à LA PEINE DE MORT, Louis-Antoine-Henri de Bourbon, duc d'Enghien, en réparation des crimes d'espionnage, de correspondance avec les ennemis de la République, d'attentat contre la sûreté intérieure et extérieure de l'Etat.

A peine le jugement était-il prononcé, que le général Hulin, président de la commission, se mit à écrire une lettre dans laquelle, se rendant l'interprète du vœu unanime de la commission, il écrivait au premier consul pour lui faire part du désir qu'avait témoigné le prince d'avoir une entrevue avec lui, et aussi, pour le conjurer de remettre une peine que la rigueur de la position de la commission ne lui avait pas permis d'éluder. En ce moment, un homme, qui, depuis le commencement de la séance n'avait pas quitté la salle du conseil, s'avance vers le président et lui demande ce qu'il fait.

— J'écris au premier consul, répond le général Hulin, pour lui manifester le vœu du conseil et celui du condamné.

— Votre affaire est finie, réplique cet homme en prenant la plume. Maintenant cela me regarde.

Quel était ce personnage mystérieux? On ne sait. Ce qui est certain, c'est que le jugement que nous venons de rapporter était nul par la forme et par le fond. Ainsi, il résulte de l'examen de ce jugement, qu'il n'y a pas eu de témoins produits contre l'accusé; pas de pièces à charge.

Que la commission militaire était incompétente, la connaissance des crimes dont il était accusé ayant toujours été dévolue aux tribunaux ordinaires.

En outre, quoique ce jugement porte qu'il a été rendu en séance publique, il n'en est pas moins certain qu'il a été prononcé de nuit, dans une prison, au milieu de quelques gendarmes, geôliers du duc d'Enghien, et par conséquent, sans public et sans publicité.

Vers quatre heures du matin, on fit descendre le prince par un escalier sombre, étroit, humide, qui semblait être pratiqué dans l'épaisseur des murailles. Il crut qu'on le conduisait dans un cachot souterrain; mais bientôt, l'air libre qui ar-

23

rivait jusqu'à lui le rassura : on arrivait dans les fossés du château, Après avoir fait quelques pas, il aperçut un peloton d'infanterie qui attendait l'arme au bras.

— Ah ! grâce au ciel ! s'écria-t-il alors, je mourrai de la mort d'un soldat !

Puis se tournant vers un des gendarmes qui l'escortaient, il demanda s'il ne pourrait obtenir d'être assisté par un prêtre.

— A l'heure qu'il est, les prêtres sont couchés, répondit brutalement le gendarme. Est-ce que tu veux mourir comme un capucin.

Le prince ne répliqua que par ce mot : *marchons !*

On arriva bientôt au bas du pavillon de la reine où une fosse avait été creusée plus de douze heures auparavant; c'est-à-dire, avant même que le duc d'Enghien fut arrivé dans cette prison qui devait être son tombeau. On le fit placer sur le bord de la fosse. Alors, il tira de sa poche une tresse de cheveux, une lettre et un anneau, et s'adressant aux soldats qui l'environnaient, il demanda d'une voix assurée s'il en était un parmi eux qui voulût bien se charger de remettre ces objets à la princesse de Rohan. Déjà, un soldat tendait la main pour montrer qu'il acceptait cette mission, lorsqu'un officier s'écria : « Personne ici ne doit faire les commissions d'un traître. »

Comme l'obscurité était profonde, on avait apporté une lanterne et plusieurs chandelles, afin que les soldats chargés de l'exécution pussent viser juste. Placé sur le revers de la fosse, un officier supérieur ordonna à un adjudant de commander le feu ; ce dernier obéit et le prince tomba presque aussitôt frappé de plusieurs balles. Des gendarmes s'approchèrent du cadavre, le soulevèrent et le déposèrent tout habillé dans la fosse qui fut refermée sur-le-champ.

Cet événement produisit une bien vive sensation dans toute l'Europe ; car, les qualités du jeune prince étaient généralement appréciées. En France, beaucoup de gens,

même parmi ceux qui s'étaient franchement raliés au
nouveau régime, regardèrent cette exécution comme un assassinat. On disait hautement que Napoléon avait voulu rassurer ce qui restait de jacobins, de montagnards, de sans cu-
lottes incorrigibles, en élevant entre lui et les Bourbons une
barrière de sang. D'autres prétendaient que Bonaparte avait
été trompé, et que la mort du duc d'Enghien était en grande
partie l'œuvre des royalistes, qui espéraient que cet assassinat
juridique contribuerait puissamment à amener la réaction
qu'ils appelaient de tous leurs vœux, et à laquelle ils travail-
laient de toutes leurs forces.

Ce qui paraît certain, c'est qu'il y eut dans cet événement
plus de fatalité que de mauvais vouloir, et que le résultat ne
fut favorable à aucun parti, car il augmenta le nombre des
ennemis de Napoléon en même temps qu'il diminuait pour
les Bourbons les chances d'une restauration, ainsi que le
comprit parfaitement la reine Caroline de Naples qui s'écria
en apprenant la mort du prince : « Quel malheur ! c'était le
seul homme de cœur de la famille ! »

Douze années avaient passé sur la dernière scène de ce drame
sanglant, lorsque, en 1816, Louis XVIII ordonna que le corps
du duc d'Enghien serait exhumé, et déposé, avec les honneurs
dûs à son rang, dans la chapelle du château de Vincennes. Voici
le procès-verbal rédigé par les commissaires désignés pour diriger cette opération :

« Nous sommes, disent les commissaires, descendus dans
les fossés, accompagnés des personnes ci-dessus dénommées,
auxquelles s'étaient joints le sieur Godard et le nommé Bonnelet, ces deux derniers nous ont conduits à la place qu'ils
nous avaient indiquée dans leur déclaration, au pied du pavillon de la reine, et Bonnelet s'est mis au nombre des tra-
vailleurs.

» Nous avons cru devoir, pour plus de sûreté, faire découvrir le terrain dans une étendue de dix pieds sur douze envi-

ron ; et au bout d'une heure et demie de travail, la fouille étant
à peu près à quatre pieds de profondeur, on a découvert le
pied d'une botte, et dès ce moment, nous avons été assurés
du succès de nos recherches.

» **MM.** Héricart de Montplaisir, Delacroix, Guérin et Bon-
nie, médecins, sont descendus dans la fosse, et ont pris personnellement la direction des travaux qui ont été continués
avec les plus grandes précautions.

» Après s'être assurés de la direction dans laquelle le
corps était posé, ils se sont occupés de retirer, avec les plus
grands ménagements et par parcelles, la terre qui le recou-
vrait.

» Ils ont constaté que le premier objet découvert, le pied
d'une botte, contenait des ossements qu'ils ont reconnus pour
être ceux du pied droit, et ils les ont recueillis.

« Ils ont, ensuite, découvert le tiers inférieur des os de la
jambe à laquelle appartenait le pied.

» En continuant les travaux, ils ont mis à découvert le
coude du bras gauche, ce qui leur a fourni une indice de plus
sur la direction du corps, et leur a fait juger, d'après l'élévation plus grande des pieds, que le corps et la tête devaient
être plus profondément placés.

» Ils ont fait creuser sur l'un des côtés de la direction du
corps, de manière à le pouvoir découvrir ensuite, au devant
d'eux, partie par partie.

» Ils ont d'abord procédé à la recherche de la tête, qu'ils
ont trouvée brisée.

» Parmi les fragments, la mâchoire supérieure, entièrement séparée des os de la face, était garnie de douze
dents.

» La mâchoire inférieure, fracturée dans sa partie
moyenne, était partagée en deux et ne présentait plus que
trois dents.

» Dans la terre qui avoisinait les os du crâne, il a été trouvé des cheveux.

» Les médecins ont acquis la certitude que le corps était à plat sur le ventre, la tête plus basse que les pieds.

» Ils ont ensuite découvert et enlevé successivement les vertèbres du cou avec une chaîne d'or, l'omoplate gauche, le bras et la main gauches ; le reste de la colonne vertébrale, l'omoplate droite, le bras droit et la main allongée parallèlement au corps ;

» Le bassin, dont l'os de la hanche gauche présentait au-dessus de la cavité qui reçoit l'os de la cuisse, une fracture avec une échancrure circulaire ; les os de la cuisse, de la jambe et du pied du côté gauche, parfaitement en rapport entre eux, mais la cuisse écartée en dehors, et la jambe fléchie en dedans sur la cuisse ;

» Enfin, les os de la cuisse et de la jambe du côté droit.

» Tous ces ossements étaient complétement privés de parties molles et généralement bien conservés.

» On a recueilli également des débris de vêtements parmi lesquels se trouvent les deux pieds de bottes, et des morceaux de la casquette du prince, portant encore l'empreinte d'une balle qui les avait traversés. Ces débris, ainsi que la terre recueillie autour du corps, ont été réunis aux ossements et placés dans un cercueil de plomb.

» Au fur et à mesure qu'on procédait à cette opération, on a également découvert :

» 1° Une chaîne d'or avec son anneau, que M. le chevalier Jacques a reconnu pour être celle que le prince portait habituellement, et qui, en effet, a été trouvée près de ses vertèbres verticales. Cette chaîne et les petites clés de fer qui accompagnent le cachet d'argent mentionné ci-dessous, avaient été annoncées d'avance par M. le chevalier Jacques, le fidèle compagnon d'armes de monseigneur le duc d'Enghien, qui s'est enfermé avec lui dans la citadelle de Strasbourg, et ne s'en est séparé que lorsque le prince a été amené à Paris, parce qu'il ne lui a pas été permis de le suivre ;

» 2° Une boucle d'oreille ; l'autre n'a pas été retrouvée ;

» 3° Un cachet d'argent, aux armes de Condé, encastré dans une aggrégation ferrugineuse, fortement oxidée et où on a reconnu une petite clé de fer ou d'acier ;

» 4° Une bourse de maroquin à soufflet, contenant onze pièces d'or et cinq pièces d'argent ou de cuivre ;

» 5° Soixante-dix pièces d'or, ducats, florins et autres, faisant probablement partie de ceux qui lui avaient été remis par M. le chevalier Jacques, au moment de leur séparation, enfermés dans des rouleaux cachetés en cire rouge dont on a trouvé quelques fragments.

» L'exhumation et les recherches terminées, les commissaires et les assistants sont remontés au château, le corps porté par des sous-officiers de la garde royale, escorté d'une garde d'honneur et suivi d'un grand concours de militaires de tous grades de la garnison du château. »

CONSPIRATION DU GÉNÉRAL MOREAU.

(**1804**)

Au commencement de 1804, la police parisienne était très active, par suite des complots récemment découverts, et qui annonçaient l'existence d'un vaste foyer d'intrigues contre le gouvernement consulaire. Le 6 février 1804, on arrêta à Paris un nommé Picot, domestique de Georges Cadoudal, et ancien chef de chouans, accusé de plusieurs crimes. On trouva sur lui des pistolets, un poignard, et comme il refusa de dire les motifs de son séjour à Paris, on pensa qu'on était dès lors sur la trace de personnages plus importants. Le lendemain, on arrêtait le nommé Bouvet de Lozier, qui tenta d'abord de corrompre les agents chargés de s'assurer de sa personne, et qui, n'ayant pu y parvenir, se livra dans sa prison au plus violent chagrin, et tenta de s'étrangler. Secouru à temps, il se montra disposé à faire d'importantes révélations, et fut conduit devant le ministre de la justice. Il s'exprima ainsi :

« Envoyé à Paris pour soutenir la cause des Bourbons, je me suis vu tout d'abord obligé de combattre pour Moreau. Le comte d'Artois (depuis Charles X) devait passer en France pour se mettre à la tête du parti royaliste. Moreau et Pichegru promettaient de se réunir à la cause des Bourbons. Les royalistes rendus en France, Moreau se rétracte; il leur propose de travailler pour lui, et de se faire nommer dictateur. »

Bouvet entre ensuite dans de longs détails; il développe tout le plan de la conspiration, et il termine en disant : « Je ne sais quel poids aura auprès de vous l'assertion d'un homme, arraché depuis une heure seulement à la mort qu'il s'était donnée lui-même, et qui voit devant lui celle qu'un gouvernement offensé lui réserve; mais je ne puis retenir le cri du désespoir, et ne pas attaquer un homme qui m'y réduit. »

A ces aveux, en succédèrent de plus étendus. En peu de temps, on s'empara de la plupart des conspirateurs; Georges lui-même fut arrêté, après avoir tué un des agents qui tentèrent de le saisir et en avoir blessé grièvement un autre. Il avoua, dès le premier interrogatoire qu'on lui fit subir, qu'il était venu à Paris pour attaquer à main armée le premier consul. Pichegru était à peu près le seul des fauteurs de ce redoutable complot dont on n'eût encore pu découvrir la retraite; quant à Moreau, quoiqu'on ne doutât pas de sa culpabilité, elle ne paraissait pas assez évidente pour arrêter un général dont le nom, bien que déchu dans l'opinion publique, réveillait pourtant de glorieux souvenirs. Napoléon disait à Sainte-Hélène :

« Il y avait quelque temps que la guerre avait recommencé avec l'Angleterre; tout-à-coup nos rivages, les grandes routes, la capitale se trouvèrent inondés d'agents des Bourbons. On en saisit un grand nombre; mais on ne pouvait encore pénétrer leurs motifs. Ils étaient de tous rangs, de toute couleur. Toutes les passions se réveillèrent; la rumeur devint extrême; l'opinion publique s'accumulait en véritable orage; la crise devenait des plus sombres. La police était aux abois, et ne pouvait rien obtenir. Ce fut ma sagacité qui me sauva. Me relevant dans la nuit, ainsi que cela m'était fort ordinaire, pour travailler, *le hasard qui gouverne le monde*, me fait jeter les yeux sur un des derniers rapports de la police, conte-

nant les noms de ceux qu'on avait déjà arrêtés pour cette affaire, dont on ne tenait encore aucun fil. J'y aperçus le nom
d'un chirurgien aux armées; je ne doutai pas qu'un tel homme
ne fût plutôt un intrigant qu'un fanatique dévoué. Je fis diriger aussitôt sur lui tous les moyens propres à obtenir un
prompt aveu;... alors, on connut toute la nature et l'étendue
du complot ourdi à Londres, et bientôt après on sut les intrigues de Moreau, la présence de Pichegru à Paris, etc., etc.
Je jugeai si bien, dans cette affaire, que quand Réal vint me
proposer d'arrêter Moreau, je m'y opposai sans hésiter. Moreau est un homme très important, lui dis-je; il m'est trop
directement opposé, j'ai un trop grand intérêt à m'en défaire
pour m'exposer ainsi aux conjectures de l'opinion. — Mais si
Moreau pourtant conspire avec Pichegru? continuait Réal. —
C'est alors bien différent, produisez-en la preuve, montrez-
moi que Pichegru est ici, et je signe aussitôt l'arrestation de
Moreau. »

Cette preuve que demandait le premier consul lui fut bientôt acquise. On arrêta alors Moreau, qui se renferma dans un
système complet de dénégation. Peu de jours après, Pichegru, trahi, vendu par un homme qu'il croyait son ami, tomba
aussi aux mains de la police. Ce général ne dit rien dans les
interrogatoires qu'on lui fit subir, qui pût compromettre aucun des individus impliqués dans la conspiration; et bientôt,
prévoyant le sort qui lui était réservé, il s'étrangla dans sa
prison.

Les débats de cette immense affaire s'ouvrirent le 11 mai
1804; quarante-sept accusés étaient sur les bancs; c'était Moreau, Georges Cadoudal, Bouvet de Lozier, Rusillion, Rochelle, les deux frères Polignac, d'Hosier, de Rivierre, Louis
Ducorps, Leridant, Picot, Couchery, Rolland, le général Lajolais, l'abbé David, Roger, Hervé, Lenoble, Coster, Lagri-
maudière, Deville, Gaillard, Noël Ducorps, Joyaut, Datry,
Burban, Lemercier, Pierre-Jean Cadoudal, Liban, Even, Me-

rille, Gaston, Troche, Michel-Joseph-Pierre Monnier et sa femme, Denand et sa femme, Verdet et sa femme, fille Hisay, Spin, Dubuisson et sa femme, Caron, Gallais et sa femme.

La mort du duc d'Enghien, celle de Pichegru, les dangers auxquels on venait d'échapper, la persuasion où étaient beaucoup de personnes, que la conspiration avait été supposée dans un dessein criminel, avaient fixé l'attention de tous les esprits et fait attendre avec impatience les débats d'un procès dont les incidents offriraient un intérêt puissant, et dont le dénouement, quoique prévu, suspendait toutes les opinions, quelle que fût leur différence, entre la crainte et l'espoir. Les amis des accusés n'avaient pas manqué de remuer les émotions de la multitude toujours étonnée et dans l'admiration devant des hommes célèbres, soit par leurs vertus, soit par leurs crimes, ou par la hardiesse de leurs conceptions et l'audace de leurs projets. Mais c'était sur Moreau surtout, que s'arrêtaient tous les regards ; la franchise dédaigneuse de Georges Cadoudal, la jeunesse et la loyauté de Jules de Polignac, pouvaient à peine distraire l'attention concentrée sur un général dont le bras avait sauvé la France. On se rappelait que d'ordinaire ses triomphes n'avaient été récompensés que par la défaveur ; on avait répandu que Bonaparte demandait la mort de Moreau, et qu'après l'avoir obtenue, il voulait humilier ce général en lui faisant *grâce*. Tant de motifs avaient réveillé la reconnaissance populaire ; les dispositions de la multitude effrayèrent momentanément Napoléon, et une garde imposante veilla pendant toute la durée du procès, aux portes du Palais-de-Justice, où la foule se précipitait.

La lecture de l'acte d'accusation, basé sur les révélations de Bouvet, dura six heures et remplit toute la première séance. A l'ouverture de la séance du 12, on commence à procéder à l'audition des témoins ; le premier entendu est une dame Saint-Léger qui avait loué à Bouvet de Lozier une maison à Chaillot dans laquelle Moreau, Pichegru et Georges Cadoudal avaient eu une entrevue, ainsi que l'avait déclaré Bouvet, déclaration confirmée depuis par Armand Polignac dans un de ses interrogatoires. Le président demande à Bouvet s'il persiste dans sa première déclaration.

— J'y persiste, répond ce dernier. J'avais cru alors que le général Moreau avait donné son adhésion au plan dont j'ai fait part dans mon interrogatoire. Depuis, d'après les pièces qui m'ont été fournies, je me suis convaincu que le général Moreau n'avait pas donné son adhésion à ce plan ; que la bonne foi du prince avait été trompée par quelques intrigants qui l'entouraient.

Interrogé sur le même fait, Armand Polignac répond : « Relativement à ce qu'il y a dans ma déclaration, concernant le général Moreau (son entrevue à Chaillot avec Georges et Pichegru), c'est un ouï-dire ; je n'ai fait que l'entendre dire, et je ne puis bien assurer tout cela. »

L'audience du 13 commence par l'interrogatoire de l'accusé Couchery ; il en résulte que ce dernier a été prendre Pichegru à Chaillot, et l'a conduit chez Moreau, où ces deux généraux ont eu une conférence. Moreau convient de ce fait, mais il soutient qu'il n'a pas été question de complot dans cette entrevue.

— « Il eut été ridicule, dit-il, de proposer à Pichegru de tenter quelque chose ; d'un autre côté, il eût été encore plus ridicule de proposer à des royalistes prononcés et attachés à la maison de Bourbon, de faire un mouvement royal pour me donner l'autorité. Cela eût été du dernier ridicule. Ensuite, si je voulais faire un mouvement pour moi, où sont mes complices ? où sont ceux que j'ai séduits, que j'ai voulu séduire ? je ne vois personne, je ne connais personne dans le sénat, ni au conseil d'état ; j'ai renoncé, depuis que la paix est faite, à toute correspondance dans l'armée, dans les autorités constituées, je ne vois personne à Paris. Où sont mes projets royalistes depuis 1789 ?.....

» Si j'avais voulu prétendre à l'autorité, j'avais une meilleure occasion : on m'a offert la dictature en France, avant Bonaparte, et je l'ai refusée.....

» Si Pichegru était protecteur des princes français, il est certain que nous n'étions pas d'accord ; ensuite, supposé que j'aie voulu prendre ce parti-là pour m'en faire un, cela est si ridicule et si absurde, que je ne pense pas qu'il y ait un seul homme qui y ajoute la moindre foi... Comme depuis dix ans que je fais la guerre, je n'ai jamais fait de choses ridicules, on voudra bien croire que je n'ai pas fait celle-là. »

A ces mots, la salle d'audience retentit d'applaudissements, et Georges voyant cet enthousiasme s'écrie :

« Moreau peut descendre du banc des accusés et monter aux Tuileries ! »

A l'ouverture de la neuvième séance, le 19 mai, Moreau ayant demandé et obtenu la parole, s'exprime ainsi :

« Messieurs, ma confiance dans les défenseurs que j'ai choisis est entière ; je leur ai livré sans réserve le soin de défendre mon innocence ; ce n'est que par leur voix que je veux parler à la justice ; mais je sens le besoin de parler moi-même à la nation.

» Des circonstances malheureuses, produites par le hasard et préparées par la haine, peuvent obscurcir quelques instants de la vie du plus honnête homme. Avec beaucoup d'adresse, un criminel peut éloigner de lui et les soupçons et les preuves de ses crimes ; une vie entière est toujours le plus sûr témoignage contre et en faveur d'un accusé. C'est donc ma vie entière que j'oppose aux accusateurs qui me poursuivent. Elle a été assez publique pour être connue. Je n'en rappellerai que quelques époques, et les témoins que j'invoquerai sont le peuple français, et les peuples que la France a vaincus. »

Ici, le général rappelle sa vie politique, les services qu'il a rendus au pays, et repousse les opinions que l'accusation lui suppose.

« Je le confesse, dit-il en terminant, né avec une grande franchise de caractère, je n'ai pu perdre cet attribut de la contrée de la France où j'ai reçu le jour, ni dans les camps où tout lui donne un nouvel essor, ni dans la révolution qui l'a toujours proclamée comme une vertu de l'homme et comme un devoir du citoyen. Mais ceux qui conspirent, blâment-ils si hautement ce qu'ils n'approuvent pas? tant de franchise ne se concilie guère avec les mystères et les attentats de la politique.

» Si j'avais voulu concevoir et suivre des plans de conspiration, j'aurais dissimulé mes sentiments et sollicité tous les emplois qui m'auraient replacé au milieu des forces de la nation. Pour me tracer cette marche, au défaut d'un génie politique que je n'eus jamais, j'avais des exemples connus de tout le monde, et rendus imposants par des succès. Je savais bien peut-être que *Monk* ne s'était pas éloigné des armées, lorsqu'il avait voulu conspirer, et que Cassius et Brutus s'étaient rapprochés du cœur de César pour le percer.

» Magistrats, je n'ai plus rien à vous dire; tel a été mon caractère, telle a été ma vie entière. Je proteste à la face du ciel et des hommes de mon innocence : vous savez vos devoirs; la France vous écoute; l'Europe vous contemple. »

Des trois défenseurs de Moreau, un seul, Me Bonnet porta la parole, et quoique remarquable, sa plaidoirie fut loin de produire l'effet des quelques phrases prononcées avec tant de chaleur par le général lui-même. Les défenseurs des autres accusés ayant été ensuite successivement entendus, les débats furent clos et la cour entra en délibération, le 9 juin 1804.

Dès ce moment, il se manifesta une grande agitation autour de Napoléon qui était alors à Saint-Cloud; des personnages haut placés et fort influents firent de fréquentes démarches auprès du président de la cour criminelle, et des courriers étaient expédiés à chaque instant du parquet à Saint-Cloud, *et vice versá*. Le président ayant recueilli les voix relativement au général accusé, il s'en trouva sept pour l'acquittement, et cinq pour la condamnation à mort. Aussitôt, Thuriot, commissaire du gouvernement, insista pour que les votes fussent de nouveau exprimés; il dit que l'acquittement du général serait le signal de la guerre civile, tandis que sa condamnation concilierait tout, puisque grâce pleine et entière lui serait octroyée sur-le-champ.

« — Mais nous, s'écria un des juges nommé Clavier, qui nous la donnera notre grâce? »

La délibération dura seize heures; enfin, le 10 juin, à quatre heures du matin, la cour rentra en séance, et le président prononça l'arrêt portant que :

« De l'instruction et des débats il résulte qu'il a existé une conspiration tendant à troubler la République par une guerre civile, en armant les citoyens les uns contre les autres, et contre l'exercice ou l'autorité légitime.

» Que *Georges Cadoudal*, *Bouvet de Lozier*, *Rusillion*, *Rochelle*, *Armand Polignac*, *d'Hozier*, *de Rivierre*, *Ducorps*, *Picot*, *Lajolais*, *Roger*, *Coster*, *Deville*, *Gaillard*, *Joyaut*, *Burban Lemercier*, *Cadoudal*, *Liban*, *Merille*, sont convaincus d'avoir pris part à cette conspiration, qu'ils l'ont fait dans le dessein du crime ;

» Condamne les susnommés à LA PEINE DE MORT.

» Attendu que *Jules Polignac*, *Leridant*, *Jean-Victor Moreau*, *Rolland*, sont coupables d'avoir pris part à ladite conspiration ;

» Mais qu'il résulte de l'instruction et des débats des circonstances qui les rendent excusables ;

» La cour réduit la peine encourue par les susnommés à une punition correctionnelle; en conséquence, les condamne chacun à DEUX ANNÉES D'EMPRISONNEMENT. »

Napoléon, sur la demande de madame Moreau, permit au général de se rendre aux Etats-Unis d'Amérique, à la condition qu'il ne rentrerait jamais en France sans l'autorisation du gouvernement. Moreau partit aussitôt, et alla s'embarquer à Cadix. Napoléon fit également grâce à Bouvet de Lozier, Rochelle, Rusillion, Polignac, d'Hozier, de Rivierre, Lajolais et Gaillard. Les douze autres furent exécutés sur la place de Grève, le 24 juin 1804, et tous montrèrent jusqu'au dernier moment le plus grand courage.

Moreau vivait paisiblement depuis huit ans dans la retraite qu'il avait choisie, lorsque le bruit des désastres de l'armée française en Russie, arriva jusqu'à lui.

« — Cet homme couvre de honte et d'opprobre le nom français s'écria-t-il alors en parlant de Napoléon ; son ignorance égale sa folie ! »

Il était dans cette disposition d'esprit lorsque arriva près de lui un émissaire de l'empereur Alexandre qui parvint à déterminer le général à prendre les armes contre Napoléon. Moreau s'embarqua alors secrètement, et il arriva, vers la fin de juillet 1813 à Gothembourg, d'où il se rendit à Prague où étaient réunis l'empereur de Russie, l'empereur d'Autriche et le roi de Prusse.

Comblé de faveurs et d'éloges par ces monarques, Moreau contracta l'engagement de diriger les opérations de l'armée des alliés contre la France ; on ajoute même, qu'il dressa le plan de cette fameuse campagne de 1813, si funeste à la patrie. Il paraît néanmoins que des remords tardifs vinrent troubler sa conscience, alors qu'il se trouva réuni à ceux dont tant de fois il avait humilié les drapeaux, et qu'il allait maintenant aider à marcher à la victoire contre ses compatriotes, contre ces vétérans, compagnons de sa gloire, et indignés de le voir au milieu des étrangers.

Le 27 août 1813, au moment où Moreau, accompagnant l'empereur de Russie, observait les mouvements de l'armée française sous les murs de Dresde, et alors que le feu de l'artillerie commençait à s'engager, un des premiers boulets partis de nos rangs atteignit le général transfuge, lui broya le genou droit, et traversant le cheval, lui emporta le mollet de la jambe gauche. Relevé sur-le-champ, Moreau fut l'objet des soins les plus empressés ; mais la blessure était mortelle, et il expira après cinq jours d'horribles souffrances.

Beaucoup de gens voulurent voir dans ce déplorable événement le doigt de Dieu ; les plus sages en conclurent que la haine et la vengeance sont mauvaises conseillères, et que la faveur des grands de la terre est impuissante à faire oublier une mauvaise action.

CONSPIRATION DE MALET.

(1812.)

Né à Dôle (Jura) le 28 juin 1754, de parents nobles, Malet fit, bien jeune encore, ses premières armes dans les mousquetaires. De retour dans ses foyers en 1792, il fut nommé commandant du premier bataillon de volontaires que son département envoya aux frontières. Son courage et ses talents militaires lui valurent un avancement rapide, et, en 1799, il commandait, comme général de brigade, une division sous les ordres du général Championnet.

Malet, partisan enthousiaste de la révolution n'avait pas vu sans chagrin Bonaparte arriver au consulat, et dès lors, il conçut le projet de renverser le pouvoir de ce nouveau maître sous la volonté duquel la majorité des Français avait courbé la tête. Une première tentative faite par lui en 1808, lors du commencement de la guerre d'Espagne, échoua complétement; arrêté ainsi que cinquante-sept de ses complices, Malet fut enfermé à Vincennes comme prisonnier d'état; mais, malgré cet échec, il redoubla d'ardeur et de persévérance. Enfin au mois d'octobre 1812, Malet et les autres conjurés crurent que le moment était venu de frapper un grand coup;

25

Napoléon et son armée, à huit cents lieues de Paris, laissaient un champ libre à leurs desseins.

Malet, à cette époque, avait obtenu d'être transféré, pour cause de santé, de la prison où il était détenu, à la maison de santé du docteur Belhomme, près de la barrière du Trône. Là, il avait fabriqué un *sénatus-consulte* destiné à être lu aux troupes et aux ministres et grands fonctionnaires qu'il se proposait d'arrêter. Les signatures apposées au bas de cette pièce, et le sceau du sénat, dont elle était revêtue, étaient si parfaitement imités, que le soupçon ne pouvait être éveillé. Cette pièce était ainsi conçue :

SÉNAT CONSERVATEUR.

(Séance du 22 octobre).

La séance s'est ouverte à huit heures du soir, sous la présidence du sénateur *Sieyes*.

Le Sénat réuni s'est fait donner lecture du message qui lui annonce la mort de l'empereur Napoléon, qui a eu lieu sous les murs de Moscou, le 7 de ce mois.

Le Sénat, après avoir mûrement délibéré sur un événement aussi inattendu, a nommé une commission pour aviser, séance tenante, aux moyens de sauver la patrie des dangers imminents qui la menacent ; et, après avoir entendu le rapport de la commission, a décrété ce qui suit :

ARTICLE 1er. Le gouvernement impérial n'ayant pas rempli l'espoir de ceux qui en attendaient la paix et le bonheur des Français, ce gouvernement et ses institutions sont abolis.

ART. 2. Ceux des grands dignitaires civils et militaires qui voudraient user de leurs pouvoirs et de leurs titres pour entraver la régénération publique sont mis *hors la loi*.

ART. 3. La Légion-d'Honneur est conservée ; les croix et les grands-cordons sont supprimés.

Les légionnaires ne porteront que le ruban en attendant que le gouvernement ait déterminé un mode de récompense nationale.

Art. 4. Il est établi un *gouvernement provisoire* composé de *quinze membres,* dont les noms suivent :

MM. le général *Moreau,* président ; *Carnot,* ex-ministre, vice-président ; le général *Augereau; Bigonet,* ex-législateur; *Florent Guyot,* ex-législateur ; *Frochot,* préfet du département de la Seine ; *Destutt-Tracy,* sénateur ; *Jacquemont,* ex-tribun ; *Lambretchs,* sénateur ; *Montmorency (Matthieu) ; Malet,* général ; *Noailles (Alexis); Truguet,* vice-amiral ; *Volney,* sénateur ; *Garat,* sénateur.

Art. 5. Le gouvernement est chargé de veiller à la sûreté intérieure et extérieure de l'Etat ; de traiter immédiatement de la paix avec les puissances belligérantes ; de faire cesser les malheurs de l'Espagne ; de rendre à leur indépendance les peuples de Hollande et d'Italie.

Art. 6. Il fera présenter, le plus tôt possible, un projet de constitution à l'acceptation du peuple français, réuni en assemblées primaires.

Art. 7. Il sera envoyé une députation au pape Pie VII, pour le supplier, au nom de la nation, d'oublier les maux qu'il a soufferts, et pour l'inviter à venir à Paris avant de retourner à Rome.

Art. 8. Les ministres cesseront leurs fonctions ; ils remettront leurs portefeuilles à leurs secrétaires généraux. Tout acte subséquent de leur part les mettrait *hors la loi.*

Art. 9. Les fonctionnaires publics, civils, judiciaires et militaires continueront leurs fonctions ; mais tout acte qui tendrait à entraver la nouvelle organisation les mettrait *hors la loi.*

Les *art. 10, 11, 12, sont relatifs aux gardes nationales et à la garde du nouveau gouvernement.*

Art. 13. Il est accordé une amnistie générale pour tous

lès délits provenant d'opinions politiques et délits militaires,
même de désertion à l'étranger. Tout émigré, déporté ou dé-
serteur qui voudra rentrer en France, d'après cette disposition, sera seulement tenu de se présenter à la première municipalité frontière pour y faire sa déclaration, et recevoir un
passeport pour le lieu qu'il désignera.

ART. 14. La mise hors la loi, outre les peines corporelles,
entraîne la confiscation des propriétés.

ART. 15. La liberté de la presse est rétablie, sauf la responsabilité.

ART. 16. Le général *Lecourbe* est nommé commandant en
chef de l'armée centrale, qui sera assemblée sous Paris, au
nombre de cinquante mille hommes.

ART. 17. Le général Malet remplacera le général Hulin
dans le commandement de la place de Paris, ainsi que de la
première division militaire. Il pourra nommer les officiers
généraux et d'état-major qu'il croira nécessaires pour le seconder.

Il est particulièrement chargé de faire réunir les membres
du gouvernement provisoire, de les installer, de veiller à leur
sûreté, de prendre toutes les mesures de police qui lui paraî-
tront urgentes, et d'organiser leur garde.

Il est autorisé à donner des gratifications à ceux des citoyens et militaires qui le seconderont, et qui se distingue-
ront, dans cette importante circonstance, par leur dévouement à la patrie.

Il est à cet effet mis à sa disposition une somme de *quatre
millions,* à prendre sur la caisse d'amortissement.

ART. 18. Il sera fait une adresse au peuple français et aux
armées, pour leur faire connaître les motifs qui ont déterminé le Sénat à changer le mode du gouvernement, à les
rendre à leurs droits si souvent violés, et à les rappeler à leurs
devoirs trop longtemps oubliés. Il se dévoue pour la patrie :
il a l'espoir qu'il sera courageusement secondé par les citoyens

et par les armées, pour rendre la nation à l'indépendance,
à la liberté et au bonheur.

ART. 19. Le présent sénatus-consulte sera proclamé sur-
le-champ, dans Paris, à la diligence du général Malet, et
envoyé dans tous les départements et aux armées, par le gouvernement provisoire.

Signé SIEYES, président ;
LANJUINAIS, GRÉGOIRE, secrétaires.

A la suite de cet acte venait un *ordre du jour* de Malet,
portant en substance que Napoléon ayant été tué sous les
murs de Moscou, et toutes les mesures ayant été prises pour
sauver les restes de l'armée, le Sénat avait saisi cette circonstance pour secouer la tyrannie sous laquelle la France gémis-
sait depuis trop longtemps ; qu'il avait établi un gouvernement provisoire ; qu'en conséquence, les troupes devaient se
tenir sous les armes dans leurs casernes, prêtes à marcher
au premier ordre du général Malet, choisi par le Sénat pour
remplacer comme gouverneur de Paris, le général comte
Hulin.

Une proclamation, rédigée dans le même sens, fut imprimée à un grand nombre d'exemplaires.

Le 23 octobre, après avoir passé la soirée à jouer avec le
plus grand calme dans la maison de santé, le général Malet
et quatre autres détenus ses complices parvinrent à sortir de
cette maison sans être vus ; ils se rendirent chez un prêtre
espagnol, où se trouvaient les uniformes et les armes nécessaires. A deux heures du matin, Malet, en grand uniforme,
se présenta à la caserne des Minimes, accompagné d'un caporal nommé Rateau, dont il avait fait son aide-de-camp ; il
lut au commandant le *sénatus-consulte*, et requit douze cents
hommes qui furent mis immédiatement à sa disposition ; de
là, il se rendit chez le chef de la dixième cohorte de la garde
nationale, qui mit également cette cohorte à sa disposition.

Malet à la tête de ces troupes se rendit à la prison de la Force, et là, toujours en vertu du sénatus-consulte dont il donna lecture au concierge, il fit mettre en liberté les généraux Guidal et Lahory, et un Corse nommé Boccheiampe tous trois détenus depuis longtemps comme prisonniers d'état. Malet divisa alors les troupes sous ses ordres en quatre détachements; il garda le commandement d'un de ces détachements; chacun des prisonniers qu'il venait de faire mettre en liberté, prit le commandement d'un des trois autres détachements. Guidal et Lahory se rendirent au ministère de la police générale, où ils arrêtèrent le duc de Rovigo qui avait alors le portefeuille de ce département, et le chef de la première division. Dans le même temps, un nommé Boutreux arrivait à la préfecture de police, arrêtait et faisait conduire à la prison de la Force, le préfet qui était alors M. Pasquier, depuis garde-des-sceaux, et aujourd'hui chancelier de la Chambre des pairs.

De son côté, Malet, à la tête de cent cinquante hommes, se dirigeait vers l'état-major de la place, dans l'intention de s'emparer du commandant de la place, qui devait aussi être conduit en prison, s'il refusait de signer un ordre du jour qui devait faciliter les opérations projetées. Le comte Hulin ayant opposé une résistance énergique, et refusant positivement d'obéir au prétendu sénatus-consulte, Malet lui tira, à bout portant, un coup de pistolet qui lui brisa la mâchoire; puis, croyant l'avoir tué, il se rendit à l'état-major général. Là, le commandant Laborde lui opposa la même résistance; une lutte s'engagea, et Laborde parvint à se rendre maître du général qui se vit abandonné sur-le-champ des soldats qui l'avaient suivi.

Mais déjà, le ministre de la guerre et Cambacérès, l'archichancelier, étaient avertis par le comte Réal de ce qui se passait; ce qui ne serait pas arrivé si Lahory avait mis plus de diligence à exécuter les ordres de Malet et s'était rapidement emparé de tous les dignitaires ayant qualité pour convoquer les grands corps de l'Etat. A dix heures du matin, tout était fini : les conspirateurs, au nombre de vingt-quatre, étaient arrêtés; c'était les généraux Malet, Guidal et Lahory, Soulier, commandant la dixième cohorte des gardes nationales; Gomont, sous-lieutenant à la dixième cohorte; Piquerel, adjudant major à la même cohorte; Fessard, lieutenant à la même cohorte; Lefebvre, sous-lieutenant à la même cohorte; Steenhouver, capitaine à la même cohorte; Régnier, lieutenant à la même cohorte; Lebis, lieutenant à la même cohorte; Boccheiampe, prisonnier d'état; Limozin, adjudant sous-officier au régiment d'infanterie de la garde de Paris; Godard, capitaine au même régiment; Beaumont, lieutenant au même régiment; Julien, sergent-major au même régiment; Bordericux, capitaine au même régiment; Caron, adjudant sous-officier au même régiment; Rouff, capitaine au même régiment; Rabbe, colonel du même régiment; Provost, lieutenant à la dixième cohorte; Viallevielhe, adjudant sous-officier au régiment de la garde de Paris; Caumette, sergent-major au même régiment; Rateau, caporal au même régiment.

Quatre jours après, le 28 octobre, ces vingt prévenus furent traduits devant une commission militaire, présidée par le général comte Dejean. Interrogé le premier, Malet répond avec beaucoup de calme; il avoue sans difficulté tous les faits qui lui sont imputés; reconnaît les pièces pour les avoir fabriquées, et les armes dont il a fait usage.

Lahory prétend qu'il n'a eu connaissance du sénatus-consulte que lorsqu'on l'a extrait de la prison de la Force et dit qu'il a cru obéir à un gouvernement régulièrement établi :

« J'avais vu, dit-il, le 18 brumaire, une révolution qui s'était faite de la même manière. En effet, un grand nombre de troupes obéissait au général Malet, non pas comme un rassemblement tumultueux, mais comme une troupe accoutumée à obéir à un gouvernement qui ne se croit pas dans un état de fausse position ; tous les officiers qui sont ici peuvent l'attester : il n'y avait rien qui supposât dans ce corps la moindre hésitation, le moindre doute ; ils obéissaient comme on obéit communément. Paris était dans un état de tranquillité absolue. Il était grand jour : j'ai pu traverser Paris avec quelques compagnies, aller à l'Hôtel-de-Ville et à la police sans rencontrer le moindre obstacle. D'autres troupes passaient à droite et à gauche, dans tous les sens, sans faire la moindre opposition.

» J'ai pu me tromper ; j'ai pu croire le Sénat assemblé ; j'ai pu croire qu'il formait un gouvernement nouveau ; je me suis trompé. Demandez à un corps entier d'officiers qui sont ici ; je ne doute pas de leur bonne foi à tous : ils étaient dans un état de crédulité absolue. Si l'on veut se servir de la supposition de talents et de mérite pour dire que je ne me suis pas trompé, c'est abuser contre moi de l'erreur dans laquelle un homme peut se jeter. »

Ce système de défense est aussi celui de tous les autres accusés, et particulièrement du commandant Soulier, qui déclare que son émotion était telle, qu'il n'a rien compris à ce qu'on lui voulait ; sinon, que le général Malet était revêtu de grands pouvoirs et qu'il devait lui obéir.

« — Tout ce que dit le commandant est vrai, dit Malet ; lorsque je suis arrivé près de lui, je l'ai trouvé au lit, malade ; pendant le peu de temps que j'ai resté là, il a changé deux fois de linge ; j'ai demandé que l'on fît prendre les armes à la cohorte pour lire le sénatus-consulte, l'ordre du jour et d'autres actes. Là, il a fait venir l'adjudant major, et lui a dit de faire prendre les armes, de mettre la cohorte à ma disposition quand les actes seraient lus. Puisque j'avais donné les ordres à M. le commandant de faire marcher la cohorte, c'était dans mon ordre écrit, M. le commandant se trouvait

sous mes ordres, aussi bien que si j'avais été un général envoyé par le Sénat : j'en jouais le rôle dans ce moment-là ; il
devait m'obéir, parce que je me serais fait obéir s'il ne l'a-
vait pas fait. »

Tant que durent les débats, Malet saisit avidement toutes
les occasions de défendre ses coaccusés en assumant sur lui
seul, la terrible conséquence des faits qu'il reconnaît comme
constants.

L'interrogatoire terminé, la parole est donnée aux accusés
et à leurs défenseurs.

« — Accusé Malet, dit le président, vous avez la parole. »

Malet se lève, et d'une voix calme, sans forfanterie et sans
hésitation, il dit :

« Un homme qui s'est constitué le défenseur des droits
de son pays n'a pas besoin de défense ; il triomphe ou il
meurt. »

Le caporal Rateau est le dernier entendu ; il dit qu'il est
tombé dans le piége qu'on lui avait tendu. Aussitôt, Malet se
lève.

« — Président, dit-il, la défense de M. Rateau me regarde plus personnellement que la mienne. M. Rateau est
venu dans la maison de santé où j'étais, y voir un ami de son
pays ou bien un parent ; je crois qu'on m'avait dit un parent.
Je l'ai vu là quatre ou cinq fois : il s'est trouvé une circonstance où son ami me dit : Si vous pouvez, tâchez par vos
connaissances de le faire avancer, vous me rendrez un service personnel. La circonstance s'est présentée : sans rien dire
à M. Rateau, je lui ai demandé s'il avait bien envie de s'a-
vancer ; il me dit que c'était l'envie de tous les militaires,
et qu'il ne servait que pour cela. Je lui dis : Mon ami, l'occasion s'en présentera peut-être, je vous le dirai. Le soir où
je l'ai rencontré, je lui ai dit que j'étais chargé par le *Sénat*
de mettre à exécution des ordres, et que s'il voulait être mon
aide-de-camp, je lui donnerais l'avancement que j'avais pro-

mis. Il a accepté ; les choses s'ensuivirent. Il est venu avec
moi dans la maison ; il a mis l'uniforme d'aide-de-camp : il
ne savait pas venir pour autre chose. Voilà la vérité pour
Rateau. »

Les débats étant clos, les membres de la commission se retirent dans la chambre de leurs délibérations ; ils en sortent à
quatre heures du matin, et le président prononce un arrêt qui
condamne à la peine de mort Malet, Lahory, Guidal, Soulier,
Steenhouver, Borderieux, Piquerel, Lepars, Régnier, Beaumont, Rateau, Rabbe, Boccheiampe, et déclare leurs biens
confisqués.

Par le même arrêt, tous les autres accusés sont acquittés.

Après le prononcé de l'arrêt, on fait rentrer dans la salle
d'audience les six condamnés Malet, Rabbe, Soulier, Piquerel, Borderieux et Lefebvre.

« — Vous avez manqué à l'honneur, leur dit le président ;
en conséquence, je déclare, au nom de la Légion-d'Honneur,
que vous avez cessé d'en être membres. »

Malet sourit dédaigneusement ; mais il est le seul qui continue à se montrer ferme et digne ; tous les autres se livrent
au plus violent désespoir. Reconduits à la prison, ils y furent
suivis de près par le greffier qui vint leur donner lecture de
l'arrêt au milieu de la garde assemblée. On leur apprit en
même temps que l'exécution aurait lieu ce même jour à quatre heures de l'après-midi.

Dès ce moment, tous les condamnés furent vivement solli-
cités ; on leur promit sinon grâce pleine et entière, au moins,
une commutation de peine, dans le cas où ils voudraient livrer
le secret de la conspiration, car on ne pouvait croire, et il
était véritablement incroyable qu'un homme comme Malet,
privé de sa liberté, manquant d'argent, eût à lui seul mis
ainsi le gouvernement impérial à deux doigts de sa perte. On
savait d'ailleurs que Malet, bien que prisonnier, avait constamment reçu, par des voies inconnues, des nouvelles de la

Grande-Armée, et des renseignements de la plus haute importance. Mais Malet repoussa toutes les ouvertures qui lui furent faites, et, soit que ses compagnons eussent honte de racheter leur vie par une perfidie, soit qu'ils ignorassent le secret qu'on leur demandait, ce qui est plus probable, ils ne firent aucune révélation.

Vers trois heures de l'après-midi, les treize accusés furent extraits de la prison; on les fit monter en voiture, et on les dirigea sous une imposante escorte de cavalerie, vers la plaine de Grenelle où ils devaient être fusillés. Le cortége avait déjà parcouru plusieurs rues lorsqu'un officier d'ordonnance le joignit et lui fit faire halte. Cet officier était porteur d'un ordre de sursis signé de l'impératrice régente, en faveur du colonel Rabbe et du caporal Rateau. Ces deux condamnés furent, en conséquence, ramenés à la prison, et les onze autres continuèrent leur chemin.

Le courage et le sangfroid qu'avait montrés Malet ne l'abandonnèrent pas un seul instant; à la sérénité de son visage, au feu de ses regards, on aurait dit un héros qui se dévoue volontairement pour le salut commun; ayant aperçu, dans la rue de Grenelle, un groupe d'étudiants qui paraissaient profondément attristés, il se pencha par la portière ouverte, et leur dit d'une voix forte : « *Jeunes gens, souvenez-vous du 23 octobre!* » Enfin, le cortége arriva sur le lieu choisi pour l'exécution.

Malet refusa de se laisser bander les yeux, et il demanda à commander le feu, ce qui lui fut accordé; alors d'une voix ferme et bien accentuée, il commença :

« Peloton! portez arme! »

Les soldats vivement émus à l'approche de la péripétie de ce drame terrible, font le mouvement commandé; mais ils l'exécutent mal, et sans ensemble.

« C'est mauvais! s'écrie Malet, il faut tâcher de vous

persuader que vous êtes devant l'ennemi.... Recommençons
cela... Au temps!.... Portez arme! »

Cette fois le mouvement fut plus régulier.

« C'est moins mal, dit le général, mais ça n'est pas encore
bien ; cependant nous nous en contenterons... Attention
pour le reste, et que vos fusils ne fassent entendre qu'un
seul coup.... Il est bien que vous puissiez voir comment
meurent de braves gens..., Attention! »

Et pendant près d'un quart d'heure, l'intrépide général
continua de la sorte, faisant recommencer jusqu'à trois fois
le même temps. Peut-être même cela eût-il duré plus
longtemps, car personne ne songeait à l'interrompre ; mais
Malet ayant jeté un regard sur ses compagnons d'infortune,
eut pitié de l'état déplorable dans lequel se trouvaient la
plupart d'entre eux ; plusieurs s'étaient évanouis, et ce n'é-
tait pas les plus à plaindre ; d'autres étaient agités de mouvements convulsifs horribles.

« Et pourtant, dit le général en levant les épaules, il est
certain que ces gens là seraient morts bravement sur le champ
de bataille ! »

Puis il reprit le commandement, qui cette fois fut rapide,
et au mot feu ! dix des condamnés tombèrent pour ne plus
se relever ; Malet seul resta encore debout pendant quelques
secondes, bien qu'il eût le corps traversé de plusieurs balles,
puis il tomba comme les autres, emportant dans la tombe le
secret de cette incroyable conspiration qui avait été si près de
changer la face du monde, et dont l'histoire n'offre pas
d'exemple.

LE CHEVALIER DE GOUAULT.

(1814):

Vers la fin de janvier 1814, la plus grande partie de la France était envahie, et malgré les victoires de Saint-Dizier, de Brienne et de la Rothières, les alliés continuaient de se porter, à marches forcées, sur la capitale.

Le 3 février, Napoléon arrive à Troyes, et va loger dans une maison appartenant à un négociant, M. Duchâtel-Berthelin. Les nouvelles qu'il reçoit de Paris sont loin d'être rassurantes. Le duc de Rovigo, ministre de la police, l'instruit des sourdes menées tramées contre lui et son gouvernement au sein même de la capitale ; et il est bien forcé de le dire à l'Empereur, ceux qui trahissent ainsi la patrie ne sont pas des hommes avec lesquels il a pu se montrer indifférent ou sévère, ce sont quelques grands dignitaires de l'Empire et de hauts fonctionnaires, dans la maison impériale, tous comblés par lui de faveurs et de richesses. Savary nomme les coupables, mais Napoléon se contente de répondre à ceux qui penchent pour les moyens répressifs : « Que voulez-vous ?... Ils sont devenus fous ! »

Trois jours après (le 6) il évacua Troyes pour couper la route de Paris à l'ennemi. Les vieilles murailles de l'ancienne capitale de la Champagne lui ont semblé suffisantes pour arrêter les coalisés ; mais à peine l'armée française s'est-elle portée sur Nogent, que les autorités municipales de Troyes ne tiennent leurs portes fermées que le temps nécessaire pour obtenir des Russes la garantie d'une capitulation, et, le lendemain 7, l'empereur Alexandre y fait son entrée à la tête d'un corps de troupes considérable.

C'est à Nogent que Napoléon reçoit du duc de Vicence, son plénipotentiaire au congrès de Châtillon, les conditions que les étrangers prétendent lui imposer s'il veut obtenir la paix. Après avoir lu la dépêche, il se renferme dans sa chambre. Le prince de Neufchâtel et le duc de Bassano peuvent seuls parvenir jusqu'à lui. Ils le pressent de répondre à la note de son ministre. Il s'y refuse. Ceux-ci unissent leurs instances et parlent d'accommodement : Napoléon est enfin forcé de s'expliquer.

« — Eh quoi ! leur dit-il avec emportement, voulez-vous que j'adhère à un pareil traité ? Voulez-vous que je foule aux pieds le serment qu'à la face de Dieu et des hommes j'ai prononcé à mon couronnement, de maintenir l'intégrité du territoire de la République, de gouverner dans la seule vue de l'intérêt et de la gloire du peuple français ? Eh bien ! parce que des revers inouïs ont pu m'arracher la promesse de renoncer aux conquêtes que j'ai faites, vous voulez que j'abandonne aussi celles qui me sont antérieures ! que je viole le dépôt qui m'a été remis de confiance ! que je laisse la France plus *étriquée* qu'elle ne l'a jamais été ?... Non ! mille fois non ! ce serait une lâcheté, un crime de lèse-nation !... »

Ce premier mouvement passé, il reprit d'un ton plus calme :

« — On voudrait me persuader que les Bourbons comptent sur les alliés pour remonter sur un trône qu'ils ont prostitué ; je n'en crois rien. Ils sont ruinés dans l'esprit de la nation. Aux yeux de la France ils ont cessé d'être Français. Ils

se sont proscrits eux-mêmes. Quelques vieilles têtes à perruque y rêvent encore. Ce ne peut être qu'un petit nombre
d'hommes arrogants et vains dont les prétentions sont aussi
ridicules qu'absurdes. Au surplus, malheur à ceux qui es-
saieraient de rappeler cette famille au moyen des étrangers
et des ennemis de la patrie ! Pour eux, je serais sans miséricorde ! Mais non, Savary et ses gens se trompent : ils sont
devenus fous, vous dis-je !... »

Napoléon n'ayant pas voulu donner de nouveaux pouvoirs
au duc de Vicence, le congrès de Châtillon avait été rompu :
c'était ce que voulaient les alliés ; mais le ministre de la police et ses agents ne se trompaient pas. A mesure que les alliés s'étaient avancés en France, le parti des Bourbons, tout
faible qu'il était, cherchait par tous les moyens possibles à
réveiller le souvenir de cette vieille dynastie, et, à Troyes,
deux royalistes, le marquis de Vidranges et le chevalier de
Gouault, anciens émigrés, firent une tentative en faveur de
la légitimité.

Le roi de Prusse avait rejoint l'empereur Alexandre ; le
marquis de Vidranges se rend chez le prince héréditaire de
Wurtemberg et le prie de lui donner quelques renseignements sur les intentions futures des puissances étrangères concernant le rétablissement de la famille des Bourbons. Le prince
élude la question, M. de Vidranges insiste :

« — Eh bien ! monsieur, lui dit celui-ci, comment nous
prononcerions-nous pour les Bourbons ? Dans aucune des villes que nous avons traversées il n'en a été dit mot. Les puissances coalisées ont résolu de ne prendre aucune initiative
dans le choix du nouveau souverain en France. Si vous croyez
que les Bourbons aient des partisans à Troyes, donnez l'im-
pulsion ; cela fera peut-être un bon effet. »

Le marquis répond qu'il ne peut être sûr d'un mouvement. Le prince le congédie avec politesse, mais sans prendre avec lui aucune espèce d'engagement.

Les deux émigrés ne perdent pas courage, et s'adressent au comte de Rochechouart, officier supérieur d'état-major dans l'armée russe, et à un adjudant général, ancien aide-de-camp de Moreau, qu'en la même qualité, l'empereur Alexandre a attaché à sa personne l'année précédente.

Le comte de Rochechouart dit au marquis : « Il est temps de se prononcer. Dans plusieurs villes, dans nombre de châteaux, les anciens chevaliers de Saint-Louis ont repris leur croix, et le peuple, dans quelques cantons, a déjà arboré la cocarde blanche. »

Aussitôt, MM. de Vidranges et de Gouault attachent à leur boutonnière la croix de Saint-Louis, et parcourent les rues de la ville avec une cocarde blanche à leur chapeau. Un comité royaliste s'improvise; il rédige en faveur de Louis XVIII une proclamation que M. de Vidranges fait imprimer, distribuer et placarder; puis, par l'entremise du feld-maréchal Barclay de Tolly, ce comité obtient une audience de l'empereur Alexandre.

Le 11 février, à midi, une députation composée de MM. de Vidranges, de Gouault, de Richemond, de Montaigu, Mangin de Salabert, Guelon, Delacourt, Bureau et Picard, se rend chez le czar; et là, le marquis de Vidranges prenant encore la parole :

— Sire, dit-il à l'autocrate, organe de la plupart des honnêtes gens de la ville de Troyes (c'était alors le mot à la mode), nous venons mettre aux genoux de Votre Majesté impériale, l'hommage du plus profond respect, et la supplier d'agréer les vœux que nous formons tous pour le rétablissement de la maison de Bourbon sur le trône de France.

Messieurs, répond Alexandre, je vous vois avec plaisir. Je vous sais gré de votre démarche; mais je la crois un peu prématurée. Les chances de la guerre sont incertaines; je serais fâché de voir des hommes tels que vous compromis et peut-être sacrifiés. Nous ne venons pas pour imposer nous-mêmes un roi à la France ; nous voulons connaître ses intentions : elle seule se prononcera.

— Mais, sire, tant qu'elle sera *sous* le couteau, répliqua le marquis, elle n'osera se prononcer en faveur de son souverain légitime. Non ! jamais, tant que Bonaparte aura l'autorité, un coin de l'Europe ne sera tranquille.

— C'est pour cela qu'il faut le battre ! le battre, le battre ! répondit le czar en appuyant fortement sur chaque mot.

Puis Alexandre, ayant ainsi éludé la question relative à la Restauration, changea d'entretien, et parla des hôpitaux et des besoins de la ville. Le marquis de Vidranges, peu satisfait, quitta Troyes et se rendit auprès du comte d'Artois dont il avait appris l'arrivée à Bâle. Là, il lui exposa l'état des choses en France, et lui rapporta les réponses du prince de Wurtemberg et de l'empereur Alexandre ; mais ce dernier semblait avoir prévu les événements : les merveilleuses victoires de Champ-Aubert, de Montmirail et de Montereau, ramenèrent Napoléon et son armée devant Troyes, le 23 février. En arrivant, on trouva les portes de la ville barricadées et défendues par les Russes qui n'avaient pas encore eu le temps de battre en retraite.

Le combat s'engagea ; mais voulant épargner la ville, Napoléon fit suspendre l'attaque dès que la nuit fût venue, et il se retira dans une maison du faubourg de Noues. Les Russes profitèrent de cette espèce de trève pour se retirer par le faubourg de la route de Paris qu'ils saccagèrent de fond en comble. Plusieurs villages brûlaient autour de la ville ; l'horizon n'était éclairé de toutes parts que par le feu des bivouacs et la lueur des incendies. L'empereur contemplait d'un regard morne ce désolant tableau, et on l'entendit en ce moment déplorer les malheurs que la guerre entraîne.

— Et tout cela n'est rien encore, disait-il ; quand une fois les torches de la guerre civile sont allumées, les chefs mili-

27

taires ne sont plus que des moyens de victoire : c'est la foule qui gouverne.

Le jour paraît enfin. Napoléon entre dans la ville ; pour gagner le logement qui lui a été préparé, il a peine à traverser la foule qui s'est portée à sa rencontre et qui se presse autour de lui ; on l'accueille avec les plus vives acclamations. Cependant, au milieu de cet enthousiasme, le peuple élève des plaintes. On lui parle de *traîtres !*... Les habitants de Troyes venaient de passer dix-sept jours sous le joug des Prussiens et des Russes. Le peuple, exaspéré par les violences et les humiliations que les étrangers lui ont fait subir, n'avait vu qu'avec indignation les tentatives de MM. de Vidranges et de Gouault. Il avait hautement désavoué la proclamation royaliste que ces derniers avaient affichée et, pour éclater, sa colère n'avait attendu que le départ des étrangers. Forcé de s'arrêter à chaque pas, Napoléon apprend ainsi, du haut de son cheval et de la bouche d'habitants honorables, le sujet du mécontentement général. Il promet de faire prompte et sévère justice des coupables, et à peine est-il descendu à son logement qu'il ordonne de convoquer un conseil de guerre, et fait mander le commissaire de police de la ville.

La tentative de MM. de Vidranges et de Gouault se rattachait aux menées secrètes à l'aide desquelles les partisans des Bourbons voulaient rappeler à la fois sur cette famille l'attention des Français et des souverains alliés. De tous côtés, les intrigues des agents royalistes avaient pris un caractère de plus en plus grave. Cette fois, les faits étaient trop évidents pour que Napoléon ne voulût pas les reconnaître. Le comte d'Artois était en Franche-Comté et ses fils s'étaient montrés sur les frontières opposées. Louis XVIII lui-même était parvenu à faire circuler mystérieusement dans Paris une *Adresse aux bons Français* dans laquelle il avait habilement jeté une foule de promesses ; enfin une réaction d'opinion se manifestait dans beaucoup de localités du Midi, entre autres à Bordeaux.

Telle était la substance du dernier rapport que le duc de Rovigo adressait à l'empereur. Cet état de choses ne pouvait
qu'aggraver l'affaire des royalistes de Troyes.

On vint prévenir Napoléon que le commissaire de police
qu'il avait mandé était arrivé : on l'introduisit.

— Monsieur, lui dit l'empereur d'un ton bref, vous avez
dans votre ville huit personnes qui se sont promenées publiquement avec la croix de Saint-Louis et une cocarde blanche
à leur chapeau?

— Pardon, sire, mais je crains que Votre Majesté ait été
mal informée : il n'y en a eu que deux.

— Quelles sont-elles?... leurs noms?

— D'anciens nobles, sire : MM. le marquis de Vidranges
et le chevalier de Gouault.

— Leur moralité?

— Je puis attester à Votre Majesté que je n'en ai jamais
entendu dire que du bien.

— C'est possible; mais je vous charge de les arrêter sur-
le-champ.

Le commissaire de police s'inclina et sortit.

Napoléon s'adressa alors à Berthier :

— Monsieur le major-général, lui dit-il, voyez si le conseil de guerre s'est constitué : vous ferez immédiatement
traduire devant lui les deux individus, *les deux mauvais
Français*, reprit-il, que ce commissaire vient de signaler :
ils serviront d'exemple! Vous, baron Fain, placez-vous à
cette table et écrivez ce que je vais vous dicter; c'est un décret.

Le premier secrétaire du cabinet prit la plume, et l'Empereur, après s'être promené silencieusement quelque temps,
se croisa les mains sur le dos et répéta :

— Ecrivez!

« Napoléon par la grâce de Dieu, etc.,

» ARTICLE 1er. Il sera dressé une liste des Français qui .

» étant au service des puissances coalisées, ont accompagné
» les armées ennemies dans l'invasion du territoire de l'Em-
» pire, depuis le 20 décembre 1813. Ils seront jugés, condam-
» nés aux peines portées par les lois, et leurs biens seront con-
» fisqués au profit du domaine de l'Etat.

» ART. 2. Tout Français qui aura porté les signes ou les
» décorations de l'ancienne dynastie, sera déclaré traître à
» la patrie..... (Soulignez *traître à la patrie,* ajouta Napo-
» léon) ; et, comme tel, jugé par une commission militaire
» et condamné à mort. Ses biens seront confisqués au profit
» du domaine de l'Etat. Le tout conformément aux lois exis-
» tantes.

» Fait et donné à notre quartier-général de Troyes, le 24
» février 1814. »

— Faites faire une expédition que je signerai, reprit Napoléon ; vous l'enverrez ensuite à Paris par l'estafette, afin que
ce décret soit inséré au *Moniteur* le plus tôt possible.

Puis Napoléon mande un de ses aides-de-camp, M. de Fla-
haut ; il lui remet des instructions écrites d'avance, et, à la
suite d'un entretien, l'envoie à Bar-sur-Aube, où les alliés
ont établi leur quartier-général. Enfin, harrassé de fatigue,
lui-même se retire dans son appartement pour prendre un peu
de repos.

Pendant ce temps, le malheureux Gouault est resté à Troyes;
il a rejeté le conseil de ses amis, qui l'ont conjuré de fuir :
rien n'a pu le décider à s'éloigner de sa femme. Il a même espéré que l'empereur, par politique, ne l'inquiéterait pas, afin
de ne pas faire connaître à la France qu'il existait un parti
qui s'était déjà prononcé en faveur des Bourbons. Mais des
gendarmes se présentent bientôt à son domicile. Il se livre
à eux ; il est conduit à l'Hôtel-de-Ville, où la commission
militaire s'est réunie : elle procède immédiatement à son jugement. Une heure s'est à peine écoulée qu'il est condamné
à mort.

Il est onze heures du soir; la famille Gouault désolée se présente au logement de l'empereur pour implorer la grâce du condamné. Napoléon n'a jamais su résister à de telles demandes : de nombreux actes de clémence ont de tout temps attesté sa générosité. Mais, cette fois, bien déterminé à ne pas se laisser fléchir, il a voulu prendre des précautions contre lui-même et n'a rien trouvé de mieux que de s'enfermer dans sa chambre à coucher et de ne répondre à aucun de ses serviteurs.

Cependant l'écuyer de service, M. de Mesgrigny, qui est Champenois, veut servir ses compatriotes : tous les officiers de la maison impériale le secondent; mais Napoléon ne se laisse pas approcher. Toutefois, le lendemain bien avant le jour, à peine est-il éveillé que la supplique de la famille de l'infortuné Gouault est placée toute ouverte devant ses yeux. Il la prend, la lit, et s'adressant au major-général qui assiste à son lever, il lui demande une plume en même temps qu'il ajoute :

— Il doit être encore temps de sauver ce malheureux?

Le prince de Neufchâtel consulte sa montre.

— Sire, répond-il tristement, il est six heures et un quart, la sentence doit être exécutée.

— Eh quoi ! déjà? s'écrie vivement Napoléon ; il faut du moins s'en assurer. Allons vite, qu'on dépêche quelqu'un à l'état-major.

Un officier d'ordonnance y court.

A six heures moins un quart le condamné était sorti de l'Hôtel-de-Ville, accompagné d'un chanoine de la cathédrale qu'il avait fait appeler pendant la nuit, et escorté de gendarmes. Il portait sur sa poitrine un écriteau avec ces mots : *Traître à la patrie*, tracés en gros caractères et qu'on lisait à la lueur des flambeaux. Le lugubre cortége s'était dirigé vers le lieu destiné aux exécutions criminelles. Là, on avait voulu bander les yeux au patient : il avait refusé.

— Je saurai mourir pour mon roi ! avait-il dit à l'adjudant chargé de présider à l'exécution, et il avait donné le signal de tirer en s'écriant : Vive Louis XVIII !

L'officier d'ordonnance qui avait fait vainement toute diligence, revint au logement impérial.

—Eh bien! monsieur? lui demanda Napoléon qui pendant
sa courte absence avait été en proie à une extrême agitation.

— Sire, trop tard! répond celui-ci d'un air consterné.

— Trop tard! trop tard!... répète plusieurs fois l'empereur en se promenant à grands pas.

Puis, jetant autour de lui des regards courroucés, il ajoute:

—Il semble que ce soit un parti pris : il est des ordres qu'on
se hâte toujours trop d'exécuter, tandis qu'il en est d'autres
dont je ne puis jamais obtenir l'accomplissement!

Il demeura encore quelques instants enfoncé dans ses réflexions; puis il releva vivement la tête, et il s'écria :

— Après tout, la loi le condamnait !

LABÉDOYÈRE.

(1815.)

Né à Paris en 1786, Charles-Angélique-François Huchet de Labédoyère embrassa de bonne heure la carrière des armes, et devint bientôt aide-de-camp du prince Eugène, vice-roi d'Italie, avancement rapide qu'il ne devait pas à la faveur; mais bien au courage et aux talents militaires dont il avait fait preuve dans toutes les occasions qui s'étaient présentées. Son dévouement à Napoléon et à la famille impériale était grand sans doute; son âme ardente, accessible à tous les sentiments nobles, avait été affectée des revers de nos armes et de la déchéance de l'homme qu'il avait glorieusement servi; cependant, après les événements de 1814, il n'avait pas cru devoir briser son épée si jeune encore, et Louis XVIII appréciant ses qualités l'avait nommé, dès les premiers jours de la Restauration, colonel du 7e régiment d'infanterie de ligne, et chevalier de Saint-Louis.

Lors du débarquement de Napoléon au golfe Juan, le colonel Labédoyère qui était en garnison à Chambéry avec son régiment, reçut l'ordre de se rendre à Grenoble, afin de s'opposer à la marche de l'empereur. Il était alors sous les ordres du général Devilliers qui rendit compte ainsi des événements qui s'accomplirent à cette époque :

« Dans la nuit du 5 au 6 mars, je reçus de M. le lieutenant général, commandant à Grenoble la 7e division militaire l'ordre de me rendre près de lui avec ma brigade. Je partis
le 6 au matin de Chambéry, ayant sous mes ordres quatre bataillons, deux du 7e et deux du 11e de ligne, commandés,
ceux-ci par le colonel Durand, et ceux-là par le colonel Labédoyère. Arrivé le mardi 7, à onze heures du matin, à Grenoble, je fis mettre ma brigade en bataille. Le général Marchant la passa en revue. Les officiers se formèrent en cercle,
et on lut une proclamation dans les intérêts du gouvernement
royal. Les officiers retournèrent à leur poste. On fit distribuer
de l'eau-de-vie, et je reçus ordre de placer mes troupes sur le
rempart qui fait face à la route de Gap, par où on présumait
que Bonaparte devait arriver. Après avoir obtempéré à cette
invitation, je retournai chez le commandant de la division,
et je m'y trouvais encore, lorsque j'entendis du bruit sur le
rempart. Je sortis, et l'on m'apprit que le 7e de ligne quittait la ville. Je me rendis sur le rempart, et j'aperçus effectivement le 7e de ligne sur la route de Gap, qui criait *vive
l'empereur !* Je sortis à pied de la ville, et je rattrapai sur la
route une centaine d'hommes commandés par un capitaine,
auquel j'ordonnai de rentrer, ce qu'il fit. Je trouvai sur la
route le cheval du colonel *Labédoyère ;* je le montai, et j'allai
au galop rejoindre ce colonel. Lorsque je l'eus atteint, je mis
pied à terre ; je lui dis : *où il allait, ce qu'il faisait, qu'il se
déshonorait,* et je le *sommai de rentrer.* Il n'eut aucun égard
à toutes mes observations, et me répondit qu'*il allait rejoindre l'empereur.* Je le quittai, et je revins à pied à Grenoble.
Je dois dire que j'engageai les grenadiers qui étaient à la tête
de revenir et de rentrer avec moi dans la ville ; mais ils ne me
répondirent pas. Le soir, au moment où Napoléon Bonaparte
allait entrer, je reçus ordre de retourner à Chambéry avec le
11e de ligne. Nous quittâmes la ville ensemble, et à une ou
deux lieues de Grenoble, je devançai le régiment ; mais il ar-

riva le surlendemain à Chambéry, où j'étais arrivé depuis vingt-quatre heures. Voilà tout ce que j'ai à dire. Je dois cependant encore déclarer que, lorsque j'eus atteint la tête du 7ᵉ de ligne, j'engageai avec instance les soldats qui pouvaient m'entendre, à retourner où le devoir les appelait, que j'employai les menaces, mais que tous furent sourds à mes instances. »

Le colonel Labédoyère soutint constamment que ce mouvement avait été spontané ; cependant, il est certain qu'en quittant Grenoble pour aller au devant de l'empereur, le drapeau blanc du 7ᵉ régiment se trouva subitement remplacé par une aigle, que, faute de mieux, on avait emmanchée sur une branche de saule, et que cette aigle avait été apportée à Grenoble par le colonel. On dit aussi qu'au moment de la défection, le colonel fit crever un tambour qui se trouva rempli de cocardes tricolores, lesquelles furent sur-le-champ distribuées aux officiers et soldats ; mais ce dernier fait a été nié. Ce qui est hors de doute c'est que la défection de Labédoyère eut d'immenses résultats, et qu'elle suffit pour ouvrir à Napoléon la route de Paris ; aussi l'empereur se montra-t-il reconnaissant : il fit le colonel maréchal de camp, puis lieutenant général et pair de France.

Après la bataille de Waterloo, Labédoyère revint à Paris, et alla siéger à la Chambre des Pairs, où il continua à donner à l'empereur les preuves du plus grand dévouement.

« Messieurs, s'écriait-il à la tribune le 22 juin, Napoléon a abdiqué ; mais il a abdiqué en faveur de son fils. Vous ne pouvez pas séparer ces deux résolutions : elles sont indivisibles... Qu'est-ce que ce gouvernement qu'on veut établir?... Souvenons-nous de l'an passé, du gouvernement provisoire d'alors, des trahisons dont nous fûmes victimes, des humiliations qu'il nous fallut supporter... Rappelons-nous que l'armée fut abreuvée d'amertume... Le sang des Français aurait-il donc coulé de nouveau pour nous replacer sous le joug

28

de l'étranger !... Je demande, avant de nommer un gouvernement provisoire, qu'on explique, qu'on reconnaisse que
Napoléon II est le chef du peuple français... Vous ne pouvez
pas adopter l'abdication, sans reconnaître Napoléon II ; si vous
ne le reconnaissez pas, l'abdication est nulle, car elle ne peut
pas être divisée. C'est mon opinion... L'abdication de Napoléon est nulle, si sa condition est nulle. Il lui reste une armée de cent mille hommes ; il peut, il doit tirer l'épée de
nouveau. Je sais qu'il est des individus constants à adorer le
pouvoir, et qui savent se détacher d'un monarque avec autant d'habileté qu'ils en montrèrent à le flatter. Il lui restera
les cœurs généreux, les guerriers couverts de cicatrices. Ceux
qui cherchent des affections nouvelles, qui se préparent à
donner le nom d'amis aux étrangers..., ceux-là, qu'ils soient
jugés par la loi ; et quand leur nom sera déclaré infâme, quand
la famille des traîtres sera proscrite, leur maison rasée !...
Nous l'avons déjà abandonné une fois, l'abandonnerons-nous
encore ? Quoi ! il y a quelques jours à peine, à la face de l'Europe, devant la France assemblée, vous juriez de le défendre... Où sont donc ces serments, cette ivresse, ces milliers
d'électeurs, organes de la volonté du peuple ? Dira-t-on quand
cette Chambre hésite, quand on veut transiger sur le devoir
dans cette enceinte, que jamais, jamais il ne s'y introduisit
que des voies basses ?... »

Ici il fut interrompu par le président qui lui ôta la parole.

La capitulation de Paris ayant été signée, Labédoyère suivit l'armée au delà de la Loire ; mais bientôt, il revint à Paris. Qu'y venait-il faire ? C'est ce que l'on n'a jamais su positivement ; on supposa pourtant avec apparence de raison que
la police l'y avait attiré en lui faisant donner de faux avis d'a-
près lesquels il espérait trouver dans cette ville un parti puissant et prêt à agir pour opérer une révolution nouvelle ; on
affirma même que l'agent chargé de cette odieuse mission ne
l'avait pas quitté un seul moment ; qu'il était arrivé avec lui

à Paris dans la même diligence, et l'avait suivi jusque dans la maison où il avait été chercher une retraite. Cette maison était celle de madame Fontery, amie intime de madame de Labédoyère.

Quoi qu'il en soit, Labédoyère arrivé à Paris, le 2 août à huit heures du matin, était arrêté le même jour à six heures du soir, et après un semblant d'instruction, renvoyé devant un conseil de guerre. Tant de précipitation semble annoncer, en effet, que tout était préparé, et qu'on attendait le malheureux général.

Le 14 août, douze jours après son arrestation, Labédoyère comparut devant le deuxième conseil de guerre, comme accusé de trahison, de rébellion et d'embauchage. Il répondit avec beaucoup de calme et de sang-froid aux questions que lui adressa le président. Quelques témoins entendus ensuite rapportent les faits accomplis à Grenoble avec plus ou moins d'exactitude ; puis le chef de bataillon Viotti, faisant fonctions de rapporteur, prend la parole :

« Messieurs, dit-il, M. le colonel Labédoyère est accusé de trahison, de rébellion et d'embauchage. Les actes qu'on lui reproche tiennent le premier rang parmi les crimes qui ont privé momentanément la France de son roi, occasioné l'envahissement de notre pays, placé le royaume au bord d'un précipice que l'œil le plus pénétrant ne peut encore mesurer : attentat envers le monarque, attentat envers la nation, oubli de serments solennels, mépris de devoirs sacrés, tous ces caractères semblent appartenir à la conduite de l'officier traduit devant vous.

» Les faits sur lesquels est basée l'accusation portée contre le prévenu Labédoyère, peu nombreux mais notoires, ne comportent ni incertitudes, ni dénégations. Envisagés dans leur rapport avec la discipline de l'armée, *seul aspect sous lequel un conseil de guerre puisse être appelé à les examiner*, ils présentent chacun une violation manifeste des lois militaires. L'issue de ce procès ne saurait donc être douteuse : néanmoins, rattachant sa cause à des considérations politiques ou morales, l'accusé semble espérer échapper à un jugement de condamnation. Vous avez déjà pesé tous les moyens de défense qu'il fait valoir : ce sera donc seulement pour ne rien omettre des fonctions de notre ministère, qu'à la suite de l'exposé succinct des charges, je rappellerai et discuterai les diverses allégations de l'accusé. »

Ici, le rapporteur entre dans l'examen des faits ; puis il termine ainsi :

« Si la trahison du colonel Labédoyère n'eût point eu de suites désastreuses, et que le reste de la force armée eût repoussé Napoléon Bonaparte, douterait-on de la culpabilité de l'accusé ? hésiterait-on à le punir ? Non, messieurs. Eh quoi ! parce que la conduite du colonel Labédoyère a été d'un aussi funeste exemple, cet officier serait renvoyé absous ! Ne perdons pas de vue les règles que trace notre législation : point de discipline, point d'armée.

» Nos lois veulent, dans le procès intenté au colonel Labédoyère, que nous fassions cette unique question : Y a-t-il trahison, y a-t-il rébellion, dans le cas où un officier supérieur désobéit de son propre mouvement aux ordres qu'il a reçus, et protége une invasion à main armée, dont le résultat doit être de renverser le prince et son gouvernement ? L'accusé lui-même répondra affirmativement à cette question.

» Je conclus à ce que Charles-Angélique Huchet de Labédoyère, colonel du 7e régiment d'infanterie de ligne, officier de la Légion-d'Honneur et chevalier de la Couronne-de-Fer, soit déclaré coupable de trahison et de rébellion, et dégradé préalablement à l'exécution du jugement. »

Bien qu'étant assisté d'un conseil, Me Bexon, Labédoyère voulut se défendre lui-même ; il se lève et d'une voix ferme il dit :

« Messieurs, si dans cette fatale journée ma vie seule avait
été compromise, je m'abandonnerais à l'idée encourageante
que celui qui a conduit quelquefois de braves gens à la mort ,
saurait y marcher lui-même en brave homme ; et je ne vous
retiendrais pas. Mais mon honneur est attaqué autant que ma
vie ; et je dois d'autant plus le défendre qu'il n'appartient pas
à moi seul. Une femme, modèle de toutes les vertus, a droit
de m'en demander compte : mon fils, au moment où la raison viendra l'éclairer, devra-t-il rougir de son héritage? Je me
sens la force de résister aux coups les plus terribles, si je puis
dire : *l'honneur est intact.*

» J'ai pu me tromper sur les véritables intérêts de la France;
j'ai pu être égaré par des illusions, par des souvenirs, par de
fausses idées d'honneur ; il est possible que l'amour de la patrie ait donné à mon cœur un langage chimérique.

» Mais la grandeur des sacrifices que j'ai faits, en m'exposant à rompre les liens les plus chers, prouve qu'il n'entrait
dans ma conduite aucun motif d'intérêt personnel.

» Je n'ai ni l'intention ni la possibilité de nier des faits publics et notoires ; mais je proteste que je n'ai trempé dans aucun complot qui ait précédé le retour de Bonaparte ; je suis
même convaincu qu'il n'a point existé de conspiration pour
ramener Bonaparte de l'île d'Elbe.

» Quand je reçus du roi le commandement du 7e régiment de ligne, je ne croyais pas que l'ex-empereur pût jamais revenir en France. Je ne voulais m'occuper que de mes
devoirs militaires ; je voulais surtout m'attacher à inspirer à
mes soldats un esprit de corps. Je n'aurais jamais essayé de
faire oublier, à ces soldats que j'étais fier de commander, le
guerrier qui tant de fois les avait conduits à la victoire ; mais
je connaissais aussi le nom et les exploits des grands hommes
qui ont illustré la maison des Bourbons, et je me serais fait
un devoir et un plaisir de le leur apprendre...

» Mais, par une déplorable fatalité, les espérances qu'on

avait conçues ne tardèrent pas à se dissiper en partie. Les intentions du roi étaient pures; mais des torts graves, des fautes nombreuses, de funestes imprudences refroidirent les esprits et excitèrent un mécontentement général... »

Ici l'accusé est interrompu par le président qui s'écrie:

« Quel que soit le motif qui l'a fait commettre, un crime est toujours un crime. Vous êtes accusé de trahison et de rébellion. Qu'opposez-vous aux déclarations des témoins?

» — Comment voulez-vous, répond Labédoyère, que je combatte des faits notoires, que je désavoue des actions publiques? Je n'en ai jamais conçu l'idée; et puisqu'il est inutile d'entrer dans l'examen des causes politiques qui m'ont poussé à la démarche dont je réponds devant vous, je dois me borner à l'aveu d'une erreur; et je le confesse avec douleur, en jetant les yeux sur ma patrie, mon tort est d'avoir méconnu les intentions du roi, et son retour a bien dessillé mes yeux... »

Après cette défense qui produisit la plus vive sensation, l'accusé fut reconduit en prison, et le conseil se retira dans la chambre de ses délibérations; il en sortit deux heures et demie après, rapportant une réponse affirmative sur les questions de trahison et de rébellion, d'après laquelle Labédoyère fut condamné à la peine de mort.

Le colonel s'étant pourvu en révision, l'affaire se présenta de nouveau devant le conseil de révision le 19 du même mois. Cette fois, l'accusé était assisté de trois avocats, Mes Mauguin, de Joly et Brochet-Ferrières, qui s'efforcèrent de démontrer l'incompétence des conseils de guerre, ce qui n'empêcha pas le conseil de confirmer le jugement à l'unanimité.

Le colonel entendit la lecture de ce jugement sans que sa fermeté se démentit, et il ne montra pas plus d'émotion lorsqu'on lui annonça que l'exécution devait avoir lieu ce jour même à six heures du soir.

Madame de Labédoyère instruite de ce jugement, courut

aux Tuileries, et se jeta aux pieds du roi au moment où il se disposait à monter en voiture, en lui demandant la grâce de son mari. Louis XVIII répondit froidement que si le colonel n'avait offensé que lui, sa grâce lui serait accordée sans difficulté ; mais que la France entière réclamait la punition de l'homme qui avait attiré sur elle tous les maux de la guerre.

A six heures, l'infortuné colonel fut conduit à la plaine de Grenelle sous l'escorte d'un nombreux détachement de gendarmerie. Arrivé au lieu destiné à l'exécution, il s'agenouilla devant le prêtre qui l'avait accompagné et lui demanda sa bénédiction. Puis se relevant vivement, il jeta son chapeau, ôta sa cravate qu'il présenta au sous-officier qui devait commander le feu en le priant de la garder comme un souvenir, et s'avançant vers les vétérans dont les fusils venaient de s'abaisser au commandement *en joue,* il s'écria en découvrant sa poitrine : « Tirez, mes amis ; et ne me manquez pas ! » Presque au même instant, l'explosion se fit entendre... Labédoyère avait vécu.

C'était là la continuation de cette horrible réaction qui avait commencé par les assassinats du midi où le maréchal Brune, le général Ramel et tant d'autres braves soldats, éprouvés au feu de cent batailles, étaient tombés sous les poignards des Verdets, de ces hideux assassins dont quelques uns sont restés horriblement fameux dans l'histoire de cette époque, comme les quatre taillons, les Gaillardy, les Baquet, les Pengeat, les Verdier, les d'Ossone, les Carrière, les Anglaret, monstres qni ne le cédaient en cruauté à aucun des plus féroces proconsuls du temps de la terreur, et dont l'impunité fut un des plus horribles scandales de la restauration.

Au jeune brave et infortuné général de Labédoyère devaient bientôt succéder les frères Faucher, dont la condamnation n'avait pas seulement l'ombre d'un prétexte ; puis de-

vait tomber sous les mêmes coups le plus grand capitaine
des temps modernes après Napoléon ; celui que ce grand
homme avait fait prince , et qu'il se plaisait à appeler le
brave des braves, le maréchal Ney ! c'était avec du sang que
la branche aînée des Bourbons voulait effacer ses fautes, et
elle versait celui des plus illustres citoyens, comme si elle
eût pu en même temps effacer leurs noms et leurs hauts faits
de l'histoire et du souvenir des peuples ! Mais les noms de Ney
et de Labédoyère n'avaient pas besoin d'être accolés au titre
de prince ou de comte pour aller à la postérité. Et qui se
souviendrait de Louis XVIII s'il n'avait été roi ?

LES FRÈRES FAUCHER.

(1815.)

César et Constantin Faucher, frères jumeaux étaient nés à la Réole, le 12 septembre 1760 ; ils étaient d'une ressemblance si parfaite qu'elle trompait quelquefois leurs parents eux-mêmes. Ils reçurent une éducation distinguée, et, devenus hommes, ils joignirent toutes les qualités du cœur aux agréments d'un esprit cultivé.

Au commencement de la révolution, César Faucher fut nommé président de l'administration du district de la Réole, en même temps que Constantin devenait commissaire du roi et chef de la municipalité de la même ville.

En 1793, alors que les échafauds commençaient à ensanglanter la France, les deux frères se firent soldats. Leurs talents, leur conduite et leur courage les firent promptement remarquer : ils furent faits généraux de brigade en même temps, après avoir parcouru rapidement ensemble les autres grades.

Le 26 novembre 1793, les deux frères furent suspendus de leurs fonctions ; on les accusait d'avoir fait partie du comité autrichien. Arrêtés à Saint-Maixent où ils se trouvaient alors, on les conduisit à Rochefort. Là, ils furent traduits devant le

29

tribunal révolutionnaire et condamnés à la peine de mort. Ils allaient être exécutés ; déjà l'un d'eux montait les degrés de l'échafaud, lorsque le représentant du peuple Léquinio ordonna qu'il fût sursis à cette exécution. Leur jugement, révisé peu de temps après, fut cassé.

En 1795, César et Constantin étaient attachés en qualité de généraux de brigade, à l'armée de Rhin-et-Moselle ; mais bientôt, de nombreuses et graves blessures les obligèrent à quitter le service, et ils retournèrent à la Réole où, plus tard, Constantin fut nommé sous-préfet et César membre du conseil général du département de la Gironde.

Lorsqu'en 1814, les armées étrangères eurent mis le pied sur le sol de la France, les deux frères redemandèrent du service ; mais leurs offres ne furent point acceptées. Au mois de décembre de la même année, ils se rendirent à Paris. Ils y étaient encore le 20 mars. Les espérances de liberté données par Napoléon leur firent désirer de servir la patrie. César fut nommé représentant par le collége électoral de la Réole, et Constantin élu maire de cette ville. Ce dernier siégea constamment à côté de son frère à la Chambre des représentants. Tous deux furent chargés de porter une adresse au pied du trône. Le 14 juin, ils furent nommés chevaliers de la Légion-d'Honneur et maréchaux-de-camp à l'armée des Pyrénées-Occidentales. Les arrondissements de la Réole et de Bazas furent mis sous le commandement de Constantin, lorsque le département de la Gironde fut déclaré en état de siége.

Le drapeau blanc ayant été arboré le 22 juillet, d'après l'ordre du général en chef comte Clauzel, César et Constantin cessèrent dès ce moment leurs fonctions, conformément aux ordres du maréchal Saint-Cyr ministre de la guerre. Le même jour 22, un détachement de troupes, fort de vingt-trois hommes, détruisit les enseignes blanches en traversant la Réole : les autorités ne leur opposèrent aucune résistance.

Le 24, des gardes royaux à cheval de Bordeaux, et la garde nationale à pied parurent dans cette ville ; leur arrivée fut signalée par des excès. Leurs menaces faisant craindre pour la vie de César et de Constantin, des citoyens leur offrirent leur secours : ils l'acceptèrent et en prévinrent l'autorité, qui ne les désapprouva pas. Les gardes royaux et leurs auxiliaires partirent le 30, sans avoir brûlé une amorce : dès-lors, le calme fut rétabli. Pendant leur séjour, Constantin pria, par une lettre confidentielle, le général en chef Clauzel, gouverneur, de faire rétablir l'ordre. Ce général, étant au moment de son départ, remit cette lettre au préfet, qui, par un arrêté, ordonna au capitaine commandant la gendarmerie du département de se rendre à la Réole. Cet officier fit des perquisitions dans la maison de César et de Constantin Faucher, dressa procès-verbal du résultat de ses recherches, le transmit au procureur du roi, qui, n'y voyant aucune preuve de délit, motiva sur les bruits publics l'ordre de les faire traduire devant lui, et les envoya en prison, sur un mandat de dépôt, comme surpris et arrêtés en flagrant délit, ayant un DÉPÔT *d'armes,* en contravention à l'article 93 du Code pénal. Les prévenus furent transférés à Bordeaux le 9 août. Ce magistrat ne parla point du prétendu dépôt d'armes ; l'accusation changea d'objet.

Les deux frères furent mis au secret le plus rigoureux et privés des douceurs accordées à tous les accusés, même à tous les condamnés, quels que soient leurs crimes : l'autorité militaire fut saisie de leur affaire. La procédure prit une nouvelle forme, et les chefs d'accusation changèrent encore. Interrogés le 18 et le 19, ils furent enfin renvoyés devant le premier conseil de guerre de la onzième division militaire qui s'assembla au château Trompette, à Bordeaux, sous la présidence du lieutenant-général comte de Vioménil. En vain demandèrent-ils qu'il leur fût accordé un délai afin qu'ils pussent se procurer des défenseurs, ceux auxquels ils s'étaient adressés jusqu'alors, ayant refusé de les assister.

De ce nombre était M. Ravez, alors avocat peu connu, et qui fut depuis, de 1816 à 1826 président de la chambre des députés. Ce M. Ravez était parent par alliance des frères Faucher; il avait vécu pendant de longues années avec eux dans la plus étroite intimité, et il eût l'affreux courage de répondre par un refus formel à cette lettre que lui avaient adresssée les deux frères et dont voici les principaux passages :

« Nous avons subi notre interrogatoire, et les officiers qui « viennent d'y procéder nous demandent de désigner sur le « champ notre défenseur. Nous ne saurions en choisir un « qu'après votre refus, auquel nous ne pouvons croire, parce « que nous ne pouvons deviner la cause qui le motiverait. « Cependant, si le *fatum* qui pèse sur nous, nous y condam- « nait, nous vous conjurons de nous accorder cinq minutes « d'entretien. Vous ne refuseriez pas ce genre d'appui à des « infortunés coupables; vous l'accorderez au malheur immé- « rité. Naguère, nous aurions pu réclamer d'autres senti- « ments. »

M. Ravez n'accorda rien, et ce fut sans avocat que les deux frères comparurent devant leurs juges. Cela, toutefois n'a- battit pas leur courage, et ils ne cessèrent de montrer le calme, le sang-froid que donne une conscience exempte de re- proche.

Ces gens-là sont bien malheureux de se sentir au cœur tant de haine, disait César pendant le trajet de la prison à la salle où siégeait le conseil, et c'est de grand cœur que je leur pardonne, car ils souffrent plus que nous.

Oui, dit Constantin, sans compter les remords que leur garde l'avenir.

L'acte d'accusation portait en substance que Constantin et César Faucher étaient prévenus 1o d'avoir retenu, contre la volonté du gouvernement, le commandement qui leur avait été retiré; 2o d'avoir commis un attentat dans le but d'exciter la guerre civile et d'armer les citoyens les uns contre les autres, en réunissant dans leur domicile des gens armés qui y faisaient un service militaire, et qui criaient *qui vive* sur les patrouilles de la garde nationale ; 3° d'avoir comprimé, par la force des armes et par la violence, l'élan de fidélité des sujets de S. M. ; 4° d'avoir embauché pour les rebelles, et détourné les soldats du roi, en les engageant à se joindre à la bande d'un chef de partisans nommé Florian.

Après la lecture de cette pièce, le président procéda à l'interrogatoire des accusés, et quelques témoins furent entendus pour la forme ; puis, la parole fut donnée aux deux frères qui s'exprimèrent avec une grande facilité d'élocution, en repoussant avec énergie les faits qu'on leur imputait. Mais pendant qu'ils parlaient, une populace hideuse se pressait aux abords de la salle d'audience demandant à grands cris la mort *des traîtres, des bonapartistes.* Ces bêtes féroces furent satisfaites : déclarés coupables à l'unanimité, les deux frères furent condamnés à la peine de mort.

Les condamnés s'étant pourvus en révision, le conseil de révision s'assembla quatre jours après, 26 septembre. Cette fois, les deux frères furent défendus par un avocat, M. Emérigon qui fit preuve, en cette circonstance, d'un grand talent ; mais dont les efforts devaient être infructueux. Le jugement fut confirmé.

César et Constantin entendirent la lecture de cet arrêt sans que leur fermeté se démentit. Une personne, qui se trouvait près d'eux leur ayant témoigné la part qu'elle prenait à leur malheur, César lui répondit : « Le temps ordinaire de la vie est de soixante ans, nous en avons cinquante-six, ce n'est donc que quatre ans qu'on nous vole. »

Ils passèrent la nuit à écrire. Le lendemain, lorsqu'on vint les chercher pour les conduire au supplice, ils s'embrassèrent, sortirent de la prison en se donnant le bras, et marchèrent avec le plus grand calme vers une prairie située près du cimetière de Bordeaux où l'exécution devait avoir lieu. On les vit à plusieurs reprises saluer des personnes de leur connaissance qui s'étaient mises aux fenêtres pour les voir passer.

Arrivés sur le lieu de l'exécution, ils refusèrent de se laisser bander les yeux, s'embrassèrent de nouveau ; puis, César commanda le feu, et tous deux tombèrent morts au même instant.

LE MARÉCHAL NEY.

(1815.)

Michel Ney, naquit à Sarre-Louis, le 10 Janvier 1769; après avoir reçu une éducation convenable, il était entré dans la carrière du Notariat ; mais une vie calme et sédentaire convenant mal à son esprit ardent , aventureux, il s'engagea, en 1787, dans un régiment de hussards. Nous n'entreprendrons pas d'écrire la vie de ce grand capitaine ; ses beaux faits d'armes sont connus de tout le monde, et l'on sait comment il arriva aux dignités de prince et maréchal de France , juste récompense de ses talents militaires, et de son dévouement au pays.

Le maréchal Ney après mille prodiges de valeur dans la campagne de Champagne, venait d'arriver à Fontainebleau, lorsqu'il apprit la défection du duc de Raguse , l'entrée des alliés à Paris, et les événements qui s'en étaient suivis. Il n'en demeura pas moins fidèle au souverain qu'il avait servi jusque là avec tant d'éclat, et Napoléon voulut, à ce moment solennel, lui donner une nouvelle preuve d'estime en l'adjoignant au duc de Tarente et de Vicence, chargés de négocier, au nom de la régence, la paix avec les souverains alliés; il se rendit donc à Paris ; mais n'ayant pu obtenir ainsi que ses collègues, d'autre condition que celle d'une abdication entière et sans réserve, et d'une ligne de démarcation entre les deux armées, il revint à Fontainebleau.

« Avez vous réussi ? demanda Napoléon en l'apercevant.— En partie, sire : votre vie et votre liberté sont garanties; mais la régence n'est pas admise : il était déjà trop tard; le sénat reconnaîtra demain les Bourbons. — Où me retirerai-je ? lui demanda Bonaparte. — Où voudra votre majesté ; à l'île d'Elbe, par exemple, avec six millions de revenu. » Bonaparte y souscrivit, et tous les arrangements terminés, il partit le 20 du même mois pour l'île d'Elbe.

Six jours à peine s'étaient écoulés depuis cette abdication que déjà, le comte d'Artois (depuis Charles X), faisait son entrée à Paris. Plusieurs maréchaux vinrent au devant de ce prince, et le maréchal Ney au nom de ses frères d'armes, lui adressa la parole. « Monseigneur, lui dit-il, nous avons servi avec zèle un gouvernement qui nous commandait au nom de la France. Votre Altesse royale et Sa Majesté Louis XVIII, son auguste frère, verront avec quelle fidélité nous saurons servir notre roi légitime.

Le 20 mai suivant, le maréchal Ney était nommé commandant des dragons, des chasseurs, des chevaux légers, et des lanciers de France; il fut ensuite fait chevalier de Saint-Louis, pair de France, et nommé gouverneur de la 6e division militaire.

Toutefois, le maréchal aspirait plutôt au repos qu'à de nouveaux honneurs; aussi, une fois le nouveau gouvernement établi, il se retira dans sa terre des Coudreaux, près de Châteaudun. Il était dans cette retraite depuis près de huit mois, lorsque Napoléon débarqua à Fréjus. Ney est aussitôt mandé à Paris par le ministre de la guerre. Là, il reçoit l'ordre de se rendre à Besançon, en même temps qu'il apprend les détails du débarquement de l'empereur.

« Voilà un bien grand malheur ! s'écrie-t-il alors ; que va-t-on faire ! qui pourra-t-on envoyer contre cet homme ?

Il demanda et obtint une audience du roi; puis, il se rendit à Besançon. Il était dans cette ville depuis deux jours, et il y attendait impatiemment des ordres, lorsque le duc de Maillé vint lui annoncer de la part du comte d'Artois, la nouvelle de l'entrée de Napoléon à Grenoble, et l'occupation probable et prochaine de Lyon par le corps d'armée de Bonaparte qui grossissait à chaque instant.

Le 12 mars, Ney arrive à Lons-le-Saulnier avec l'intention de faire occuper Mâcon et Bourg; le 13, il recevait les envoyés de Napoléon, et le 14 il répondait au baron Capelle qui lui faisait part des progrès rapides de l'insurrection : « Au surplus, je ne puis pas arrêter l'eau de la mer avec ma main. » Le même jour Ney publiait l'ordre du jour suivant :

Le maréchal, prince de la Moskowa, aux troupes de son gouvernement.

» Officiers, sous-officiers et soldats !

» La cause des Bourbons est à jamais perdue ! La dynastie légitime que la nation française a adoptée va remonter sur le trône : c'est à l'empereur Napoléon, notre souverain, qu'il appartient seul de régner sur ce beau pays ! Que la noblesse des Bourbons prenne le parti de s'expatrier encore, ou qu'elle consente à vivre au milieu de nous, que nous importe ? La cause sacrée de la liberté et de notre indépendance ne souffrira plus de leur influence. Ils ont voulu avilir notre gloire militaire ; mais ils se sont trompés : cette gloire est le fruit de trop nobles travaux, pour que nous puissions jamais en perdre le souvenir.

» Soldats ! les temps ne sont plus où l'on gouvernait les peuples en étouffant tous leurs droits; la liberté triomphe enfin, et Napoléon, notre auguste empereur, va l'affermir pour jamais. Que désormais cette cause si belle soit la nôtre

30

et celle de tous les Français! que tous les braves que j'ai l'honneur de commander se pénètrent de cette grande vérité! »

» Soldats! Je vous ai souvent menés à la victoire, maintenant je veux vous conduire à cette phalange immortelle que l'empereur Napoléon conduit à Paris, et qui y sera sous peu de jours; et là notre espérance et notre bonheur seront à jamais réalisés. »

Vive l'empereur!

Lons-le-Saulnier, le 14 mars 1815.

« *Le maréchal de l'empire,*

Signé PRINCE DE LA MOSKOWA.

Enfin, Napoléon arrive triomphalement à Paris le 20 mars, le lendemain, 21, il recevait de Ney cette lettre remarquable :

« Je ne suis pas venu vous joindre par considération, ni par attachement à votre personne. Vous avez été le tyran de ma patrie; vous avez porté le deuil dans toutes les familles, et le désespoir dans plusieurs; vous avez troublé la paix du monde entier. Jurez-moi puisque le sort vous ramène, que vous ne vous occuperez plus à l'avenir qu'à réparer les maux que vous avez causés à la France; jurez moi que vous ferez le bonheur du peuple. Je vous somme de ne plus prendre les armes que pour maintenir nos limites; de ne plus les dépasser pour aller tenter au loin d'inutiles conquêtes. A ces conditions je me rends, pour préserver mon pays des déchirements dont il est menacé ».

Cette lettre hardie surprit étrangement Napoléon qui, lors de la solennité du champ de mai, ayant aperçu le maréchal, lui dit :

— Je croyais que vous aviez émigré?

— J'aurais dû le faire plus tôt, répondit Ney; maintenant il est trop tard. »

Enfin, vint la bataille de Waterloo, où Ney, pour la dernière fois, fit des prodiges de valeur. Sept fois démonté, couvert de contusions et de boue, il combattait encore à la tête
des régiments de la garde, lorsque les autres corps épuisés,
détruits, manquant de munitions, étaient réduits à l'inaction.

De retour à Paris après cette terrible affaire, le maréchal
Ney apparaît à la tribune de la chambre des pairs :

— « Messieurs, dit-il, il ne vous reste plus qu'à entamer
des négociations.. Il faut rappeler les Bourbons. Quand à moi,
je vais prendre le chemin des États-Unis. »

Le maréchal partit en effet dès que Paris eut capitulé, et
il se dirigea sur la Suisse. Arrivé à Lyon, il apprit que la
route qu'il se proposait de suivre était gardée par les Autri-
chiens ; il se rendit donc au château de Saint-Alban. Il était
encore dans cette retraite, lorsque parut l'ordonnance du roi
du 24 juillet, d'après laquelle dix-neuf maréchaux, généraux
et officiers supérieurs devaient être traduits devant un conseil de guerre comme coupables d'avoir trahi le roi, et attaqué la France à main armée. Le maréchal qui était au
nombre de ces dix-neuf, fut arrêté dans sa retraite quelques
jours après, et conduit à Paris où il arriva le 19 août. Il fut
déposé à la prison de l'Abbaye.

Le 9 novembre, le maréchal est traduit devant un conseil
de guerre, institué à cet effet par ordonnance royale ; mais,
en sa qualité de pair de France, Ney récuse la compétence de
ce conseil, qui, délibérant sur l'incident, se déclara, en effet,
incompétent. Vingt-quatre heures après l'ordonnance royale
suivante était promulguée :

Louis, etc.

« La chambre des pairs procédera, sans délai, au jugement
du maréchal Ney, accusé de haute trahison et d'attentat contre la sûreté de l'État. Elle conservera pour ce jugement les

mêmes formes que pour les propositions de lois, sans néanmoins se diviser en bureaux. »

Le même jour, M. le duc de Richelieu, président du conseil des ministres, se présenta à la chambre des pairs, et après
lui avoir donné connaissance de l'ordonnance du Roi, qui
l'instituait en cour judiciaire, il développa, dans un long discours, comment elle devait être organisée, et de quelle manière on devait diriger les débats.

M. Seguier, chargé de recevoir les déclarations des témoins
et de faire subir de nouveaux interrogatoires au maréchal, déploya dans sa mission tant de zèle et d'activité,
que le 21 novembre fut le jour indiqué pour la première
séance.

Un concours nombreux d'étrangers, de députés et de personnages de distinction occupaient les tribunes qui leur
avaient été préparées à l'avance.

A onze heures, la séance est ouverte, le chancelier de France
occupe le fauteuil, et près de lui viennent prendre place,
en qualité de secrétaires de la chambre, MM. Pastoret, de
Choiseul, de Sèze et de Châteaubriant. M. Bellart, procureur-
général, commissaire du Roi, représente le ministère public;
enfin, entre lui et le greffier, viennent se ranger vingt témoins
dont seize, mandés pour soutenir l'acte d'accusation, et quatre pour déposer de différents faits sur lesquels le maréchal
avait appuyé sa justification.

L'accusé est introduit, escorté par quatre grenadiers
royaux; il porte un habit bleu sans broderie, les épau-
lettes de son grade, la plaque de la Légion-d'Honneur, et
on remarque à son habit le ruban, sans croix, de l'ordre de
Saint-Louis. Il salue l'assemblée et prend place entre ses deux
défenseurs.

Après quelques observations du président, le greffier donne
lecture de l'acte d'accusation dont il nous suffira de rapporter
les derniers paragraphes ainsi conçus :

« En conséquence, de tous ces différents faits, Michel Ney, maréchal de France, duc d'Elchingen, prince de la Moskowa, ex-pair de France, est accusé devant la chambre des pairs de France, par les ministres du roi et par le procureur général près la cour royale de Paris, commissaires de sa majesté,

« D'avoir entretenu avec Bonaparte des intelligences, à l'effet de faciliter à lui et à ses bandes, leur entrée sur le territoire français, et de lui livrer des villes, forteresses, magasins et arsenaux, de lui fournir des secours en soldats, et de seconder le progrès de ses armes sur les possessions françaises, notamment, en ébranlant la fidélité des officiers et soldats ;

« De s'être mis à la tête de bandes et troupes armées, d'y avoir exercé un commandement pour envahir des villes dans l'intérêt de Bonaparte, et pour faire résistance à la force publique agissant contre lui ;

« D'avoir passé à l'ennemi avec une partie des troupes sous ses ordres ;

« D'avoir, par discours tenus en lieux publics, placards affichés et écrits imprimés, excité directement les citoyens à s'armer les uns contre les autres ;

« D'avoir excité ses camarades à passer à l'ennemi :

« Enfin, d'avoir commis une trahison envers le roi et l'État, et d'avoir pris part à un complot dont le but était de détruire et de changer le gouvernement et l'ordre de successibilité au trône, comme aussi, d'exciter la guerre civile, en armant ou portant les citoyens et habitants à s'armer les uns contre les autres :

« Tous crimes prévus par les articles 77, 87, 88, 89, 91, 92, 93, 94, 96 et 102 du Code pénal ; par les articles 1er et 5 du titre 1er, et par l'article 1er du titre III de la loi du 21 brumaire an V.

« Fait et arrêté en notre cabinet, au palais de la Chambre des pairs, le 16 novembre 1815 à midi.

« *Signé*, RICHELIEU, BARBÉ-MARBOIS, le comte
     DU BOUCHAGE, le duc de FELTRE, VAUBLANG,
     CORVETTO, DECAZES, BELLART. »

Après cette lecture, le président adresse la parole au maréchal.

« Vous avez entendu, lui dit-il, la lecture des charges qui s'élèvent contre vous. Vous êtes accusé d'avoir abusé du commandement d'une armée destinée à repousser l'usurpateur, pour favoriser ses projets ; d'avoir excité ou fait exciter, par vos ordres, la défection de l'armée ; d'avoir lu devant vos troupes une proclamation séditieuse, de l'avoir soutenue dans des ordres du jour, de l'avoir fait imprimer et afficher ; enfin, d'avoir donné l'exemple d'une défection qui a été si fatale. Le crime dont on vous accuse est odieux à tous les bons Français ; mais ce n'est pas dans la chambre que vous avez des haines à craindre : vous y trouverez plutôt des intentions favorables dans les souvenirs glorieux attachés à votre nom. Vous pouvez parler sans crainte, expliquer les moyens que vous pouvez avoir contre les charges qui pèsent sur vous ; mais avant d'ouvrir les débats, je dois vous demander si vous avez des moyens préjudiciels à proposer. »

Le maréchal se lève, prend la parole et dit :

« Monseigneur le chancelier et Messieurs,

« La Chambre des pairs ayant décidé qu'il me serait permis de présenter des moyens préjudiciels, je demande qu'on veuille bien en entendre le développement avant de passer outre à aucune partie de l'instruction. »

Les défenseurs du maréchal, MM. Berryer et Dupin, prirent alors la parole et s'efforcèrent de prouver que la Chambre des pairs ; d'après l'article 33 de la Charte, devait cesser toute espèce de poursuite contre le maréchal jusqu'à ce que

la marche à suivre eût été déterminée par une loi organique ;
et en second lieu, que la communication des pièces n'ayant été
faite à l'accusé que depuis deux jours, les défenseurs n'avaient
pas eu le temps de les examiner et de les méditer. La Chambre rejeta le premier moyen, mais, prenant le second en considération, elle remit l'audience d'abord au 23 novembre,
puis enfin au 4 décembre.

Après un court interrogatoire de l'accusé qui ne fait connaître aucun fait nouveau, on procède à l'audition des témoins. Le premier introduit est le duc de Duras ; il déclare
avoir, le 7 mars, introduit le maréchal dans le cabinet du
roi, et l'avoir entendu dire à sa majesté que s'il pouvait prendre Bonaparte, il le ramènerait dans une cage de fer.

« — Ce ne sont pas là mes paroles, dit le maréchal en se
levant : j'ai dit que l'entreprise de Bonaparte était si extra-
vagante, que si on le prenait, il mériterait d'être amené à
Paris dans une cage de fer.

Le témoin le plus important était le général Bourmont qui
montra contre le maréchal beaucoup d'acharnement ; il s'exprima ainsi :

« Le 13 mars, M. le baron Capelle arriva à Lons-le-Saulnier, il vint me voir, et me dit que Bourg était insurgé. Je
portai avec lui cette nouvelle au maréchal ; il en parut fâché :
il pensa que nous persévérions dans notre attachement à la
cause du roi. Le 14 au matin, arriva le 8ᵉ régiment de chasseurs à cheval ; j'allai le dire encore à M. le maréchal : il
me donna l'ordre de le faire mettre en bataille. « Eh bien !
mon cher général, me dit-il ensuite, vous avez lu les proclamations que répand l'empereur ; elles sont bien faites, qu'en
pensez-vous ? Elles doivent avoir une grande influence sur
les soldats. » Je lui répondis, qu'en effet, il s'y trouvait des
expressions qui étaient d'un effet immanquable sur leurs esprits, telles que celle-ci : *La victoire marchera au pas de
charge*, etc. « Vous avez été surpris, ajouta-t-il, de voir l'ar-

mée se diviser pour aller en avant, c'est ainsi qu'elle a fait
sur tous les points, et tout est fini. Le général Lecourbe entra ; il lui tint le même langage. Il dit qu'il y avait trois mois
que tout le monde savait à Paris cet arrangement ; que, si
nous y eussions été, nous l'aurions su comme les autres ; que
toute l'armée était fractionnée par deux bataillons et trois
escadrons. « Le roi n'est plus à Paris, dit-il ; s'il y était, il
eût été enlevé. Ce n'est pas qu'on en veuille à sa personne :
qu'il s'en aille, qu'il s'embarque ; malheur, malheur à qui
entreprendrait rien contre lui ou quelqu'un de sa famille ! Il
faut aller trouver l'Empereur. » Je m'en défendis. « Il vous
traitera bien, me dit-il : au reste, vous êtes le maître : mais
Lecourbe viendra avec nous. »

Le général Lecourbe dit : « Ma foi, je n'ai jamais reçu
que des mauvais traitements de Bonaparte, et le roi ne m'a
fait que du bien : j'ai de l'honneur, d'ailleurs, et je ne veux
pas manquer à mes serments. — Et moi aussi, dit le maréchal, j'ai de l'honneur, et c'est pour cela que je vais rejoindre l'Empereur : je ne veux plus voir ma femme rentrer en
pleurant le soir, de toutes les humiliations reçues dans la journée. Il est évident que le roi ne veut point de nous. Les maréchaux et l'armée doivent avoir de la considération, et Bonaparte seul peut leur en donner.

Le général Lecourbe voulut se retirer à la campagne, le
maréchal insista pour le retenir. Il nous lut alors la proclamation qu'il allait lire aux soldats. Le général Lecourbe et
moi, nous étions entièrement opposés à ces sentiments ; mais
nous crûmes qu'il avait été pris contre nous des mesures en
cas de résistance ; nous pensâmes d'ailleurs, que l'influence
du maréchal serait grande sur l'esprit des troupes. Nous al-
lâmes donc sur le terrain pour juger l'effet qu'il allait produire. Nous étions tristes et abattus ; les officiers vinrent nous
prendre la main, en nous disant : « Si nous avions su cela,
nous ne serions pas venus. »

« Cependant les troupes criaient *vive l'Empereur*. M. le maréchal Ney était si bien résolu d'avance à prendre le parti de Bonaparte, qu'une demi-heure après cette lecture, il portait le grand aigle à l'effigie de l'usurpateur; et à moins de croire qu'il l'eût apporté dans l'intention de servir le roi, je demande ce qu'il faut penser de la conduite du maréchal. »

Après avoir entendu cette déposition, le maréchal se lève et dit avec dignité :

« Il y a huit mois que le témoin prépare son thême, et il a eu le temps de le bien faire; il a cru impossible que nous nous trouvassions jamais en face; il a pensé que je serais traité comme Labédoyère, et fusillé par jugement d'une commission militaire, mais il en est autrement. Je vais au but. Le fait est que, le 14, je l'ai fait demander, ainsi que le général Lecourbe; ils sont venus ensemble. Je suis fâché que Lecourbe ne soit plus (1); mais je l'invoque dans un autre lieu; je l'interpelle contre tous ces témoignages devant un tribunal plus élevé, devant Dieu qui nous entend tous; c'est par lui que seront jugés l'un et l'autre. J'étais la tête baissée sur la fatale proclamation, et vis-à-vis d'eux qui étaient adossés à la cheminée; je sommai le général Bourmont, au nom de l'honneur, de me dire ce qui se passait. Bourmont prend la proclamation, la lit, et dit qu'il est absolument de cet avis; il la passe à Lecourbe, qui la lit, et la rend à Bourmont. « Cela vous a été envoyé? dit-il... Il y a quelque rumeur... Il y a longtemps qu'on prévoit tout cela. »

« Le général Bourmont sortit et fit rassembler les troupes : *il avait eu deux heures pour réfléchir!*... Quant à moi, quelqu'un m'avait-il dit : où allez-vous? Vous allez risquer votre honneur, votre réputation pour une cause funeste!...

» Je n'avais pas besoin, monsieur de Bourmont, de votre

(1) Le général Lecourbe était mort pendant l'instruction du procès.

avis quant à la responsabilité dont j'étais chargé seul ; je demandais les lumières et les conseils d'hommes à qui je croyais une ancienne affection et assez d'énergie pour me dire : *Vous avez tort*. Au lieu de cela, vous m'avez entraîné, jeté dans le précipice.

» Bourmont rassembla les troupes sur une place que je ne connaissais même pas ; il pouvait, s'il jugeait ma conduite mauvaise, faire garder ma porte. J'étais seul, sans cheval, sans officiers ; mais il a beaucoup d'esprit, sa conduite a été très sensée. Je l'avais vivement prié de loger chez moi, il ne l'a pas voulu ; il s'éloigna, se réfugia chez le marquis de Vaulchier, formant ensemble des coteries pour être en garde contre les événements, et s'ouvrir, dans tous les cas, une porte de derrière.

» Ensuite, Bourmont et Lecourbe sont venus me prendre avec les officiers, et m'ont conduit au milieu du carré où j'ai lu la proclamation. Après cette lecture, nous avons été arrachés, étouffés, embrassés par les troupes, qui se sont retirées en bon ordre...

» M. de Bourmont prétend que je portais une décoration à l'effigie de Bonaparte. J'ai, au contraire, conservé celles du roi devant Bonaparte, et jusqu'à Paris où mon bijoutier m'en a fourni d'autres, ainsi qu'il en déposera (1). Comment est-il possible, général, que vous fassiez une pareille déposition?... C'est une infamie dont vous porterez la peine ! »

Après ces paroles qui produisirent la plus vive sensation, on continua à entendre les témoins. Dans la séance du lendemain 5, d'autres témoins furent entendus sur l'esprit et l'intention qui avaient présidé à la capitulation de Paris le

---

(1) Ce bijoutier, nommé Cailloué, demeurant au Palais-Royal, fut en effet entendu, et produisit ses registres constatant que le maréchal ne lui avait envoyé ses décorations à changer que le 25 mars.

3 juillet. Là, en effet, était toute la défense du maréchal, ainsi
que le disait plus tard Napoléon à Sainte-Hélène :

« La défense politique de Ney semblait toute tracée ; il
» avait été entraîné par un mouvement général qui lui avait
» paru la volonté et le bien de la patrie ; il avait obéi sans
» préméditation, sans trahison. Des revers avaient suivi ; il
» se trouvait devant un tribunal ; il ne lui restait plus rien à
» répondre sur ce grand événement, si ce n'est qu'il était à
» l'abri derrière une capitulation sacrée, qui garantissait à
» chacun le silence et l'oubli sur tous les actes, sur toutes les
» opinions politiques (1). »

Le premier témoin entendu sur ce point fut le prince d'Eck-
muhl ; il s'exprima ainsi :

« Dans la nuit du 2 au 3 juillet, tout était préparé pour
se battre. La commission envoya l'ordre de traiter avec les
généraux alliés. Les premiers coups de fusil avaient été tirés.
J'ai envoyé aux avant-postes pour arrêter l'effusion du sang.
La commission m'avait remis le projet de la convention ; j'y
ai ajouté tout ce qui est relatif à la démarcation de la ligne
militaire ; et en outre, les articles qui se rattachent à la sûreté des personnes et des propriétés, et j'ai spécialement chargé
les commissaires de rompre les conférences si les conditions
n'étaient pas ratifiées.

» Si la convention n'eut point été accordée telle qu'on la
demandait, continue le prince, j'aurais livré bataille. J'avais
vingt-cinq mille hommes de cavalerie, quatre à cinq cents
pièces de canon ; et si les Français sont prompts à fuir, ils auraient été prompts à se rallier sous les murs de Paris. »

M. le comte de Bondy, ancien préfet de la Seine, dépose
dans les mêmes termes. Il affirme que la principale base de
la capitulation de Paris, dont il est un des signataires, était
la tranquillité publique, la sûreté de Paris, le respect des
personnes et des propriétés. Il ajoute que l'art. 12 a été ac-

(1) *Mémorial de Sainte-Hélène.*

cepté de la manière la plus rassurante pour tous ceux qui y étaient compris.

Le maréchal Guilleminot dépose à peu près dans les mêmes termes :

« J'ai été, dit-il, chargé de stipuler l'amnistie en faveur des personnes quelles qu'eussent été leurs opinions, leurs fonctions et leur conduite ; ce point a été accordé sans aucune contestation. J'avais ordre de rompre toute conférence si l'on m'eut fait éprouver un refus ; l'armée était prête à attaquer ; c'est cet article qui lui a fait déposer les armes. »

L'audition des témoins étant terminée, la parole est donnée au procureur général Bellart qui résume tous les faits de l'accusation et termine ainsi :

« Le maréchal Ney, au premier rang de nos guerriers, l'un des citoyens les plus illustres qui firent longtemps la gloire de la France, ne devait chercher sa conduite que dans ses devoirs. Le danger n'était pas imminent. Pour la première fois de sa vie, le maréchal connaissait-il la peur ? Il pouvait prendre un moyen plus doux, il pouvait conserver encore sa gloire en refusant celle plus brillante qui lui était offerte, il pouvait rentrer dans la retraite, et conserver à son roi la foi qu'il lui avait jurée.

» Je m'arrête, messieurs les pairs, vos consciences apprécieront les charges contenues dans l'acte d'accusation. »

Après ce résumé, la séance est levée, et l'audience renvoyée au lendemain pour entendre les défenseurs du maréchal, Mes Berryer père et Dupin.

A l'ouverture de cette dernière séance, Me Berryer prend la parole ; il représente le maréchal ne paraissant auprès de l'Empereur que pour gémir de l'imprudence qu'il sentait lui-même avoir commise en s'associant à ses nouveaux destins ; il rappelle le discours du maréchal à la Chambre des pairs, après la bataille de Waterloo. Il veut ensuite s'appuyer sur l'art. 12 de la capitulation de Paris, le 3 juillet 1815 ; mais le pré-

sident l'interrompt aussitôt et s'oppose à toute espèce d'argu-
mentation sur ce point.

« J'interdis, dit-il, aux défenseurs de raisonner d'un traité
auquel le roi n'a eu aucune participation, d'un traité qui est
plus qu'étranger à Sa Majesté, puisque vingt-un jours plus
tard, et en présence même des souverains alliés, elle a rendu
ses ordonnances du 24 juillet. »

Me Dupin prend la parole à son tour, et il invoque le traité
du 20 novembre 1814, en vertu duquel, Sarre-Louis, ville
natale du maréchal Ney ne fait plus partie de la France. Aussitôt, le maréchal se lève, et interrompant son défenseur, il
s'écrie :

« — Oui, je suis Français, je mourrai Français !... Jusqu'ici, ma défense a paru libre, je m'aperçois qu'on l'entrave
à l'instant. Je remercie mes défenseurs de ce qu'ils ont fait et
de ce qu'ils sont prêts à faire, mais je les prie de cesser plutôt
de me défendre tout-à-fait, que de le faire imparfaitement.
J'aime mieux n'être pas du tout défendu que de n'avoir qu'un
simulacre de défense.

» Je suis accusé contre la foi des traités, et on ne veut pas
que je les invoque ! Je fais comme Moreau : j'en appelle à
l'Europe et à la postérité ! »

À peine a-t-il cessé de parler que le procureur général Bellart prend la parole, et dans un réquisitoire passionné, sur lequel il versa plus tard des larmes de repentir, il demanda que
la Chambre appliquât au maréchal Ney les articles du Code pénal relatifs aux individus convaincus du crime de haute trahison, et d'attentat à la sûreté de l'Etat.

À cinq heures d'après midi, la Chambre se retire pour délibérer ; elle rentre en séance à onze heures, et le président
prononce un arrêt portant que Michel Ney, maréchal de France,
duc d'Elchingen, prince de la Moskowa, ex-pair de France,
convaincu du crime de haute trahison et d'attentat à la sûreté
de l'Etat, est condamné à la peine de mort. Le président, sur

la réquisition du procureur général, déclare en outre que le maréchal ayant manqué à l'honneur, ne fait plus partie de la Légion-d'Honneur.

Le maréchal n'ayant point assisté à la lecture de l'arrêt qui le condamnait, ce fut M. le chevalier de Cauchy, secrétaire archiviste de la Chambre des pairs que l'on chargea de la douloureuse mission de le lui lire.

Lorsqu'on en vint à ses titres, il interrompit le lecteur : « Dites Michel Ney, s'écria-t-il, et bientôt, un peu de pous-» sière. » Puis il continua d'entendre la lecture, sans donner la moindre marque d'émotion. Aussitôt qu'elle fut achevée, M. Cauchy lui annonça qu'il lui était permis de faire ses adieux à sa femme et à ses enfants : « J'y consens, dit le maréchal, » et je vous prie de leur écrire qu'ils peuvent venir me voir » entre six et sept heures du matin ; mais j'espère que votre » lettre ne dira point à la maréchale que son mari est con-» damné. C'est à moi à lui apprendre mon sort. »

Le maréchal se jeta tout habillé sur son lit, et s'endormit avec beaucoup de calme, jusqu'à cinq heures du matin, heure à laquelle arriva son épouse. Comme on le pense bien, le premier moment de cette entrevue fut très touchant ; car bien que la maréchale n'ignorât pas que le sort de son époux fût fixé, elle était loin de penser que l'instant qui le lui devait ravir pour jamais, ne fût éloigné d'elle que de quelques heures.

En vain le maréchal, qui avait conservé une grande fermeté d'âme, voulut lui persuader qu'il espérait passer quelques instants, le soir du même jour, au milieu de sa famille, et qu'ainsi cette entrevue n'était pas la dernière ; les forces abandonnèrent la maréchale, et elle tomba sans mouvement sur le parquet. Cette scène de douleur se prolongea jusqu'à l'arrivée de ses quatre enfants, que conduisait madame Gomot, leur tante.

Alors cette scène attendrissante se renouvela avec plus d'éclat, et Ney qui craignait sans doute, en la prolongeant trop longtemps, de diminuer la fermeté dont il avait besoin dans un moment aussi solennel, embrassa sa famille et lui ordonna de se retirer.

La dernière heure de Ney approchait ; sur le point de rompre avec tous les liens qui l'attachaient à la terre, il voulut goûter les seules et dernières consolations auxquelles a recours l'infortune ; il fit donc appeler M. le curé de Saint-Sulpice qui vint sur-le-champ. Après un entretien assez long, cet ecclésiastique se retira, lui promettant bien de venir l'assister à ses derniers moments. Il tint parole, à huit heures il était de retour.

A neuf heures, on avertit le maréchal que le moment était arrivé. Il descendit de l'air le plus calme au milieu de deux lignes de militaires qui bordaient son passage, et se prolongeaient jusqu'à la voiture. Quand il y fut arrivé, il s'adressa au curé de Saint-Sulpice et lui dit : «Montez le premier, M. le » curé, je serai plutôt que vous là haut. »

Le cortége se mit en marche, traversa le jardin du Luxembourg, et se dirigea vers la grille du côté de l'Observatoire. Arrivé à cette distance, un officier de gendarmerie ouvrit la portière et prévint le maréchal qu'il était tout près du lieu de l'exécution. Il en descendit et fit ses adieux à M. le curé de Saint-Sulpice, en lui remettant des aumônes pour les pauvres de sa paroisse, et une boîte d'or qu'il le pria de faire tenir à son épouse.

Parvenu au lieu où était placé le peloton de vétérans qui devait faire feu sur lui, on lui proposa de lui bander les yeux.

« — A quoi bon ? répondit-il ; ne savez-vous pas qu'il y a vingt-cinq ans que je suis habitué à regarder en face les balles et les boulets ? »

Otant alors son chapeau, de la main gauche, et l'élevant au-dessus de sa tête, il s'écria :

« Je proteste contre le jugement qui me condamne! J'eusse mieux aimé mourir pour ma patrie devant l'ennemi ; mais c'est encore ici le champ d'honneur... Vive la France ! »

Il fut interrompu par le général comte Rochechouart qui craignant l'effet de ces paroles sur les soldats leur ordonna de faire leur devoir. Le maréchal qui s'était tu, reprit la parole et dit en plaçant sa main droite sur son cœur : « Camarades, c'est là qu'il faut tirer ! »

Il avait à peine prononcé ces mots, qu'il tombait percé de dix balles dont six lui avaient traversé le cœur.

Son corps fut porté à l'hospice de la Maternité où il resta jusqu'au lendemain. Puis, on le rendit à sa famille qui le fit inhumer sans appareil au cimetière de l'Est.

Telle fut la fin de l'un des plus grands capitaines des temps modernes, qui fut en même temps l'une des gloires de la France, et dont les grandes et belles actions feront l'admiration des siècles futurs.

DIDIER.

(1816).

Né à Upie (Drôme), en 1758, Didier, après de brillantes études, était devenu avocat au parlement de Grenoble ; quelques années lui avaient suffi pour acquérir une grande et belle réputation justifiée par son talent et par son caractère, lorsque la révolution éclata. Les parlements ayant été supprimés, l'avenir du jeune avocat se trouva fortement compromis ; sa carrière était brisée; tout le fruit de ses efforts, de ses travaux, de ses longues études était perdu. Pourtant il supporta ce malheur avec résignation, car c'était au nom de la *liberté* qu'il était frappé, et ce nom déjà faisait battre son cœur et éveillait en lui de sublimes espérances.

Mais bientôt le règne de la terreur vint détruire les illusions de Didier : ennemi de toute exagération, il devint suspect aux fougueux démocrates arrivés au pouvoir; sa liberté, sa vie furent menacées : il quitta la France en 1793, non pour y rentrer les armes à la main ; mais pour attendre que l'orage fût passé, et que le calme lui permît de se montrer tel qu'il était, patriote éclairé, partisan sincère des idées nouvelles ; mais ne pouvant se résoudre à les faire prévaloir par la violence et la force brutale.

32

Deux années s'étaient écoulées lorsque Didier rentra dans sa patrie : ses biens avaient été confisqués et vendus ; il ne s'en plaignit pas. Il comptait pour rétablir sa fortune anéantie sur son intelligence ; elle ne lui fit pas défaut, et à force de travail il parvint à racheter l'héritage dont on l'avait dépouillé.

L'ordre s'étant rétabli, Didier devint successivement membre du collège électoral, et candidat au corps législatif. Nommé à plusieurs reprises président des députations envoyées par son département à Napoléon, il saisit avec empressement ces occasions d'être utile à son pays ; ainsi il demanda successivement à l'empereur, et il obtint qu'une route de communication fût ouverte dans les Alpes, entre la France et l'Italie, par le mont Genèvre et par Grenoble ; que des fonds fussent consacrés au dessèchement d'immenses marais entre Lyon et Bourgoin, ce qui rendit à l'agriculture plus de 20,000 arpens d'excellentes terres. Ce fut aussi à sa sollicitation qu'une école d'artillerie et une école de droit furent établies à Grenoble, par Napoléon qui, pour lui témoigner l'estime qu'il faisait de sa personne et de ses talents, le nomma directeur de cette dernière école.

Ce fut dans cette position que la restauration trouva Didier. Louis XVIII le nomma maître des requêtes, membre de la Légion-d'Honneur, et lui offrit une place de conseiller à la cour de cassation ; mais il refusa cette dernière faveur qui l'eût obligé à quitter la ville qu'il aimait.

Napoléon revenu de l'île d'Elbe offrit à Didier d'importantes fonctions, mais ce dernier les refusa ne se croyant pas dégagé envers le roi. Certes, de pareils sentiments n'annonçaient pas un conspirateur. Comment se fit-il donc que, moins de huit mois après la seconde restauration, Didier prît les armes pour renverser le trône de ce roi auquel il s'était montré fidèle dans le malheur ? C'est à quoi il a été impossible jusqu'ici de répondre d'une manière satisfaisante. On a pensé que les massacres du midi, les assassinats juridiques du maréchal Ney, des frères Faucher, du général Labédoyère, les rigueurs de la chambre introuvable, l'abaissement de la France, la destruction des institutions libérales ; on a pensé, disons nous, que toutes ces choses avaient pu pousser Didier au désespoir, mais nous croyons qu'aucun de ces griefs ne fut pour lui la cause déterminante.

Il est certain pourtant que Didier voyait avec douleur le gouvernement de son pays engagé dans cette voie rétrograde. Vers la fin de 1815, il fit plusieurs voyages en Italie ; il se rendit aussi à Clermont où se trouvait le général Excelmans, et il paraît qu'il fit part à ce général d'un projet qu'il avait conçu, dit-on ; mais que nous croyons lui avoir été communiqué : il s'agissait de soulever le Dauphiné, de marcher sur Lyon, de se joindre aux hommes dont le mouvement, dans cette dernière ville, avait échoué peu de temps auparavant, et de former ainsi une sorte de Vendée patriotique. Au profit de qui tout cela devait-il s'exécuter ?.....

M. Barginet, que l'auteur de ces lignes a beaucoup connu, et qui fut un des personnages les plus compromis dans l'affaire Didier, a dit souvent depuis 1830, que lui Barginet, et un grand personnage qu'il ne pouvait nommer étaient les seuls qui pussent répondre à cette question. Aujourd'hui, M. Barginet est mort ; il n'y a plus qu'une personne au monde qui sache la vérité sur cette affaire, et il est fort présumable qu'elle ne la fera jamais connaître.

Quoiqu'il en soit, le général Excelmans ayant refusé de prendre part à cette levée de boucliers, Didier et les principaux conjurés n'en furent point découragés ; ils travaillèrent avec ardeur à la réalisation de leur projet, et parvinrent à réunir dans les environs de Grenoble un grand nombre de partisans. Il leur suffit pour cela de répandre le bruit de l'annullation prochaine de la vente des biens nationaux, du rétablissement de la dîme et de la corvée. Enfin le moment d'agir est arrivé ; Didier réunit trois ou quatre cents hommes la plupart de Vizille et de Mûre ; il se met à leur tête, les harangue, et cette troupe, armée tant bien que mal, marche sur Grenoble.

Cependant, la police, alors dirigée par M. Decazes, n'ignorait rien de ce qui se passait. Le général Donadieu qui commandait à Grenoble reçut l'ordre de se tenir sur ses gardes et d'être impitoyable.

Didier, comptant sur les intelligences qu'il s'était ménagées dans Grenoble, s'attendait à voir les portes de cette ville s'ouvrir à la première sommation. Dans la nuit du 3 au 4 mai, il arrive avec sa troupe sous les murs de la place et s'avance jusqu'aux glacis. Tout à coup, une décharge terrible, partie des remparts, renverse la moitié des insurgés ; le reste se débande, prend la fuite, et Didier est entraîné au milieu de ces fuyards qu'il tente vainement de rallier. Alors la légion de l'Hérault, qui avait engagé le combat d'une manière si terrible, est lancée dans la campagne : ce n'est plus un combat c'est une boucherie : de malheureux paysans blessés, sans défense sont impitoyablement massacrés. Ceux qui échappent à ce premier moment de fureur sont amenés prisonniers. La cour prévôtale s'assemble : les prisonniers lui sont livrés, et elle demeure en permanence pour les expédier plus promptement. Tous sont condamnés à la peine de mort, et les premiers jugés sont fusillés sur le champ.

La terreur se répand dans la ville ; les boutiques se ferment, un silence de mort règne partout. Effrayé de sa facile et sanglante victoire, le général Donadieu demande des ordres au gouvernement en lui exposant la situation des choses ; le télégraphe lui répond : *Tuez !* Et les fusillades continuent !....

Didier était parvenu à se réfugier en Savoie ; il y passa près de deux mois sans être découvert ; mais au bout de ce temps, l'autorité parvint à s'emparer de deux de ses compa-

gnons qui connaissaient sa retraite ; elle promit de leur faire
grâce s'ils voulaient le livrer ; le marché fut accepté, et Didier
arrêté et conduit à Grenoble, fut à son tour mis en jugement
le 11 juillet. Jamais accusé ne montra plus de dignité dans
une circonstance aussi solennelle ; calme, impassible, le front
serein, le regard assuré, Didier répondit avec noblesse à toutes les questions qui lui furent faites, il ne fit entendre aucune
plainte, et il n'accusa personne.

 « Accusé, lui dit le président, la justice a dû jusqu'ici se
montrer prompte et sévère ; le gouvernement s'est montré inflexible ; cela devait être ; le salut de l'état l'exigeait. Mais
aujourd'hui nul obstacle ne s'opposerait à ce que la miséricorde royale vous vînt en aide, comme récompense de votre
sincérité. Certes ce n'est pas en comptant seulement sur l'éga-
rement de quelques centaines de paysans que vous avez pu
vous décider à lever l'étendart de la révolte...... Didier, nous
vous adjurons, dans l'intérêt de la France, et dans le vôtre,
de dire toute la vérité..... la vérité qui est maintenant votre
seule planche de salut.

— J'ai dit tout ce que je devais, répondit Didier en souriant
tristement, abstenez-vous, je vous prie, de menaces et de promesses ; car ni les uns, ni les autres ne sauraient changer ma
détermination.

— Ainsi, reprit le président, vous refusez d'entrer dans la
seule voie de salut qui vous reste? »

Didier baissa la tête et se tut. Un mot, peut-être, un seul
mot eût pu le sauver ; mais peut-être aussi, ce mot eût-il
compromis une autre personne.... Il ne le dit point, et il entendit sans pâlir prononcer l'arrêt qui le rayait de la liste des
vivants. Ce fut avec le même calme, le même stoïcisme
qu'il marcha à la mort en faisant un dernier vœu pour l'af-
franchissement et le bonheur de sa patrie.

Depuis cette époque, de violentes polémiques ont été en-
gagées à propos de cette déplorable affaire ; le général Do--

nadieu chercha à plusieurs reprises à secouer l'odieux qu'il avait recueilli de cette expédition ; il publia des mémoires dans lesquels il s'efforça d'établir que loin d'outre passer les ordres qu'il avait reçus du gouvernement dans cette circonstance, il en avait atténué les rigueurs et avait ainsi assumé une terrible responsabilité ; dans ces écrits, il somme les hommes qui étaient alors au pouvoir de faire connaître la vérité ; mais ces hommes sont muets comme la tombe des victimes. Que pourraient-ils dire d'ailleurs, si, ainsi que l'a souvent répété M. Barginet, il n'y a plus qu'un seul personnage au monde qui sache le mot de cette sanglante énigme ?

LOUVEL.

(1820.)

Le 13 février 1820, vers onze heures du soir, le duc de Berri, second fils du comte d'Artois (depuis Charles X) sortait de l'opéra, situé alors rue de Richelieu, où il avait passé la soirée avec la duchesse sa femme. Déjà la princesse était remontée en voiture, lorsqu'un homme qui s'était glissé parmi les personnes de la suite du prince, saisit ce dernier à l'épaule gauche, d'une main, le frappa de l'autre d'un coup de poignard au côté droit, et prit la fuite. Aux cris du prince, deux de ses aides-de-camp qui l'environnaient, et le factionnaire de la petite porte de l'Opéra s'élancèrent sur les traces de l'assassin qui fut arrêté presque au même instant par un garçon limonadier qui se trouvait sur son passage. Cet homme était Louvel (Louis-Pierre), ouvrier sellier, né à Versailles en 1783.

Probe, laborieux, économe, frugal, Louvel n'avait jamais jusque là commis la moindre action répréhensible; il était sombre, taciturne; mais il aimait à rendre service, et il était également considéré de ses maîtres et des ouvriers avec lesquels il travaillait. En 1806, la conscription l'avait fait soldat, et il était entré dans un régiment du train d'artillerie de la garde impériale ; mais il avait été réformé au bout de six mois pour cause d'infirmités.

En 1814, lors de la restauration, Louvel se trouvait à Metz; la chute du gouvernement impérial lui causa un vif chagrin, car son enthousiasme pour Napoléon était extrême : il conçut alors le projet d'assassiner le duc de Berri ; puis il résolut de frapper le comte d'Artois (depuis Charles X) qui se trouvait alors à Nanci, et enfin il quitta Metz pour se rendre à Calais afin de tuer Louis XVIII au moment où il débarquerait. Mais arrivé à Calais, il abandonna ses desseins, et il se rendit à l'île d'Elbe où il fut d'abord employé par le maître sellier de Napoléon. Congédié peu de temps après, par suite de réformes économiques, il vint ensuite travailler à Chambéry, d'où il se rendit à Lyon où il rejoignit Napoléon, débarqué quelques jours auparavant au Golfe-Juan. Il suivit l'empereur à Paris. Placé de nouveau dans la maison impériale comme ouvrier sellier, il fit, en cette qualité, la campagne de 1815, revint à Paris après la bataille de Waterloo ; et fut attaché aux équipages qui suivirent Napoléon jusqu'à La Rochelle.

De retour à Versailles au mois d'octobre 1815, Louvel fut placé par un de ses parents aux écuries du roi, à Paris, et pendant quatre ans sa conduite y fut irréprochable ; cependant, il avait repris ses projets d'assassinat.

« Depuis mon retour de l'île d'Elbe, dit-il, au moment de son arrestation, et même depuis 1814, je n'ai cessé de rouler mon projet d'exterminer les Bourbons. J'avais voulu l'exécuter à Calais, soit sur le roi, soit sur celui des princes que j'y aurais trouvé. Venu de Calais à Fontainebleau, j'y avais apporté la même volonté.

« Depuis lors, j'ai cherché sans relâche les occasions d'exécuter mon dessein, soit à Paris, soit à Versailles, soit à Saint-Germain, soit à Saint-Cloud, soit à Fontainebleau. Je savais que je me perdais ; je savais que ma tête devait tomber ; mais les Bourbons me semblaient trop coupables pour y renoncer. J'ai couru çà et là pour réussir.

« Je me rendis à Fontainebleau en 1816, pour le service des équipages, lors de l'arrivée de madame la duchesse de Berry en France. Je cherchai des occasions. J'allais aux chasses. J'allais aussi aux chasses de Saint-Germain. Je suis allé à ces dernières chasses plus de cinquante fois ; c'est-à-dire, à toutes celles que je pouvais soupçonner. Je les suivais toujours à pied. J'y allais même de Paris, ainsi qu'aux chasses de Vincennes et de Meudon, sans le dire à ma sœur. Pour m'en ménager le temps et faire concorder mes devoirs avec mes courses, je forçais mon travail, et j'allais au-devant des besoins du service.

« Je portais toujours un poignard sur moi, quand je supposais que je pourrais rencontrer un Bourbon, mais constamment avec la résolution de commencer par M. le duc de Berry, comme le plus jeune. Je commençais par le plus jeune parce que c'était le plus sûr moyen d'éteindre la race ; parce que, d'ailleurs, je n'avais qu'une vie, et que je voulais qu'elle me fût payée cher. Après M. le duc de Berry, j'aurais tué M. le duc d'Angoulême, puis Monsieur, puis le roi ; j'en voulais à tous les Bourbons. Après le roi, je me serais peut-être arrêté ; il est même possible que je me fusse arrêté après Monsieur, si je n'avais pas réussi à atteindre le roi. Les seuls coupables sont ceux, princes ou particuliers, qui ont porté les armes contre leur pays.

« Je ne suivais pas seulement les Bourbons aux chasses ; depuis trois ans, presque tous les soirs, je rôdais autour du spectacle auquel je supposais que le prince pourrait aller. Pour le savoir, je lisais les affiches ; car je conjecturais la probabilité de son assistance à tel ou tel spectacle, par la qualité des pièces. S'il devait se rendre à Feydeau, je ne m'y trouvais pas, parce que, comme il avait une entrée particulière

où le public n'était pas admis, il n'y avait rien à faire. Quand
j'allais autour de l'Opéra, et qu'il n'y était pas arrivé à huit
heures un quart, temps qu'il ne dépassait jamais, je me
retirais.

« Quoique nullement religieux. je suivais M. le duc de
Berry dans les églises où il allait. C'est ainsi que, plusieurs
années de suite, je suis allé à l'Assomption, le jour de la Fête-
Dieu, parce que j'étais sûr de l'y trouver. La foule et la
garde m'ont presque toujours empêché d'arriver jusqu'à lui.
Lors de la dernière fête, notamment, je fis tous mes efforts
pour parvenir à la voiture ; cela me fut impossible.

« Depuis bien des jours, continua-t-il, je cherchais l'occasion de consommer mon dessein. J'étais allé rôder le 11
autour de l'Opéra, le 12 autour de Feydeau, et toujours
sans fruit.

« Le dimanche gras, je me levai de bonne heure. Après
quelque soins de ménage et de toilette, auxquels je me li-
vrai dans ma chambre, je fis mon déjeûner chez Dubois,
aubergiste, rue Saint-Thomas-du-Louvre, où je mangeais
toujours. Je rentrai. Je causai quelques moments avec Barbé,
son perruquier, et deux autres personnes qui étaient chez lui,
de choses indifférentes. Puis, j'allai dans ma chambre prendre
un poignard, comme c'était ma coutume toutes les fois que
je voulais rôder ; c'était le plus petit. Je sortis pour voir les
masques et le bœuf gras : il pouvait être alors une heure et
demie. Ma promenade, après divers tours dans la rue de
Rivoli et les rues adjacentes, me conduisit, par le boulevart
d'où je poussai par la place Louis XV, à travers les Champs-
Elysées, jusqu'à moitié chemin de la barrière de l'Etoile, à
la porte Maillot. Il se faisait tard ; je regagnai l'auberge de
Dubois ; j'y arrivai vers cinq heures et demie. J'y dînai à
côté du nommé Basemont, maréchal des écuries, qui ne me
dit et à qui je ne dis rien de remarquable. Sept heures son-
nèrent ; je remontai dans ma chambre pour prendre mon

second poignard ; je le plaçai dans l'un des goussets de mon
pantalon, et l'autre poignard dans l'autre gousset. Ainsi armé,
je me rendis près de l'Opéra : j'avais jugé que le spectacle
extraordinaire de ce jour y appellerait le prince. Je ne m'é-
tais pas trompé. A huit heures, le prince et la princesse arrivèrent. Quand M. le duc de Berri descendit, je voulus le frapper ; le courage me manqua, comme cela m'était arrivé déjà
bien des fois : il passa. J'entendis donner aux voitures, de
bouche en bouche et tout haut, l'ordre de venir à onze heures moins un quart. »

Pendant que Louvel faisait ce récit avec un incroyable sang-
froid, les secours de l'art étaient prodigués au duc de Berri
que l'on avait transporté dans un petit salon attenant à la loge ;
mais la blessure était mortelle, et le prince expira vers six
heures du matin entre les bras du roi qui s'était rendu près
de lui.

Transféré à la conciergerie, Louvel y demeura jusqu'au
cinq juin, jour de sa mise en jugement devant la chambre
des pairs. Pendant tout le temps que dura sa captivité ; il ne
cessa de montrer la plus grande tranquillité d'esprit. Il par-
lait volontiers du crime qu'il avait commis, non pas pour s'en
vanter ; mais comme d'une nécessité résultant du malheur
des temps. Il discutait sans aigreur et maintenait son opinion
sans pourtant trop insister pour la faire prévaloir.

« — Je sais bien, disait-il, que je ne suis pas orateur ;
« mais je suis les règles de la raison. Je n'en voulais pas au
« prince personnellement ; je crois même qu'il était bon ;
« mais c'était un bourbon, et je suis convaincu que la
« France ne peut être heureuse sous cette race ; et l'on
« peut bien me tuer ; mais on ne pourrait me faire changer
« d'opinion. Ce qui me contrarie fort, c'est que l'on fasse
« durer si longtemps l'instruction de cette affaire. Qu'espère-
« t-on, qu'attend-on ? Est-ce que je ne me suis pas, dès le
« premier moment, expliqué avec la plus grande franchi-

« se?... Un homme a commis un assassinat; il l'avoue; il dit
« ses motifs; ne cherche pas à s'excuser, et affirme qu'il
« n'éprouve pas le moindre regret; il me semble qu'il ne
« s'agit plus que d'ouvrir le Code pénal et de lui appliquer
« la peine voulue. Mais il paraît qu'on veut faire de l'éclat,
« et je n'ai pas le droit de m'y opposer. »

« Ce qui est fâcheux pour moi, disait-il une autre fois,
« c'est que l'on s'efforce, j'en suis certain, de me faire pas-
« ser pour un grand scélérat, pour un buveur de sang, et
« cependant à l'exception de ce qui est arrivé dans cette cir-
« constance, je n'ai jamais fait ni tort, ni mal à personne.
« Content de mon sort, j'ai toujours vécu de mon travail; je
« n'ai obéi ni à l'orgueil, ni à la haine, ni à l'envie. Heu-
« reusement la vérité finit toujours par se savoir quelque
« soin que l'on prenne de la cacher, et l'on saura certaine-
« ment un jour que je n'ai pas été poussé par le désir de
« verser le sang. »

Cette assurance, ce mépris de la vie, cette résignation complète se révélait en lui à chaque instant et jusque dans les
plus petites circonstances. Un des gardes qui restaient constamment près de lui, s'étant plaint de la fatigue que lui
causait les veilles auxquelles il devait se soumettre, Louvel
blâme hautement le mode de surveillance que l'on avait
adopté à son égard.

« Il est donc bien important, dit-il, que l'on me voie dor-
« mir? J'ai déclaré que je n'attenterais pas à ma vie, et cela
« devrait suffire, car on doit savoir que je tiens à ma parole
« et que lorsque je prends une résolution elle est bien prise. »

Le 19 mai, MM. Bonnet et Archambault, avocats, le visi-
tèrent, et lui annoncèrent qu'ils étaient nommés d'*office* pour
le défendre, mais que cependant, il était libre de faire un
autre choix.

« Messieurs, leur répondit-il, je m'en rapporte parfaite-
« ment à vous; d'ailleurs, il y a bien peu de chose à dire.

« On m'a signifié l'acte d'accusation ; je l'ai trouvé bien :
« je crois que vous en serez contents. Lundi on me mettra en
« jugement, mardi je serai condamné..... ; eh bien ! tout
« pourra être terminé mercredi. »

Dans une autre visite, il leur tint ce propos : « Je suis
« extrêmement curieux de savoir ce que vous pourrez dire
« pour me défendre dans tous les cas, n'allez pas me contre-
« dire ! »

Le cinq juin, Louvel est amené à la chambre des pairs
constituée en cour de justice : il paraît calme, et il écoute la
lecture de l'acte d'accusation sans donner le moindre signe
d'émotion. C'est avec le même sang-froid qu'il répond aux
questions que lui adresse le président, et qu'il répète le récit
qu'il avait fait au moment même de son arrestation.

« — Si vous avez le malheur de ne pas croire à la justice
divine, lui dit le président, vous deviez du moins craindre la
justice des hommes et le châtiment de votre crime.

« — C'est si peu de chose !... Il ne faut voir en moi qu'un
français qui se sacrifie.

« — Vous avez entendu les cris douloureux du prince qui,
au moment de mourir du coup que vous lui avez porté,
vous pardonnait et priait pour vous, cela ne vous a-t-il pas
touché ?

« — Pardonnez-moi.

« — Ne voulez-vous pas revenir à cette religion qui lui a
inspiré de si beaux sentiments ?

« — La religion n'est pas un remède au crime que j'ai
commis.

« — Vous reconnaissez donc que c'est un crime que vous
avez commis ?

« — Oui, c'est une chose horrible que d'aller derrière un
homme pour le poignarder. Je reconnais que c'est un horrible
crime. J'y ai été porté par l'intérêt de la France, et je me suis
sacrifié pour elle. »

Après l'audition des témoins qui ne fait connaître aucune circonstance nouvelle, la séance est levée et l'audience renvoyée au lendemain. Louvel, reconduit dans sa chambre dit au grand référendaire, le marquis de Sémonville qui vint le visiter.

« — Depuis que je suis en prison, j'ai toujours couché sur de très gros draps. Je voudrais bien, *pour la dernière nuit*, en avoir de fins. »

Cette faveur lui ayant été accordée, il soupa de très bon appétit, se coucha, s'endormit paisiblement et ne se réveilla que le lendemain vers six heures. A dix heures, il parut de nouveau devant la cour. Il écouta avec une apparente indifférence le réquisitoire du procureur général, puis les plaidoyers de ses avocats qui le présentèrent comme un insensé poussé au crime par une horrible monomanie; il tira ensuite de sa poche quelques feuilles de papier, et d'une voix assurée il lut ce discours :

« J'ai aujourd'hui à rougir d'un crime que j'ai commis seul. J'ai la consolation de croire, en mourant, que je n'ai point déshonoré ma nation ni ma famille. Il ne faut voir en moi qu'un Français dévoué à se sacrifier pour détruire, suivant mon système, une partie des hommes qui ont pris les armes contre ma patrie. Je suis accusé d'avoir ôté la vie à un prince : je suis seul coupable; mais parmi les hommes qui occupent le gouvernement, il y en a d'aussi coupables que moi. Ils ont, suivant moi, reconnu des crimes pour des vertus. Les plus mauvais gouvernements que la France a eus ont toujours puni les hommes qui l'ont trahie ou qui ont porté les armes contre la nation.

« Suivant mon système, lorsque des armées étrangères menacent, les partis dans l'intérieur doivent cesser et se rallier pour combattre, pour faire cause commune contre les ennemis de tous les Français. Les Français qui ne se rallient pas sont coupables. Suivant moi, le Français qui est obligé de sortir de France par l'injustice du gouvernement, si ce même Français se met à porter les armes pour les armées étrangères contre la France, alors il est coupable. Il ne peut rentrer dans la qualité de citoyen français.

« Selon moi, je ne peux m'empêcher de croire que si la bataille de Waterloo a été si fatale à la France, c'est qu'il y avait à Gand et à Bruxelles des Français qui ont porté dans les armées la trahison, et qui ont donné des secours aux ennemis.

« Suivant moi, et selon mon système, la mort de Louis XVI était nécessaire, parce que la nation y a consenti.... Si c'était une poignée d'intrigants qui se fût portée aux Tuileries et qui lui eût ôté la vie sur le moment, c'eût été différent ; mais comme Louis XVI et sa famille sont restés longtemps en arrestation, on ne peut pas concevoir que ce ne soit pas de l'aveu de la nation ; de sorte que s'il n'y avait eu que quelques hommes, il n'aurait pas péri ; la nation entière s'y serait opposée... Aujourd'hui, ils prétendent être les maîtres de la nation ; mais suivant moi, les Bourbons sont coupables, et la nation serait déshonorée si elle se laissait gouverner par eux. »

L'accusé est ensuite emmené, et la cour, après délibération, rend un arrêt qui le condamne à la peine de mort.

Louvel dînait lorsque le greffier vint lui donner lecture de cet arrêt ; il l'entendit sans rien perdre du calme qu'il avait montré jusque là.

« Vous n'avez plus rien à espérer des hommes, lui dit le greffier après avoir lu ; votre seule ressource est dans la miséricorde de Dieu. Il pardonne, ce Dieu miséricordieux, au plus grand coupable quand il témoigne du repentir et des regrets sincères,..

« — Des regrets ! interrompit Louvel, je n'en ai pas.

« — La porte de l'éternité va s'ouvrir devant vous, reprit le greffier, occupez-vous de votre salut.

« — Je n'ai pas besoin de prêtre ; et puisque je dois mourir, pourquoi demain ? pourquoi pas aujourd'hui ? je suis tout prêt. »

Il n'en dit pas davantage, et il acheva tranquillement de dîner. Cependant, le lendemain, il consentit à recevoir l'abbé Montès et un autre ecclésiastique. Ce jour-là, 7 juin, à six heures du soir, il monta dans la charrette sans montrer le moindre trouble. Arrivé au pied de l'échafaud, l'abbé Montès redoubla de zèle pour l'engager à se repentir.

« — Eh bien ! dit-il, j'en suis fâché ; mais hâtons-nous, car on m'attend là-haut. »

Il monta les marches d'un pas assuré ; arrivé sur la plate-forme, il promena tranquillement ses regards sur la foule qui l'environnait, puis il se livra à l'exécuteur et reçut la mort sans avoir montré un seul instant de faiblesse.

... dans la ... ... sans secouer le
... Arrivé au piédale ... ... Montès
... ... l'ange ... a ... répondre.
... ... nous ... ; mais hâtons-nous,

... ... serré sur la plate-
... ... sur la foule qui
... ...
... ... un seul instant de ...

GUINDON, DIT ROQUEFORT,

Assassin du maréchal Brune.

(1821.)

Le 2 août 1815, le général Brune se trouvant à Avignon, l'hôtel qu'il occupait fut tout-à-coup assailli par une populace furieuse qui, aux cris de *vive le roi*! se livrait là, comme dans plusieurs autres villes du midi de la France, au pillage et à l'assassinat. Pendant deux heures, le maréchal, aidé de quelques personnes, soutint une espèce de siége; mais les assassins devenant de plus en plus nombreux parvinrent enfin à pénétrer dans l'hôtel; ils arrivèrent jusqu'au maréchal qui, avant d'avoir pu se faire entendre tomba frappé de plusieurs coups de feu.

Les brigands se jetèrent sur son cadavre qu'ils mutilèrent horriblement; puis, ils s'emparèrent de tous les effets et de l'argent qui lui appartenait et ils se les partagèrent; après quoi, ils recommencèrent à outrager les dépouilles mortelles du brave maréchal; ils traînèrent son cadavre dans les principales rues de la ville, et finirent par le précipiter dans le Rhône. Il fut trouvé et recueilli quelques jours après sur les bords du fleuve.

Près de quatre ans s'étaient écoulés depuis la perpétration de cet horrible crime, dont les autorités d'Avignon s'étaient

34

rendues complices en constatant faussement que le maréchal s'était suicidé. Les assassins étaient connus ; un d'eux, celui qui avait tiré le premier sur le maréchal, le nommé Guindon dit Roquefort, se vantait publiquement de cet assassinat, et la justice demeurait muette et inactive ; enfin, au mois de mars 1819, la maréchale qui n'avait point quitté le deuil, se trouva sur le passage de Louis XVIII, et lui présenta une requête ainsi conçue :

« Sire, puisque toute justice émane du roi, c'est au roi que je demande justice.

« Un horrible attentat a été commis sous le règne de votre majesté. Un des grands officiers de la couronne, un maréchal de France, a été lâchement assassiné, et depuis près de quatre ans, ce crime si public, si révoltant, n'a pas été puni.

« On s'étonnerait de cette impunité, et l'on accuserait mon propre silence, si l'on ne savait aujourd'hui que, pendant tout ce temps, il n'était pas possible d'obtenir justice de l'esprit de parti.

« Les débats récemment élevés au sein de la chambre des « députés ont amené des révélations trop nécessaires. Je ci- « terai peu de faits, a dit un ministre ami de la justice, dont « il est le chef, je citerai peu de faits, mais marquants, mais « notoires ; je les citerai sans réflexions. »

« Le général commandant à Nimes protégeait au milieu d'une sédition, de sa personne et de son épée, l'ordre public et les citoyens. Il est frappé d'un coup de feu dans la poitrine tiré à bout portant. L'auteur du crime est saisi, le fait est certain, avoué. Le juge pose cette question : L'homicide a-t-il été commis dans le cas d'une légitime défense ? Le jury répond affirmativement, et l'accusé est acquitté !

« Un autre général, commandant à Toulouse, veut apaiser une émeute, et reçoit une blessure dangereuse. Il est porté dans son domicile : ses assassins y pénètrent, et le déchirent tout vivant, de mille coups. Ils sont mis en jugement, et l'on allègue en leur faveur qu'ils n'ont pu donner la mort à un homme déjà atteint d'un coup mortel, et deux d'entre eux sont condamnés seulement à la réclusion.

« Un homme dont l'horrible surnom coûte à prononcer, Trestaillon et ses co-prévenus, sont poursuivis comme auteurs de plusieurs assassinats; ils sont traduits à Riom, où l'on espérait une justice plus indépendante : il a été impossible d'obtenir la déposition d'un seul témoin contre eux ; la terreur les avait glacés ; quant aux témoins à décharge, il s'en présentait sans nombre. Faute de preuves, ces prévenus ont été rendus à la liberté.

« Ces faits ont excité au plus haut degré l'indignation dans l'assemblée ; les hommes mêmes du côté droit se sont écriés : *s'il y a eu des assassinats, ils doivent être punis.*

« Eh bien ! qu'ils le soient donc, puisque l'heure de la justice est venue, qu'ils le soient enfin, c'est le vœu de mon âme; c'est le cri de mon cœur, déchiré par les plus cruels et les plus douloureux souvenirs....

« Il me conviendrait peu d'entrer dans les détails des scènes affreuses qui ont accompagné le meurtre de mon époux : de généreux écrivains ont déjà pris le soin d'en vouer le récit à l'exécration publique.

« Pour moi, je ne veux, je ne puis signaler que le crime auquel je dois mon malheur et mon deuil.......

« ....Cerné de toutes parts, l'hôtel est forcé, les brigands, entrés par le toit des maisons voisines, pénètrent jusqu'au maréchal.

« Ils le trouvent calme : il venait de commencer une lettre pour moi....; que n'ai-je reçu au moins ses derniers adieux ! On l'interrompt, il la déchire. Aussitôt il est atteint, percé de plusieurs coups ; et celui que la mort avait respecté au milieu de tant de combats pour la défense de la patrie, tombe sous le plomb des assassins, dans son propre pays, en pleine paix, sous le gouvernement paternel de votre majesté.

« S'ils avaient du moins respecté son cadavre; mais, Sire, aurai-je la force d'achever? leur brutalité n'était pas assouvie: les barbares! ils lui ont refusé la sépulture! et, quand les eaux du fleuve l'eurent reporté sur la rive, quand, par les soins généreux de deux braves soldats, il eut été recouvert d'un peu de terre, les monstres sont encore survenus. Pleins d'une rage nouvelle, ils ont exhumé les déplorables restes de leur victime, et ont placé à quelque distance un garde.... dans quel dessein ?.... avec l'horrible consigne de ne laisser approcher que les animaux carnassiers !.......

«....... Sire, le crime que je dénonce est public; il est épouvantable : les feuilles publiques l'ont raconté; la tribune des députés en a retenti, pourquoi donc n'a-t-il été ni recherché ni puni?

« Que dis-je, puni! Pourquoi, à l'insu de Votre Majesté, dans votre propre palais, la mort du maréchal a-t-elle reçu une sorte de ratification? On a craint apparemment que son image, restée dans le salon des maréchaux, vous rappelât le forfait, et qu'en traversant cette salle, pour prier Dieu qui protège la France, il vous vînt à l'idée de faire punir les coupables. Quoi qu'il en soit, le portrait du maréchal ne se voit plus à côté de celui de ses frères d'armes, mais il est dans toutes les imaginations.

« Vous pouvez, Sire, m'accorder une première réparation : il dépend de vous de rendre ce tableau à la vénération publique.

« Mais à quoi m'arrête-je? un autre soin m'occupe et m'absorbe tout entière :

« Je demande justice, Sire; justice du meurtre de mon époux; justice de l'outrage fait à son cadavre; justice de l'insulte faite à sa mémoire par ceux qui ont osé l'accuser de suicide.

« Cette justice, je la demande au roi ; je la demande à ses ministres ; je la demande aux chambres ; je la demande à la nation.

« Je veux que du sein de toutes les âmes honnêtes s'échappe un même cri qui seconde le mien : *Justice ! Justice !. . . .* »

Malgré cette énergique requête, deux ans s'écoulèrent encore sans que justice fût faite. Enfin, après bien des intrigues, des tâtonnements, des hésitations continuelles, un acte d'accusation fut dressé contre Guindon dit Roquefort qui fut renvoyé devant la cour d'assises de Riom. Ainsi que nous l'avons dit, ce misérable n'avait pas quitté Avignon ; il s'y montrait dans toutes les réunions publiques, et il y vivait d'une pension que lui faisaient quelques notabilités légitimistes dont il avait été l'instrument ; cependant, on ne l'arrêta point, et ce fut par contumace que l'on procéda contre lui. L'acte d'accusation, après la relation des faits, se terminait ainsi :

« Parmi les plus furieux dans tous les instants de cette scène déplorable, s'est fait remarquer le nommé Guindon, dit Roquefort, soit par ceux qui l'auraient reconnu de sa personne, soit par ceux qui auraient entendu prononcer son nom.

« Dès l'instant même où une opinion publique raisonnable et juste s'est formée sur cet événement, on n'a pas douté que le maréchal avait été assassiné ; ce Guindon dit Roquefort a été signalé comme un de ses meurtriers. Il n'y a qu'une voix, qu'un cri, sur la part qu'il a prise à cet assassinat. Dès le premier moment on a dit, comme on a répété ensuite, qu'un individu, que la mort a depuis mis hors de la justice des hommes, ayant tiré le premier coup de pistolet qui n'atteignit pas le maréchal, Guindon dit Roquefort lui représentant sa maladresse, le poussant à l'écart, et se mettant à sa place, prononça ces affreuses paroles : *Je vais te faire voir comment il faut faire!* et déjà il avait tiré son coup de carabine.... et le maréchal n'était plus !

« A peine a-t-il été question d'informer sur cette affaire, que cet homme a pris la fuite, et loin de fournir, par conséquent, quelques moyens de justification qui dissiperaient les graves indices de culpabilité qui s'élèvent contre lui, il semble leur avoir prêté plus de gravité par la fuite. »

C'était un mensonge destiné à couvrir une lâcheté : Guindon n'avait pas pris la fuite ; il ne se cachait pas ; mais on n'osait l'arrêter, de peur que ses révélations ne fissent remonter le crime trop haut.

Quoiqu'il en soit, la maréchale qui s'était portée partie civile, se présenta le 24 février 1821 devant la cour d'assises de Riom, assistée de M. Dupin, son conseil. Après la lecture de l'acte d'accusation dont nous venons de parler, M. Dupin prend la parole :

« Messieurs, dit-il, en entrant dans votre cité, les regards de ma cliente se sont arrêtés avec complaisance sur le monument que les citoyens de Riom ont élevé au général Desaix : elle a conçu le plus favorable augure. Non, s'est-elle dit, ce n'est point dans une ville qui honore ainsi le courage, que le meurtre d'un brave sera jugé avec indifférence ; ce n'est point dans cette ville qu'on formera des vœux impies en faveur du scélérat qui a tranché la vie glorieuse d'un héros sous les ordres duquel neuf des maréchaux qui nous restent ont eu l'honneur de servir.

« Le 2 août 1815, M. le maréchal Brune a été assassiné à Avignon, en plein jour, en présence d'une foule d'habitants, après une lutte de plusieurs heures, et après avoir soutenu une espèce de siége, sans qu'aucun ordre de l'autorité fît agir, pour sa défense, la force publique.

« La plus infâme calomnie a servi de prétexte à cet assassinat. Des hommes de parti répandirent parmi leurs sicaires que le maréchal Brune avait porté la tête de la princesse de

Lamballe au bout d'une pique. Si je réponds à cette imputation, Messieurs, ce n'est pas que sa véracité pût influer sur le
crime commis sur la personne du maréchal, mais j'y réponds
pour laver sa mémoire de ce qu'un tel reproche a d'odieux.
Or, il est de fait que, dès le 18 août 1792, le général Brune
avait été envoyé en Belgique en qualité de commissaire du
gouvernement.

« La calomnie a précédé le trépas de Brune. Elle ne s'est
point lassée de le poursuivre encore après sa mort.

« A peine le maréchal a-t-il été assassiné, que ceux qui
avaient commandé le crime s'efforcent d'en déguiser les preuves. Ils entreprennent, si je puis m'exprimer ainsi, de régu-
lariser l'assassinat.

« On dresse un procès-verbal qui atteste que le maréchal
se serait suicidé.

« Une expédition de ce procès-verbal est envoyée au ministre de la justice, pendant que d'autres se chargent de
faire accréditer cette insultante version par certains journaux.
Le *Journal des Débats* présente ainsi l'événement dans ses
feuilles des 9 et 12 août 1815 ; et, comme ces premières an-
nonces avaient trouvé peu de créance, pour vaincre l'incré-
dulité des lecteurs, ses rédacteurs consacrent un nouvel article à ce récit dans leur numéro du 17 août, qui commence
par ces mots : « Voici la relation authentique de ce qui s'est
passé à Avignon, le 2 août; elle nous est transmise par une
des principales autorités de cette ville. Le maréchal Brune, etc. »

« Peu après, une médaille du maréchal est gravée à Paris.
Elle portait sur le revers : « Né à Brive, le 13 mars 1763; assassiné à Avignon le 2 août 1815. » Mais le directeur de la
monnaie, M. Marcassus de Puymaurin, refuse de la laisser
frapper avec cette énonciation : il aurait voulu que l'on eût mis
décédé à Avignon. Enfin l'on transige ; le mot assassiné est
remplacé par autant de points qu'il y a de lettres dans ce der

nier mot, et par ordre supérieur, la médaille est frappée avec amendement.

« Près de quatre ans s'étaient écoulés, mais dans l'intervalle madame la maréchale Brune avait employé tous les moyens imaginables pour réunir les preuves du crime. Elle avait envoyé sur les lieux un agent fidèle et dévoué, qui, au risque de sa vie, s'était procuré les documents les plus précis. Il était même parvenu à retrouver les restes du corps de M. le maréchal. Ces mânes précieux furent envoyés à sa veuve dans un cercueil de plomb; elle les a fait déposer à sa terre de Saint–Just, dans une des salles du château. Ils attendent votre arrêt; ils ne seront inhumés qu'après que justice aura été faite..........

« L'instruction commence sur les lieux.

« On l'a bien circonscrite, cette instruction ! Ainsi l'on n'a pas instruit contre ces fonctionnaires dont la conduite, si elle ne les accuse pas de connivence, les accuse au moins d'une grande faiblesse.

« On n'a pas instruit contre celui qui, le premier, s'était opposé au départ de la voiture du maréchal. On n'a pas instruit contre ce jeune homme, qui au dire de plusieurs témoins, avait excité et fomenté l'attroupement; contre cet audacieux qui, se trouvant dans la chambre du maréchal Brune, l'avait injurié en face, avait arraché le panache blanc qui ombrageait son front glorieux, et l'avait menacé d'une mort prochaine, prix, osait-il dire, de ses forfaits !

« A-t-on instruit contre les deux faux témoins qui ont attesté le prétendu suicide? A-t-on instruit pour le pillage des effets partagés sur la place publique? Toutefois, Messieurs, ne croyez pas qu'en relevant ces lacunes dans l'instruction, je veuille accuser les intentions des magistrats qui l'ont dirigée; je veux seulement en tirer cette conséquence qu'au moins il est bien prouvé par là que l'instruction a été conduite avec une grande modération, sans animosité, et que par conséquent, les seuls faits qu'elle ait pris soin d'établir méritent toute votre confiance.

« On n'est pas remonté jusqu'aux instigateurs du crime : on n'a poursuivi que les vils instruments dont on s'était servi pour le commettre. Tout aboutit à deux portefaix, dont l'un est décédé, l'autre contumace.

« Roquefort contumace ! Eh ! pourquoi ? On l'a vu, on l'a signalé à l'autorité ; il se promenait publiquement sur les quais et dans les rues d'Avignon ; cependant on ne l'a pas arrêté : on ne l'a donc pas voulu ! Le commandant de gendarmerie a été changé, mais l'influence des instigateurs n'était pas détruite ; ils craignaient que, menacé sur sa tête, le coupable nommât ses complices ! . . . .

« Messieurs, en étudiant la douleur de mon infortunée cliente, j'ai souvent recueilli sa plainte et les expressions de son désespoir, à une époque où toute espérance d'obtenir justice semblait être anéantie. « Malheur ! s'écriait-elle quelquefois dans l'amertume de son cœur, malheur aux assassins de mon époux ! Je leur souhaite tous les maux qu'ils m'ont faits : s'ils sont époux, qu'ils perdent leurs épouses ; s'ils sont pères, qu'ils perdent leurs enfants ; qu'ils perdent tout ce qui leur est cher ; et, quand ils auront tout perdu, lorsqu'ils auront eux-mêmes un pied dans la tombe, que la grande et vénérable image de mon époux leur apparaisse ; qu'elle tire leur drap mortuaire, et leur dise : « Venez avec moi ; vous m'avez précipité dans l'éternité, je vous y entraîne à mon tour ; venez devant Dieu : qu'il juge enfin entre les bourreaux et la victime ! »

« Et puis revenant presque aussitôt à des sentiments plus calmes :

« Mais, non, disait-elle, justice me sera faite, même en ce monde : l'esprit de parti ne peut pas triompher éternellement de ma juste douleur. L'impunité ne saurait être constamment la sauve-garde du crime. Les gouvernements sont

35

établis pour le punir, et non pour le couvrir de leur égide ;
les magistrats sont institués pour le poursuivre et non pour le
protéger. La justice des hommes ne peut me rendre le bonheur ; mais elle me rendra la paix, qui suit toujours l'accomplissement, quelque pénible qu'il soit, d'un grand devoir.
Hé bien ! j'irai ; oui, j'irai partout demander cette justice aux
juges qu'on m'aura donnés. Ils verront ma douleur, mes
larmes, mon désespoir ; quels qu'ils soient, ils en seront touchés ; ils ne résisteront pas à l'évidence des preuves : un arrêt solennel condamnera les assassins du maréchal ; un arrêt
solennel affranchira la gloire de mon époux de l'odieuse et lâche imputation de suicide. Cet arrêt, je le déposerai dans sa
tombe au jour des funérailles à côté de ses restes chéris. »

Après avoir entendu cet éloquent discours, la cour se retira
pour délibérer, puis elle revint, et le président lut l'arrêt qui
condamnait Guindon dit Roquefort à la peine de mort, et
ordonnait qu'il serait procédé à la rectification de tous registres où la mort du maréchal aurait été attribuée à un suicide.

Malgré cet arrêt, Guindon continua à demeurer à Avignon,
et deux mois après le prononcé de cette sentence, il figurait
dans une procession où il portait la croix. Il mourut dans
cette ville en 1836, sans avoir jamais été inquiété, et l'on assure que la pension qui lui avait été faite est continuée à sa
veuve.

LE GÉNÉRAL BERTON.

(1822)

Né au village de Francheville, près de Sédan, en 1774, Berton (Jean-Baptiste-Marc) fut destiné dès son enfance à la carrière des armes; ses parents, bourgeois honorables et aisés, ne négligèrent rien pour lui donner une éducation solide et conforme à la profession qu'il devait exercer, et le jeune homme s'efforça de répondre à leurs espérances. A dix-sept ans, Berton quittait le collège de Sédan pour entrer à l'école militaire de Brienne où il arriva au moment où Napoléon en sortait. De cette école, Berton passa à celle d'artillerie de Châlons. En 1792, il entra comme sous-lieutenant dans le bataillon de volontaires des Ardennes. Devenu capitaine après la campagne de Sambre-et-Meuse, il fit la campagne de Hanôvre avec Bernadotte qui l'avait attaché à son état-major, et il se fit particulièrement remarquer à la bataille d'Austerlitz.

Envoyé en Espagne, sous les ordres du maréchal Victor, duc de Bellune, Berton continua à saisir toutes les occasions de se distinguer; sa valeur, ses talents militaires furent promptement appréciés du maréchal, qui dit à l'empereur en le lui présentant : « Sire, c'est le premier chef-d'escadron de mon corps d'armée pour la valeur et les talents; je vous demande, pour lui, un régiment. Votre Majesté pourra être convaincue qu'elle ne saurait le remettre en de meilleures mains. »

Protégé par son seul mérite, Berton était arrivé au grade de général de brigade, lorsque la France cédant enfin sous les efforts de l'Europe entière, fut envahie sur plusieurs points à la fois; il combattit jusqu'au dernier moment, et sa présence à la bataille de Toulouse fut marquée par des actions d'éclat qui lui valurent les plus flatteuses mentions dans les annales militaires.

La restauration étant accomplie, le général Berton reçut de Louis XVIII la croix de Saint-Louis; mais en même temps il fut mis à la demi-solde, et il ne cacha pas le mécontentement que lui causait cette mesure. Au retour de Napoléon de l'île d'Elbe, il s'empressa de reprendre du service, et il se fit de nouveau remarquer dans la campagne de Waterloo où il combattit à la tête d'une brigade du corps d'Excelmans. Mais bientôt les Bourbons remontèrent de nouveau sur le trône; tous les hommes de quelque mérite qui avaient montré du dévouement à Napoléon devinrent suspects, et le général Berton, arrêté à Paris, fut emprisonné à l'Abbaye, en même temps que les généraux Cambronne, Boyer, Drouot et plusieurs autres. Son emprisonnement dura cinq mois, puis on le mit en liberté comme on l'avait arrêté, sans qu'il pût obtenir qu'on lui dît pourquoi. Dès ce moment, le général Berton devint l'un des ennemis les plus actifs du gouvernement royal. Il fut en conséquence l'objet d'une surveillance très active de la part de l'autorité; mais peu à peu cette surveillance s'amoindrit, et elle avait presque entièrement cessé, lorsque tout-à-coup le Moniteur du 27 février 1822 apprit à la France que trois jours auparavant, le général Berton, accompagné de Delon, ex-lieutenant d'infanterie, déjà compromis dans un procès politique qui se jugeait en ce moment à Tours, était parti de Thouars à la tête de cinquante hommes armés portant le drapeau et la cocarde tricolores, et s'était dirigé sur Saumur.

Cette conspiration se rattachait à celle des sergents de La Rochelle, Borie, Goubin, Raoulx et Pomier; le but des conjurés était de s'emparer de quelques places fortes. Déjà Coffé et Gauchais avaient réuni à Saumur un certain nombre de partisans; d'autres avaient été réunis à Parthenay par Moreau et à Peyratte chez Dufresné. Dans le même temps le colonel Alix parcourait les principales villes de l'ouest; il se mettait en rapport avec les mécontents qui devenaient chaque jour plus nombreux, et il recrutait des partisans dans les rangs de l'armée. Le général Berton, de son côté, ne demeurait pas inactif; il était venu à Paris et s'y était lié avec toutes les sommités de l'opposition; lorsqu'il crut que le moment d'agir était arrivé, il quitta la capitale sous le prétexte d'aller voir son fils qui était en garnison à Pontivy; mais au lieu de se rendre dans cette dernière ville, il alla à Brest où se trouvait le colonel Alix. De là ils se rendirent à Rennes, puis à Saumur, où se tinrent plusieurs conciliabules. Dans l'une de ces réunions, le général Berton dit qu'il était convenable de s'emparer d'abord de Thouars et de Poitiers.

« — Je ne crois pas que l'on nous oppose une résistance sérieuse, dit-il; dans tous les cas nous ne devons pas tirer un coup de fusil : si l'on fait feu sur nous, nous dirons que nous sommes prêts à riposter; mais nous n'en ferons rien. »

Enfin il fut décidé que le mouvement commencerait le 24 février, et que l'on commencerait par s'emparer de Thouars et de Saumur. En conséquence le général Berton se rendit à Thouars le 20; il fut reçu par l'un des conjurés, nommé Pombas qui commandait la garde nationale de cette ville. Le 24, à quatre heures du matin, les conjurés prennent les armes; le général, en grand uniforme, les réunit et les harangue, puis on distribue des cartouches. Le lieutenant Delon, déjà condamné à mort par le conseil de guerre de Tours, prend le commandement d'une partie des insurgés et se porte à l'hôtel de la gendarmerie; toute la brigade est faite prisonnière, conduite et enfermée dans la maison de Pombas. On sonne le tocsin, on bat la générale; les autorités locales sont arrêtées, à l'exception du maire que le général invite à continuer ses fonctions; puis on s'empare de toutes les armes que l'on peut trouver, le drapeau tricolore est déployé et des sentinelles sont placées aux portes de la ville avec la consigne de n'en laisser sortir personne. Le général lit sur la place publique et fait afficher deux proclamations.

La première qui appelait les Français aux armes, se terminait ainsi :

« Soldats français! l'étendard de la liberté est encore une « fois déployé... La patrie vous réclame; vos parents s'avan-« cent et vous appellent : combattre contre eux serait un « crime de lèse-nation; triompher avec eux est une vertu « nationale. Telle est votre position. Choisissez !... Vive la « France! vive la liberté! »

La seconde proclamation annonçait que les acquéreurs de biens nationaux étaient assurés de conserver leurs propriétés, et qu'il n'y aurait plus de contributions indirectes.

Après cette lecture, on proclama le gouvernement provisoire; le marquis de Lafayette est annoncé comme généralissime des armées. Le général Berton et Heurex ajoutent que plusieurs députés ont connaissance de ce mouvement, et qu'ils attendent qu'on soit maître d'un point pour s'y rendre. Enfin, sur cette même place, Berton, en qualité de commandant de l'armée de l'Ouest, destitue le brigadier de gendarmerie, le juge de paix, son greffier, et nomme juge de paix, François Sénéchault, un des conjurés, et Mettins qui l'accompagne est nommé greffier.

Après quelques autres dispositions, qui avaient placé la ville de Thouars sous un gouvernement de fait, Berton et sa colonne se mettent en marche au son du tambour, le drapeau tricolore déployé, et l'on se dirige sur Saumur.

Les habitants de Saumur étaient dans la plus grande sécurité; ce ne fut que lorsque les insurgés arrivèrent à Montreuil, que l'on prit quelques mesures de défense. La troupe de Berton eut bientôt dépassé le pont Fouchard ; après quelques pourparlers avec le maire, le général repassa le pont. Mais ayant appris pendant la nuit que les autorités se disposaient à l'attaquer au point du jour, il donna des ordres pour effectuer la retraite qui s'opéra avec un ordre que seule peut faire comprendre l'inaction dans laquelle étaient restées des forces bien supérieures aux siennes. Après avoir couché à Montreuil, il continua sa marche jusqu'à Brion, son intention étant de se replier sur Thouars ; mais déjà on y avait pris des mesures pour empêcher son retour. Il fallut se séparer. Le général Berton erra dès lors dans les départements des Deux-Sèvres et de la Charente, puis il disparut et le bruit se répandit qu'il avait réussi à passer en Espagne, mais il n'en était rien.

Malgré le peu de succès de sa première tentative, le général n'avait pas abandonné son projet, et il en poursuivait l'exécution dans l'asile que lui avait donné M. Delalande, notaire, à Laleu, commune de Saint-Florent. Là il reçut la visite d'un nommé Woelfel, sous-officier des carabiniers en garnison à Saumur ; Woelfel se montra ardent patriote et parvint à capter la confiance du général. Les relations sont renouées entre les chefs de l'insurrection ; Woelfel se fait fort de gagner tous les sous-officiers du régiment dont il fait partie, et il en présente d'abord trois au général qui les accueille avec empressement, et dont la confiance en Woelfel est dès lors complète. Mais Woelfel n'était que l'instrument de l'autorité. Un jour revenant de la chasse avec le général, et rentrant dans la maison du notaire Delalande, où il devait dîner avec plusieurs autres personnes, Woelfel s'approche tout-à-coup du général et l'embrasse.

C'était le signal de la trahison : il s'éloigne, revient sur ses pas, et saisissant le fusil de chasse qu'il avait déposé, il couche en joue le général qu'il venait d'embrasser en s'écriant : « Si vous faites un pas, vous êtes mort ! »

« — Ah! Woelfel, répondit Berton, cela est infâme!... Vous qui venez de m'embrasser...»

Les trois camarades de Woelfel couchent également le général en joue, Woelfel sort alors, aperçoit un homme à cheval qui arrivait à toute bride, et l'abat d'un coup de feu, puis il court chercher un détachement de carabiniers apostés près de là. Le général se dispose à faire résistance ; mais les carabiniers apostés arrivent le sabre à la main; le général Berton est désarmé et emmené prisonnier à Saumur.

Le 26 août 1822, le général Berton comparut devant la cour d'assises de Poitiers, où s'était instruit son procès et celui de ses co-accusés au nombre de cinquante-six, dont trente-huit étaient détenus et les dix-huit autres contumaces. Cette première séance fut entièrement remplie par la lecture de l'acte d'accusation et quelques incidents d'audience peu importants. Le lendemain, 27, on procède d'abord à l'interrogatoire des accusés Beaufils, Ledein, Ricques, Fradin, le colonel Allix ; le général Berton est ensuite interrogé : il déclare qu'il se trouvait à Thouars lorsque le mouvement a éclaté. « Il est vrai, dit-il, qu'on a crié *vive la liberté ! vive la charte !* Si on n'a pas crié *vive le roi*, c'est que ce cri se trouvait compris dans celui de *vive la charte!*... Si l'on a changé la cocarde blanche contre la cocarde tricolore, je n'ai point été maître de ce changement... Je n'ai jamais eu l'intention de combattre ou de verser le sang. Les persécutions que m'a fait éprouver la police depuis six ans, m'ont conduit à me présenter à main armée aux portes de Thouars et de Saumur ; mais je n'aurais jamais souffert qu'on tirât un coup de fusil. »

Tous les accusés présents ayant été successivement interrogés, le président fait appeler le premier témoin, Woolfel,
auquel est due l'arrestation du général, et qui a été fait officier en récompense de cette action. Ce témoin se présente
d'un air embarrassé, et d'une voix mal assurée, il déclare
que Grandménil, l'un des accusés contumaces, lui a demandé quelle somme d'argent était nécessaire pour soulever
le régiment, et lui a offert cent louis pour lui et huit
mille francs pour le régiment. Il parle d'un comité directeur qui aurait fourni l'uniforme du général; il s'étend longuement sur les ventes des carbonari auxquels on a voulu,
dit-il, l'affilier, et il répète que lorsqu'il a arrêté le général
Berton, ce dernier était armé d'un poignard et d'un pistolet.
Le général nie cette dernière circonstance, et le témoin n'ose
insister.

Baudrier, autre témoin important, est ensuite entendu.
C'est dans ses déclarations que, pendant l'instruction de la
procédure, l'acte d'accusation a été chercher les noms des
honorables députés qu'on y voit figurer. En effet, la lecture
des différentes dépositions du témoin prouve clairement
que l'acte d'accusation lui a emprunté des éclaircissements;
mais Baudrier, devant ses juges, ne tient plus le même langage, et s'il déclare avoir entendu dire à Grandménil, par
un personnage que, devant le juge d'instruction, il n'avait
pas craint de signaler comme étant le général Lafayette :
Adieu, Grandménil, du courage..., j'ai reçu des lettres d'Es-
pagne..., tout va bien..... Maintenant il ne se rappelle plus
ses dépositions premières; il les rectifie ou les rétracte; n'affirme plus que ce soit au général Lafayette qu'il ait parlé, et
chacun peut croire qu'en effet il ne l'avait jamais vu, puisqu'il le désigne comme un homme de quarante-cinq à cinquante ans, de cinq pieds deux pouces, portant des favoris
noirs, tandis que le général était alors âgé de soixante-huit
ans, portait constamment une perruque blonde, n'avait

36

point de favoris, et qu'il a cinq pieds six pouces environ.

Après cette déposition qui était loin de répondre à ce que l'accusation en attendait, tous les autres témoins, au nombre de soixante-trois, furent entendus sans qu'il résultât de leurs dépositions aucun fait nouveau : la conspiration était flagrante, avouée ; le débat ne pouvait rouler que sur les moyens d'exécution et les intentions des conjurés ; aussi le procureur général Mangin n'eut il pas à faire de grands efforts pour démontrer la culpabilité des principaux accusés.

Un défenseur avait été donné d'office au général Berton ; mais le général qui n'avait pu obtenir de la cour que sa défense fut présentée par un avocat de Paris, M⁰ Mérilhou, voulut se défendre lui-même ; son discours fut à la fois plein d'éloquence et d'énergie.

« Messieurs, dit-il en terminant, M. le procureur-général vous a parlé de son indulgence, et pourtant il vous demande beaucoup de sang. Si votre conscience vous dit qu'il faut en verser, je ferai bien volontiers le sacrifice du mien ; j'en ferais surtout le sacrifice avec joie, s'il pouvait rendre la liberté à tous ceux qui m'ont suivi jusqu'à Saumur. Vous pouvez les épargner. Messieurs, aucun sentiment intérieur ne doit vous en faire de reproche, je désirerais, en ce cas, pouvoir fournir à moi seul assez de sang pour apaiser la soif de ceux qui en sont altérés. Pendant vingt ans, j'en ai versé sur quelques champs de bataille, j'y ai épargné celui des émigrés lorsqu'ils se battaient contre nous. J'en ai sauvé, comme bien d'autres de mes compagnons d'armes l'ont fait, et cette générosité avait ses dangers. Je n'ai jamais fait couler une goutte de sang français. Celui qui me reste est pur ; il est tout français.

« J'ai exposé longtemps ma vie avec gloire pour mon pays. Si je devais la perdre par la main de mes concitoyens, je leur présenterais encore ma poitrine avec le même courage que j'ai toujours montré devant les ennemis de la France. Nos

noms, Messieurs, seront inscrits dans l'histoire : la France
et l'Europe nous jugeront sévèrement et sans partialité.
Quoiqu'il puisse arriver, mon cœur n'a rien à craindre ; ma
devise a été et sera toujours celle-ci :

Dulce et decorum est pro patria mori.

Quatre séances furent consacrées aux plaidoiries. Le président fait ensuite le résumé des débats ; puis les jurés, après
neuf heures entières de délibération, rapportent un verdict
d'après lequel la cour rend un arrêt qui condamne Berton,
Caffé, Saugé, Jaglin, Fradin et Sennéchaud à la peine de
mort, et tous les autres accusés à l'emprisonnement de une
à trois années.

Le roi commua la peine de mort prononcée contre Fradin
et Sennéchaud en vingt années d'emprisonnement à l'égard
du premier et en quinze années pour le second. Les autres
condamnés se pourvurent en cassation ; mais leur pourvoi fut
rejeté par arrêt du 3 octobre. Le 6 du même mois, à huit
heures du matin, le greffier vint donner aux condamnés
lecture de cet arrêt. Dès les premiers mots le général l'interrompit.

« C'est bon, monsieur, lui dit-il, abrégez ou plutôt tai-
sez-vous ; nous savons de quoi il s'agit. »

Deux prêtres s'étant présentés pour l'assister, il les accueillit avec douceur, et se confessa à l'un d'eux ; puis il se
soumit à tous les préparatifs avec la plus grande résignation.
Il devait être conduit au supplice en même temps que Caffé ;
mais ce dernier était parvenu à cacher dans ses vêtements un
bistouri à l'aide duquel il s'ouvrit l'artère crurale, et il expirait au moment où le prêtre se présentait dans son cachot.

Le général Berton fut conduit seul à l'échafaud ; le calme
qu'il avait montré jusque là ne l'abandonna pas un seul instant. Arrivé près de l'instrument du supplice, il le regarda
sans pâlir, en franchit les marches d'un pas assuré ; arrivé

sur la plate-forme, il s'écria : *vive la liberté! vive la France!*
Et il se livra à l'exécuteur. Quelques secondes après, il n'é-
tait plus.

Aux termes de l'arrêt, Saugé et Jaglin devaient subir leur
peine à Thouars ; ils furent donc conduits dans cette ville où
ils moururent, après avoir montré jusqu'au dernier moment
la plus grande fermeté et le sang-froid le plus inaltérable.

Farcy del.

LE CAP.^{NE} VALLÉE.

Plus de ... ... que ... les élections
étaient remontées sur le trône de France ; le gouvernement
de la ... ... dans toute sa splendeur et dans sa
puissance ; les ... ... esclaves avaient été conquis
par ... ... commençait ... par ...
... ... la ... ... même ... ...
... les ... ...
tête et des bras, d'hommes de haute ... ...
mes d'action. Plusieurs conspirations, ...
dables, avaient été étouffées ; mais les mécontents ...
couragèrent ... ... de l'opposition en vint à ...
dire à ... ... avaient été reçus en France
... ... par ... ...

VALLÉ.

(**1822**.)

Plus de six ans s'étaient écoulés depuis que les Bourbons étaient remontés sur le trône de France ; le gouvernement de la restauration était dans toute sa splendeur et toute sa puissance. Toutefois, des fautes graves avaient été commises par ce gouvernement ; il s'en commettait chaque jour encore, bien que la réaction fût moins violente, et le parti libéral allait grossissant et se recrutant en même temps de la tête et des bras, d'hommes de haute intelligence et d'hommes d'action. Plusieurs conspirations, en apparence formidables, avaient été étouffées ; mais les mécontents ne se décourageaient pas, et un député de l'opposition en vint à oser dire à la tribune que les Bourbons avaient été reçus en France avec une extrême répugnance par la majorité du peuple. En même temps les sociétés secrètes faisaient de nombreux prosélytes dans l'armée, car il existait dans presque tous les régiments une ligne de démarcation fortement tranchée entre les officiers de l'ancienne armée et les créatures du nouveau gouvernement ; la fusion n'avait été opérée que dans très peu de corps auxquels le hasard avait donné des chefs fermes et habiles.

Il était naturel que, dans de telles conjonctures, quelques individus, exaltés par des prétentions déçues ou des injustices éprouvées, et mus par un sentiment de devoir que les circonstances politiques font quelquefois si bizarrement errer, se livrassent, en quelque sorte consciencieusement, à des actes qui, dans l'état des choses, étaient réellement criminels.

Au commencement de 1822, alors que le général Berton eut échoué dans sa tentative d'insurrection près de Saumur, plusieurs personnages furent arrêtés à Toulon comme prévenus d'un complot tendant au renversement du gouvernement établi. Tous furent renvoyés devant la cour d'assises. L'accusé principal était un officier nommé Armand-Fidèle Vallé; c'était un homme de trente ans, d'une physionomie belle et ouverte, d'un caractère énergique et d'une grande force d'âme : soldat sous l'empire, il avait conquis sur les champs de bataille tous ses grades jusqu'à celui de capitaine inclusivement; dix-sept blessures reçues en chargeant l'ennemi témoignaient de son courage. Seul de tout son régiment, lors de la désastreuse campagne de Moscou, il était parvenu à sauver ses armes et son cheval, et il avait reçu des mains de l'empereur lui-même l'étoile de l'honneur qui brillait sur sa poitrine.

Les débats s'ouvrirent, le capitaine Vallé y parut d'abord avec calme.

« La conscience de messieurs les jurés est ma sauve-garde, dit-il tout d'abord, douze hommes de cœur et d'honneur ne peuvent se tromper tous ensemble sur un même point. Je serai donc sobre de paroles, et ne m'arrêterai pas à combattre des charges qui doivent tomber d'elles-mêmes. Soldat de Napoléon, le souvenir du grand homme vit dans mon cœur à côté de l'amour de la liberté.

« — Prenez garde, accusé! s'écria le président d'une voix stridente; n'aggravez pas votre position par des paroles séditieuses!

«— Et depuis quand la reconnaissance et l'amour des grandes choses sont-ils des crimes? répliqua le capitaine. Je devais à messieurs les jurés ma profession de foi, ils l'ont entendue : j'y serai fidèle jusqu'à la mort! »

Vallé paraissait sûr de sa cause; quoiqu'il fut accusé de complot arrêté dans le but de renverser le gouvernement, et que les gens du roi soutinssent de toutes leurs forces l'existence de ce complot, il semblait être assuré que cette opinion ne pouvait passer dans la conscience des jurés. En effet, les preuves ne paraissaient pas concluantes, et l'accusation secondaire d'avoir recruté pour une association occulte dans un but révolutionnaire, n'était elle-même soutenue par l'aveu d'aucune personne ayant fait partie de cet ordre secret.

Cependant, à mesure qu'on approchait du dénouement, le procès prenait une teinte plus grave ; les passions fermentaient plus activement, et certains hommes allaient proclamant dans les lieux publics qu'en pareille matière, les soupçons équivalaient aux preuves.

Le calme des accusés contrastait singulièrement avec l'emportement de l'accusation ; c'était toujours avec une sorte de fierté respectueuse que Vallé répondait aux questions du président, et chaque fois qu'il en trouvait l'occasion, il déclarait s'en rapporter à l'honneur et à la conscience des jurés.

Les témoins appelés déposèrent en général des faits insignifiants. Le capitaine qui semblait s'être constitué le défenseur de ses co-accusés, discutait avec soin les charges légères qui s'élevaient contre eux, et malgré une certaine incorrection de langage toute naturelle à un homme dont l'éducation s'était faite dans les camps, c'était toujours avec une parfaite convenance qu'il abordait la contradiction.

Cette réserve, cette modération, devinrent encore bien plus remarquables lorsque la parole eut été donnée à l'avocat du roi qui, dans un réquisitoire fulminant, s'efforça de démontrer que le sang des séditieux pouvait seul assurer la prospérité publique, et demanda à grands cris qu'une tête au moins tombât pour imposer aux révolutionnaires.

Les défenseurs parlèrent ensuite, puis enfin, les débats furent clos, et après un long résumé du président, les jurés se retirèrent. Leur délibération fut longue ; enfin, ils rentrèrent apportant un verdict de culpabilité contre les accusés. La cour délibéra à son tour ; après quoi, le président vint, d'une voix qu'il s'efforçait de rendre grave, prononcer un arrêt qui condamnait le capitaine Vallé à la peine de mort, et les autres accusés à un simple emprisonnement. Un silence lugubre régnait dans l'auditoire ; chacun semblait frappé de stupeur. Le capitaine seul demeura calme, un sourire effleura ses lèvres.

«—Amis ! s'écria-t-il, ne me plaignez pas ; c'est un boulet qui m'arrive, voilà tout. Je suis sans reproche et je mourrai sans peur... C'est à vous de trembler, président qui avez manqué à tous vos devoirs d'homme et de magistrat ! à vous, qui avez été partial et haineux ; à vous, accusateur public, qui demandiez à genoux que l'on vous fît l'aumône d'une tête !... A vous, jurés sans cœur, qui vous êtes inspirés de passions basses et honteuses... Je ne m'attendais pas à être la victime consacrée ; mais je serai digne du martyre qu'on me prépare. On ne veut pas frapper en moi un coupable, mais un propagateur de liberté et d'égalité. On ne se trompe point. Au reste, qu'est-ce que tuer un homme, puisque la liberté est immortelle ? Malgré les bourreaux, elle fleurira sur la tombe arrosée de mon sang, comme la religion refleurissait sur la tombe des martyrs. »

Ayant achevé ces mots, Vallé entonna d'une voix forte et sonore un hymne à la liberté. En vain le président, l'avocat du roi, les jurés, les gendarmes tentèrent-ils d'imposer silence au condamné, ou de couvrir sa voix de leurs clameurs, ses chants dominaient leurs cris. L'auditoire s'anima peu à peu de l'enthousiasme de ce courageux soldat ; il se fit une sorte de mouvement; mais presque aussitôt, la garde fut doublée, et le silence se rétablit.

« — Condamné, dit le président dont la pâleur et les muscles contractés attestaient les violents efforts que lui coûtait un calme apparent, vous avez manqué à l'honneur et ne méritez plus d'en porter les insignes : nous ordonnons qu'ils vous soient enlevés. »

Le capitaine tressaillit, il pâlit à son tour.

« — Quel est l'infâme, s'écria-t-il, qui osera porter la main sur ce ruban que j'ai teint de mon sang?... Je vous fais bon marché de ma vie; mais mon honneur est sauf, et vous serez impuissant à le flétrir! Seul j'ai le droit de toucher à ce signe vénéré que vos soldats ont salué pour la dernière fois dans cette enceinte... O ma croix! tu ne seras pas souillée au contact de ces valets du despotisme!... »

En achevant ces mots, il arrache lui-même sa décoration, la roule dans ses doigts et l'avale. A ce dernier trait, des larmes s'échappèrent de tous les yeux, et des sanglots se firent entendre dans l'auditoire.

« — Ne pleurez pas, dit encore le capitaine, et venez me voir sur l'échafaud pour apprendre comment on doit mourir! »

Le président se hâte de lever l'audience, et les gendarmes emmènent les condamnés.

Le 10 juin avait été choisi pour le jour de l'exécution; dès le matin, toute la garnison fut mise sous les armes, et des forces imposantes furent dirigées vers le palais pour former l'escorte du condamné.

Le cortége funèbre se mit en marche à midi. Lorsque Vallé parut, son visage était rayonnant d'enthousiasme; il y avait une sorte de coquetterie martiale dans son habillement : sa capote était jetée négligemment sur ses épaules, son col de chemise rabattu laissait voir sa poitrine sillonnée par le fer ennemi. Il marchait d'un pas ferme et promenait un re-

37

gard assuré sur la foule. A peine eut-il fait quelques pas, que l'un des officiers commandant les troupes qui faisaient la haie, lui dit, après l'avoir salué militairement : -

« — Capitaine, nous espérons tous que vous mourrez en brave.

« — Soyez tranquilles, répondit Vallé d'une voix forte et bien accentuée, c'est encore ici un champ de bataille, et je ne déshonorerai point mes frères d'armes ! »

Un peu plus loin, des femmes pleuraient en le voyant si jeune et si beau aller à la mort.

« — Ne me pleurez pas, leur dit-il en souriant, car c'est pour la France que je meurs ! Puissent vos enfants savoir mourir comme moi pour la patrie et la liberté. »

Cependant, le cortége avançait lentement, tant la foule était grande. Vers le milieu du trajet, il fut même contraint de s'arrêter, et le condamné, obéissant à ses instincts militaires, marqua le pas comme s'il eût été encore à la tête de sa compagnie. On se trouvait alors en face d'un café ; le capitaine demanda à boire : un homme pâle et tremblant vint bientôt lui présenter un verre de vin.

« — Pourquoi tremblez-vous ? lui dit Vallé, est-ce que je tremble, moi ? Calmez-vous, et écoutez-moi : Je veux boire ce vin en trois fois. »

Après le premier coup, il s'écria : « A la France ! »

Après le second : « Aux braves ! »

Après le troisième : « A Dieu ! »

Rien ne saurait donner l'idée de l'effet que produisit sur la foule ces trois toasts portés d'une voix forte et solennelle par un homme dont la tête devait tomber cinq minutes après : tous les yeux étaient humides, toutes les poitrines haletantes ; il n'eût fallu qu'une étincelle en ce moment pour déterminer une explosion qui eût broyé les juges et renversé l'échafaud. Un instant même on put croire que cette étincelle était lancée, car l'homme qui avait présenté à boire au brave et

malheureux capitaine cessa de trembler, son visage s'anima,
et il s'écria d'une voix de tonnerre en se tournant vers la
foule :

— Nous sommes dix mille ici qui avons du cœur et des
bras, et nous laissons égorger un de nos frères!...

— Silence! s'écria à son tour Vallé dont la voix domina
celle de cet homme et la rumeur qui s'élevait autour de lui;
silence! le temps n'est pas venu ; chaque pas que je fais vers
l'échafaud est un pas que je vous fais faire vers la liberté!

Le cortége se remit en marche. Vallé, craignant qu'on ne
le taxât de faiblesse, et obéissant en cela à une sorte de respect humain dont les militaires ne peuvent guère se défendre, Vallé, disons-nous, avait refusé de se confesser ; mais il
avait bien accueilli le prêtre qui s'était présenté pour l'ac-
compagner, et à plusieurs reprises, pendant le trajet, il s'entretint avec lui.

«—Je crois en Dieu! lui disait-il, et la manière dont je meurs
doit vous en convaincre. Si je croyais qu'il ne dût rester de
moi qu'un peu de poussière, irais-je à la mort de ce pas?....
Je crois à l'immortalité de l'âme. je crois que les traîtres,
les lâches, les hypocrites ne peuvent être confondus là-haut
avec les enfants de Dieu, dont le cœur n'est accessible qu'aux
nobles sentiments, et c'est pour cela que la mort m'est douce...
Il se peut, monsieur l'abbé, que sur beaucoup d'autres choses
touchant la religion, nous ne soyons pas d'accord ; mais il est
trop tard pour faire de la controverse. Je meurs en paix avec
ma conscience, Dieu sait le reste, et celui-là n'est pas un
juge passionné. »

En arrivant à la porte d'Italie, où l'échafaud avait été
dressé le condamné sourit ; son visage resplendit d'une sorte
de joie céleste, et pressant le pas autant que le permettaient les
entraves dont on l'avait chargé, il alla se remettre aux mains
de l'exécuteur, ce qui ne l'empêcha pas en même temps de
se tourner de nouveau vers la foule et de s'écrier :

— Adieu, mes frères! encore quelques sacrifices, et la régénération de notre patrie s'accomplira!

En ce moment les tambours battirent; les dernières paroles de Vallé furent couvertes par ce bruit, et quelques secondes après, sa tête tomba. Puis la foule s'écoula silencieuse, et les soldats consternés rentrèrent dans les casernes. Tout était fini; c'était un fait accompli!

BORIES ET AUTRES.

(Les quatre sergents de La Rochelle).

(**1822**).

Depuis la mort du duc de Berri, assassiné le 13 février 1820, le gouvernement de la France marchait presque ouvertement à la conquête du pouvoir absolu, secondé en cela par le clergé et les jésuites qui avaient organisé des missions dans presque tous les départements. L'opposition était nulle à la chambre des pairs, et réduite, à la chambre des députés, à quelques membres dont les efforts ne pouvaient être que stériles. Le peuple commença à comprendre que c'en était fait des libertés publiques s'il n'opposait une digue puissante au torrent contre-révolutionnaire qui menaçait de ruiner de fond en comble l'édifice constitutionnel, élevé depuis 1789 au prix de tant d'efforts et de tant de sang. Le danger fit que l'on se rapprocha ; de nombreuses sociétés politiques se formèrent et plusieurs conspirations surgirent. La France se couvrit de carbonari composant une vaste association divisée en vente suprême ou haute vente, ventes centrales et ventes particulières, communiquant toutes entre elles au moyen d'un seul député, de sorte que l'autorité, malgré ses efforts et ses rigueurs, ne pouvait découvrir et atteindre qu'un petit nombre de conjurés.

C'était aux carbonari qu'appartenaient les vingt-cinq accusés qui comparurent, le 21 août 1822, devant la cour d'assises de la Seine, dont les principaux étaient quatre jeunes
sous-officiers, Bories, Goubin, Raoulx et Pomier, qui avaient
cherché à faire des prosélytes dans l'armée, et dont les tentatives n'avaient pas été sans succès.

Toutefois les conjurés n'étaient pas d'accord sur le but
qu'ils se proposaient d'atteindre : les uns voulaient la république, les autres voulaient proclamer empereur Napoléon II;
d'autres encore voulaient laisser les Bourbons sur le trône en
leur imposant la condition de se conformer au programme
des députés du centre gauche. Pour faire cesser ce conflit, on
consulta la haute vente ; elle répondit que ce qu'elle voulait
était, non prendre la liberté d'imposer un gouvernement au
peuple; mais détruire les obstacles qui l'empêchait de choisir ce gouvernement.

Le 21 janvier 1821, le 45ᵉ régiment de ligne auquel appartenaient Bories, Goubin, Raoulx et Gaubaux, quitta Paris
pour aller tenir garnison à La Rochelle. Lorsqu'il fut arrivé
à Orléans, Bories réunit ses amis dans un repas qu'il avait
fait préparer à l'hôtel de la Fleur-de-Lys. A ce banquet assistaient Pomier, Goubin, Raoulx, Asnès, Bicharon, Barlet,
Demait, Dutron, Gauthier, Labouré, Lecocq, Thomas, Vi-
vien et Guidrat. Au dessert, Bories prit la parole et dit que
le régiment n'irait probablement pas jusqu'à La Rochelle,
attendu qu'il avait reçu l'ordre de commencer le mouvement à main armée après l'étape de Tours, et de marcher
sur Saumur. Cela pourtant ne s'accomplit point ; le régiment arriva à La Rochelle ; là, Bories qui, en route, avait
été cassé de son grade pour indiscipline, fut mis en prison.
Goubin lui succéda, et eut plusieurs conférences mystérieuses
aux environs de la ville avec un député de Paris et un général que l'on croit être le général Berton. A La Rochelle, on
initia le sergent-major Goupillon, le caporal Dariostec et le

fusilier Lefebvre. On leur révéla les projets qui étaient sur le point de s'accomplir : il s'agissait de s'emparer des avenues des casernes; d'arrêter et de conduire à Tours le colonel et les chefs de bataillon ; d'empêcher les officiers d'arriver au quartier ; de prendre, de la part des carbonari, le commandement des troupes ; de se réunir aux carbonari des environs de la ville, qui se présenteraient bien armés, et qui arboreraient le drapeau tricolore.

Plusieurs réunions des conjurés eurent lieu au Lion-d'Argent, au Soleil-d'Or. Cette dernière fut troublée par l'arrivée d'un officier qui vint successivement chercher Raoulx, Goubin et Pomier, pour donner au colonel des explications sur ce qui s'était passé entre eux à Niort, dans une conférence qu'ils avaient eue avec les carbonari de cette ville. Goubin, dont les renseignements n'avaient pas satisfait ses chefs, fut mis, le 15 mars, à la salle de police.

Pomier lui succéda dans la direction de la conspiration. Il s'aboucha avec le *commissaire du comité-directeur* et le général qui était dans les environs de La Rochelle. Le 17, il y eut un dîner au Soleil-d'Or, et Pomier déclara que la conspiration éclaterait dans la nuit, à quatre heures du matin. Après l'appel du soir, il sortit du quartier, déguisé en paysan, pour aller conférer avec le général et le commissaire qui étaient entrés en ville depuis six heures du soir ; il fut rencontré et reconnu par un adjudant-sous-officier qui le fit arrêter. Il parvint à sortir de la salle de police; on ne sait s'il trouva le commissaire et le général au rendez-vous.

Mais déjà la trahison s'était glissée parmi les conjurés; Goupillon, un des derniers initiés, s'empressa d'aller trouver le colonel, et lui raconta tout ce qui s'était passé à sa connaissance, en grossissant le plus possible les objets, afin de se donner plus d'importance. Le colonel fit immédiatement arrêter tous les conjurés que Goupillon lui désigna; on visita les malles, les lits et l'on trouva partout des poignards et des cartes d'initiation. D'abord, les prisonniers se renfermèrent dans un système complet de dénégations ; mais bientôt, les aveux arrivèrent : Pomier, Goubin furent les premiers à entrer dans cette voie ; leurs révélations amenèrent l'arrestation de Baradère, Laroque, Marcel, Bénon, Rozé et Gauran. La cour royale de Paris fut saisie de cette affaire, et elle décida, à l'égard de Labourie, Cochet, Castille, Dubron , Hue , Perreton, Lefèvre, Thomas Gauthier, Lecoq, Dariotsec et Demait ;

Qu'il y avait contre eux charges suffisantes qu'ils étaient affiliés aux *carbonari;* et que, quoiqu'ils parussent avoir renoncé, les uns très hautement et en exprimant leur repentir, les autres tacitement et de fait, au complot dans lequel on avait essayé de les engager, aucun cependant n'a révélé ce complot dont il avait eu connaissance , dans le délai de la loi ;

A l'égard de Baradère, Hénon, Gauran, Massias, Rozé, Bories , Goupillon , Goubin , Pomier , Raoulx , Bicheron , Asnès ,

Que tous ont prêté ou reçu le serment de renverser la dynastie légitime et de conquérir la liberté à main armée ; que tous ont connu le complot, et qu'aucun ne l'a révélé à temps, etc., etc.

Après que le greffier eut donné lecture de l'acte d'accusation dans lequel ces faits étaient relatés, le président Mommerqué interrogea les accusés. Pomier rétracta alors avec énergie ses premières déclarations ;

« — Mais, dit le président, vous avez écrit les aveux les plus complets ; voici la lettre qui les contient ; elle est en entier écrite de votre main.

« — Cela est vrai, répond Pomier ; mais cette lettre je l'ai écrite sous la dictée du général Despinois qui commandait alors la place de Paris ; c'est lui qui m'a donné tous les renseignements sur les carbonari ; il me disait qu'en agissant ainsi je serais sauvé, et j'ai eu la faiblesse de condescendre à son désir. »

Bories, présenté par l'accusation comme le chef de l'entreprise, nie également avoir fait partie des carbonari; la société qu'il a tenté d'établir dans le 45e régiment de ligne avait simplement pour but de donner des secours aux militaires malades.

« Il y en avait beaucoup, dit-il. On donnait 20 sous par mois, et comme l'argent des souscripteurs n'était pas distribué également, j'ai proposé la nomination d'un secrétaire et d'un trésorier. J'avais déjà, au Havre, parlé de cette société à Goubin et à Pomier. Je déclare qu'elle n'a jamais porté le nom de *Chevaliers de la liberté* ni de *Carbonari*. »

Goubin, interrogé à son tour, soutient, comme Pomier, que les prétendus aveux qu'il a écrits lui ont été dictés par le général Despinois, qui lui avait dit que c'était le seul moyen de se tirer de la fâcheuse position où il se trouvait.

Raoulx dit, comme Pomier, que la société établie dans le 45e régiment de ligne était fort innocente, et que s'il a nié d'abord en avoir fait partie, c'est que déjà on l'avait incriminée.

La seconde séance de la cour est entièrement consacrée à l'interrogatoire des vingt-et-un autres accusés dont les déclarations ne font connaître aucun fait nouveau. Dans la séance suivante, on procède à l'audition des témoins, et le premier entendu est le marquis de Touttain, colonel du 45e régiment de ligne. Il dit que le capitaine Massias passait pour avoir des opinions libérales, mais que néanmoins il n'a à donner sur son compte que des renseignements satisfaisants. Il raconte ensuite comment des rapports qui lui furent faits sur Bories l'engagèrent à surveiller ce dernier d'abord et à le faire arrêter ensuite.

« Le lendemain du jour où Pomier avait été arrêté, dit le témoin en terminant, Goupillon vint me trouver; il paraissait vivement affecté. Je crus qu'il me cachait quelque secret: je le pressai de ne pas persister dans son crime s'il était coupable. Il fut ébranlé, versa des larmes, m'avoua qu'il y avait dans le régiment un complot qui avait pour but d'arrêter le colonel et les chefs de bataillon, d'arborer le drapeau tricolore, etc. J'étais alors avec le chef de bataillon M. de Courson; je fis passer Goupillon dans mon cabinet, et j'écrivis sous sa dictée la liste des conjurés. Alors, je le vis extrêmement tremblant. Il me dit qu'il était sûr d'en être la victime ; qu'on lui avait fait prêter serment sur un poignard, sous peine de mort, de ne pas révéler cette association de carbonari. »

Un gendarme nommé Poignand est ensuite entendu; il s'exprime ainsi :

« Chargé de transférer de Poitiers à Nantes le nommé Pomier, je causai avec lui pendant le trajet ; alors il me dit : « Je suis bien malheureux que l'affaire n'ait pas réussi ; j'aurais été nommé capitaine et décoré : j'ai mon brevet du ministre de la guerre, et je devais toucher du général Berton une somme de 600 fr. J'ai dîné à La Rochelle avec le général Berton. Cette conspiration est très étendue ; il y a plus de trois cent mille personnes ; on compte parmi elles des maréchaux et des pairs de France ; trente à quarante mille Espagnols doivent se joindre à nous. »

Pomier soutient que ce témoin en impose à la justice; et il fait remarquer que s'il avait trempé dans un complot, il n'aurait pas eu la sottise de prendre pour confident un gendarme chargé de veiller sur lui.

L'avocat-général de Marchangy prend ensuite la parole, et dans un réquisitoire véhément, il soutient l'accusation et appelle toute la sévérité du jury, particulièrement sur les quatre sergents de La Rochelle. Puis, faisant allusion à des lettres anonymes menaçantes qu'avaient reçues plusieurs des jurés, il s'écrie :

« Les menaces des factieux sont les cris de leur impuis-

sance; ils sont faibles, puisqu'ils essaient de corrompre; ils
ne seront forts que si vous renoncez à l'être. Ce n'est pas que
nous cherchions à dissiper les vaines terreurs dont leur secte
voudrait vous entourer, car vous seriez trop heureux d'avoir
quelque grand sacrifice à faire à l'honneur et à la vertu. Ah !
s'il était possible que quelque chose pût ajouter à la noble
volupté qu'éprouve l'homme de bien remplissant un devoir,
c'est le sentiment du péril, c'est le péril lui-même qui fait
de ce simple devoir une gloire impérissable !

« Oui, s'il était vrai que vous fussiez en butte au poignard,
que la torche incendiaire fût à vos portes, que vos noms, inscrits sur un livre de sang, fussent promis à un avenir de terreur, loin de vous dissimuler ces dangers, nous vous applaudirions d'avoir à les braver dans l'intérêt de vos serments,
nous nous applaudirions d'avoir à les partager avec vous.
Honte éternelle à ceux qui, au lieu de fouler à leurs pieds de
semblables craintes, les auraient laissées monter jusqu'à leurs
cœurs ! Quant à vous, messieurs, si vous n'avez point à les
combattre, tenez-vous en garde contre d'autres ennemis, d'autant plus dangereux qu'ils se cachent sous une apparence
d'humanité. Défiez-vous de ces sophismes perfides, de ces
déclamations hypocrites, de tous ces piéges modernes que l'on
ne cesse de tendre au jury. On attend de sa complaisance le
prix des éloges insidieux qu'on a prodigués à son institution
nationale ! Faites voir qu'elle est en effet nationale, en sau-
vant vos concitoyens des efforts du conspirateur ; et qu'on
puisse dire à votre louange : « Si c'est à Paris que s'est organisé un comité corrupteur qui a mis à l'entreprise le bouleversement de la société, c'est aussi là qu'il s'est trouvé des
hommes intègres et inébranlables qui ont brisé les instruments des complots, et prouvé que, dans la capitale des lys,
fleurissent encore l'amour de la justice et la fidélité. »

Les avocats sont ensuite entendus ; on remarque parmi eux
maîtres Berville, Barthe, Mérilhou, Chaix-d'Est-Ange, dont

les discours produisent la plus vive impression. L'avocat-général se montre plus violent encore dans sa réplique qu'il ne l'avait été dans son réquisitoire. Il insiste surtout sur la culpabilité de Baradère, Hénon, Goubin, Pomier, Raoulx et Bories, et à propos de ce dernier, il s'écrie dans un mouvement empreint d'une sorte de frénésie :

« Toutes les puissances oratoires ne sauraient l'arracher à la vindicte publique!

« — Qui vous l'a dit? s'écrie à son tour M⁰ Mérilhou, quelle puissance vous a rendu maître de son avenir? qui vous a initié au secret des jurés? qui vous a révélé le nombre et la nature des preuves qui doivent faire fléchir la balance où se pèsent la vie et la mort des citoyens? Et pourquoi anticiper ici avec tant de chaleur sur un moment dont l'approche devrait vous plonger dans une religieuse tristesse? »

« Messieurs, dit Bories en se levant, c'est avec surprise que vous avez entendu s'échapper de la bouche de M. l'avocat-général cette phrase : *Aucune puissance oratoire ne pourra l'arracher à la vindicte publique.* Le ministère public m'a désigné comme chef d'un complot. Eh bien! j'accepte cette qualification, pourvu que ma tête, en roulant sur l'échafaud, puisse sauver celles de mes camarades. »

Enfin, après quinze séances, les débats sont clos; le président fait son résumé, puis les jurés entrent dans la salle de leurs délibérations; ils en sortent trois heures après apportant une déclaration d'après laquelle Bories, Pomier, Goubin et Raoulx sont condamnés à la peine de mort; sept des accusés sont condamnés à deux ans d'emprisonnement, et tous les autres acquittés.

Les quatre jeunes sous-officiers entendirent la lecture de leur arrêt avec le plus grand sang-froid.

« L'appareil de l'échafaud est tout ce qui me fâche, dit Raoulx; j'aurais voulu mourir en soldat : si l'on devait me fusiller, j'irais là comme à l'exercice.

« — Et qu'importe le fer ou le feu ! dit brusquement Goubin; est-ce que, sur le champ de bataille, un soldat a le choix
entre le sabre, la balle ou le boulet ?

« — Tu as raison, dit à son tour Bories avec le plus grand
sang-froid, et quant à moi je donnerais le choix pour une épin-
gle. Ce qui me fâche, ce sont les liens, les ignobles entraves
qu'il nous faudra subir ; mais il faut savoir vouloir ce qu'on
ne peut empêcher. »

A ces mots, Bories se tourna vers son défenseur et le pria
de venir prendre dans sa prison une figure moulée en plâtre
qu'il désirerait faire parvenir à son père. « Cette figure est la
mienne, dit-il, et dans quelques jours c'est tout ce qui restera de moi. » Puis s'adressant au président : « Monsieur, lui
dit-il, l'impartialité que vous avez mise dans votre résumé nous
autorise à vous prier de donner des ordres pour que nous ne
soyons pas séparés ; nous demandons surtout à n'être point
chargés de fers. »

Le président répond qu'il en écrira au préfet de police, et
les gendarmes emmènent les condamnés. « Adieu, mes amis,
s'écrie Pomier en se tournant vers l'auditoire ; nous sommes
innocents ! la France nous jugera !

« — Et elle jugera nos juges, ajouta Goubin ; elle mettra
d'un côté de la balance la passion, la violence, la lâcheté, la
soif de sang des hommes appelés à nous juger, et de l'autre
le calme, la résignation que nous puisons dans notre patrio-
tisme. Condamnés justement nous serions bientôt oubliés ;
innocents on se souviendra de nous en maudissant nos bourreaux. »

Tous quatre se pourvurent en cassation, et des tentatives
furent faites pour corrompre le geôlier de Bicêtre où ils étaient
emprisonnés et amener leur évasion ; mais ces tentatives
échouèrent ; le pourvoi fut rejeté, et le 21 septembre, à cinq
heures après midi, ces quatre infortunés furent conduits à la
place de Grève où l'échafaud avait été dressé. Leur courage ne se

démentit pas un seul instant : ils souriaient pendant le trajet; ils causaient entre eux et saluaient les personnes de leur connaissance qu'ils apercevaient dans la foule. A cinq heures vingt minutes, ils arrivèrent sur le lieu de l'exécution; à cinq heures et demie ils avaient cessé de vivre, et la foule s'écoulait tristement en se demandant ce qu'était devenu ce droit de grâce justement regardé comme le plus beau fleuron de la couronne des rois de France.

Les ministres de Charles X,

POLIGNAC ET AUTRES.

(1830).

Le procès des derniers ministres de Charles X est en quelque sorte une histoire complète de la révolution de juillet ; là se montrent au grand jour l'esprit de l'époque, les causes et les principaux résultats de ce prodigieux·événement.

Un roi, des ministres insensés avaient cru pouvoir d'un trait de plume anéantir les libertés publiques ; mais le peuple s'était levé pour les défendre, et après une victoire éclatante, il avait brisé le trône et chassé de la France le prince déchu.

L'ordre était rétabli ; une dynastie nouvelle avait été élevée sur le pavois, et le programme adopté par le nouveau monarque promettait des merveilles.

Cependant, un grand attentat avait été commis ; le sang versé pour la défense des lois demandait vengeance. Quatre des ministres de Charles X, le prince de Polignac, les comtes de Peyronnet et de Guernon-Ranville, et M. de Chantelauze, arrêtés à la suite de la victoire des Parisiens sur les troupes royales, avaient été enfermés au château de Vincennes en attendant que la justice prononçât sur leur sort. Ils y étaient depuis quelques jours seulement, lorsque le 13 août M. Eusèbe Salverte, député, monta à la tribune pour y développer une proposition qu'il avait faite, et qui était ainsi conçue :

« La chambre accuse de haute trahison les ministres signataires du rapport au roi et des ordonnances de juillet dernier.

« Messieurs, dit M. Salverte, de longs développements seraient inutiles ; je me borne à mettre sous vos yeux des pièces authentiques.

« Dans le discours de la couronne, dans la proclamation du roi, le ministère a attaqué la constitution.

« Le ministère s'est efforcé de dominer les élections par la corruption, les menaces, la violence, les assassinats.

« Le ministère a usurpé le droit de casser les élections, affectant de confondre ce droit avec celui de dissolution de la chambre.

« Le ministère a, par ordonnance, tenté de détruire la liberté de la presse, qui avait son principe dans la charte.

« Par ordonnance, il a tenté de bouleverser le système électoral tout entier.

« Le ministère a armé les soldats contre les citoyens ; il les a fait égorger les uns par les autres ; on l'a invité à faire cesser le carnage, il a ordonné qu'on en continuât le cours.

« Si, aux termes mêmes de la charte, telle qu'elle était avant le mois d'août, de tels actes ne constituaient pas le crime de haute trahison, la loi et la justice ne sont que des mots vides de sens. Je ne doute pas que ma proposition ne soit accueillie. »

Des voix nombreuses s'élevèrent aussitôt pour appuyer cette proposition qui fut prise en considération à l'unanimité. Une commission d'accusation fut ensuite nommée, et l'instruction du procès commença. Le **27** septembre, à la suite du rapport de M. Bérenger, membre de la commission d'accusation, la chambre adopta la résolution suivante :

« La chambre des députés accuse de trahison MM. de Polignac, de Peyronnet, de Chantelauze, de Guernon–Ranville, d'Haussez, Capelle, de Monthel, ex–ministres, signataires des ordonnances du 25 juillet :

« Pour avoir abusé de leur pouvoir, afin de fausser les élections et de priver les citoyens du libre exercice de leurs droits civiques ;

« Pour avoir changé arbitrairement et violemment les institutions du royaume ;

« Pour s'être rendus coupables d'un complot attentatoire à la sûreté extérieure de l'État ;

« Pour avoir excité la guerre civile en armant ou portant les citoyens à s'armer les uns contre les autres, et porté la dévastation et le massacre dans la capitale et dans plusieurs autres communes.

« Crimes prévus par l'article 56 de la Charte de 1814, et par les articles 91, 109, 110, 123 et 125 du Code pénal.

« En conséquence, la Chambre des députés traduit MM. de Polignac, de Peyronnet, de Chantelauze, de Guernon-Ranville, d'Haussez, Capelle et de Monthel, devant la Chambre des pairs.

« Trois commissaires pris dans le sein de la Chambre des députés seront nommés par elle au scrutin secret et à la majorité absolue des suffrages pour, en son nom, faire toutes les réquisitions nécessaires, faire soutenir et mettre à fin l'accusation devant la Chambre des pairs, à qui la présente résolution et toutes les pièces de la procédure seront immédiatement adressées. »

Ces commissaires furent nommés deux jours après ; le choix tomba sur MM. Bérenger, Persil et Madier de Montjau.

Les ex-ministres détenus furent extraits du château de Vincennes le 10 décembre, et transférés au Luxembourg ; le 15 du même mois, à dix heures du matin, ils comparurent devant la cour des pairs, et les débats furent ouverts.

Après quelques formalités préliminaires, le président donne

39

la parole aux commissaires de la Chambre des députés; M. de Bérenger se lève aussitôt et dit :

« La résolution de la Chambre des députés, dont il vient d'être donné lecture, précise l'accusation portée contre les derniers ministres de Charles X par la Chambre des députés; organes de cette Chambre, nous venons au nom du pays, demander justice de la violation de nos lois, du renversement de nos institutions, du sang de nos concitoyens. Nulle infraction aux lois ne justifiait les mesures des ministres; nos lois obéies, nos magistrats respectés, les jeunes soldats répondant aux appels, les impôts payés; les élections venaient de se faire avec calme, les citoyens s'étaient montrés jaloux de leurs libertés et de leurs droits, et si quelques troubles s'étaient manifestés, il faut les attribuer au parti pour lequel le gouvernement prodiguait ses faveurs; tel était l'état du pays.

« Cependant on détruit la liberté de la presse périodique, on rétablit la censure, on annulle audacieusement les opérations des colléges électoraux sous la forme de dissolution de la Chambre, on abroge les lois électorales pour les remplacer par des ordonnances; la force armée est inhumainement employée pour assurer l'exécution de ces mesures. Voilà les crimes dont la réparation vous est demandée.

« La nation a droit à ce que cette réparation soit éclatante... Il importe que le tribunal qui doit prononcer soit indépendant. S'il pouvait cesser de l'être, sa décision ne serait pas un jugement; la France, la postérité, l'Europe, en contesteraient le caractère. Messieurs, c'est dans vos consciences, dans les pouvoirs que vous tenez de la constitution, que vous devez trouver les garanties que réclame la société. »

Le prince de Polignac est ensuite interrogé. Il déclare que les ordonnances n'ont pas été préméditées par lui, et il rappelle que le 7 mai 1830, il avait présenté au roi un rapport où l'on démontrait la nécessité de rester dans la Charte. Répondant ensuite à l'accusation d'avoir fait tirer sur le peuple, il dit :

« Je déplore plus que qui ce soit le sang versé ; je n'ai point donné d'ordres pour le répandre, et j'espère qu'il ressortira des débats, la preuve que j'ai demandé le retrait des ordonnances et donné ma démission pour faire cesser les troubles.

Le président. Lorsque l'on vous apprit que la troupe de ligne fraternisait avec le peuple, n'avez-vous pas dit qu'il fallait aussi tirer sur cette troupe ?

— R. Je ne me rappelle pas avoir tenu ce propos.

— D. Avez-vous pris des mesures nécessaires pour connaître ce qui se passait dans Paris ? — R. L'ordonnance de mise en état de siége de la capitale réunissait tous les pouvoirs dans la main d'un seul. Je n'ai eu depuis lors aucun moyen d'action ni de communication avec les autorités sous mes ordres. En revenant de Saint-Cloud, le mercredi, je me rendis aux Tuileries où je croyais trouver mes collègues ; cependant, ne les trouvant pas au lieu ordinaire de nos séances, j'appris par un homme que je rencontrai aux Tuileries, qu'ils étaient réunis à l'état-major. Je m'y rendis ; et comme la mise en état de siége était déjà signée, il ne me restait plus aucun moyen de communication avec le préfet de police, qui était déjà chassé de son hôtel.

— D. Où avez-vous passé la nuit du mercredi au jeudi ? — R. Aux Tuileries.

— D. A quelle heure avez-vous vu les ministres ? — R. Je ne sais pas. Le temps passait alors fort lentement. J'étais levé de fort bonne heure, à peine même avais-je dormi. Après m'être promené avec M. de Glandèves, je rencontrai M. le maréchal, qui me témoigna le désir de me communiquer *ses projets* et me pria d'aller à Saint-Cloud ; mais ne voulant pas prendre la responsabilité de ce qui devait être proposé, je montai rapidement changer de vêtements ; c'est pendant ce temps qu'eut lieu une conférence dont on a parlé dans l'instruction et dont les acteurs seront sans doute entendus comme témoins.

M. de Peyronnet, interrogé le second, déclare que lorsqu'il a consenti à faire partie du ministère Polignac, il n'était pas question des ordonnances.

M. le président. — A quelle époque ont été concertées les mesures relatives aux ordonnances? — R. Ces mesures ont été proposées lorsque le résultat des élections a été connu.

— D. Quels ministres s'opposèrent à la publication des ordonnances. — R. Dans ce moment le silence est pour moi un devoir.

— D. Lorsque les circonstances sous l'empire desquelles vous avez prêté serment n'existent plus, il me semble que vous pouvez parler sans craindre de fausser un serment qui n'existe plus non plus? — R. Le serment que j'ai fait était absolu ; il n'était pas conditionnel ; je ne crois pas que le malheur m'en ait délié.

— D. Vous étiez du nombre des opposants aux ordonnances? — R. Je ne puis répondre à cette question.

— D. Avez-vous participé à la rédaction du rapport au roi? — R. Oui.

— D. Quel est l'auteur de ce rapport? — R. Je ne puis répondre à cette question.

— D. Quel est l'auteur de l'ordonnance sur les élections? — R. C'est moi.

On passe à l'interrogatoire de M. de Chantelauze ; il avoue être l'auteur du rapport ; mais il affirme que ce rapport était entièrement en dehors des ordonnances, et que ces dernières étaient arrêtées lorsque le rapport fut fait.

M. de Guernon Ranville interrogé après M. de Chantelauze, répond, comme ses collègues, qu'il ne peut consentir à dire par qui les ordonnances ont été conçues et proposées ; il a signé ces ordonnances parce qu'elles ont été acceptées par la majorité dans le conseil ; mais il déclare que Charles X n'a jamais exercé sur lui une autorité dont sa conscience ait eu à souffrir.

Les séances des 16 et 17 sont entièrement consacrées à l'audition des témoins. Après plusieurs dépositions qui ne font connaître aucun fait important, on entend celle de M. Galleton, ancien commissaire de police. Il raconte que le mardi soir, 27 juillet, il a fait enlever par ses agents et mettre dans un fiacre un homme blessé sur la place du Palais-Royal, afin de le faire transporter à l'Hôtel-Dieu : cet homme est mort en chemin.

« — J'ai appris ensuite, continue le témoin, qu'on avait enfoncé les boutiques des armuriers sur le quai de la Mégisserie : deux hommes armés, l'un d'une épée, l'autre d'un fusil, me menaçaient ; les gendarmes qui me suivaient se saisirent de ces hommes. — Le lendemain matin, je fus averti que des groupes parcouraient les rues et enlevaient les armes de force ; je fis un rapport au préfet, et je me rendis au poste du Châtelet où j'appris que les gendarmes avaient rendu leurs armes, et qu'on leur avait pris leurs gibernes et leurs cartouches. En ce moment, des gendarmes sortis de la préfecture de police arrivèrent sur la place, où ils furent assaillis par des coups de feu qui tuèrent le brigadier et un gendarme. Les autres tournèrent bride sur-le-champ et rentrèrent à la préfecture de police. Quelques instants après, une voiture de deuil qui passait sur la place du Châtelet fut arrêtée par le peuple qui criait *à bas les jésuites!* Dans cette voiture se trouvaient deux prêtres, l'un âgé et l'autre plus jeune ; ce dernier eut peur et voulut sortir de la voiture ; mais il reçut à l'instant une douzaine de coups de feu qui le firent tomber. Je fus de suite rendre compte à M. le préfet de toutes ces circonstances, en l'invitant à prendre les mesures qu'il jugerait nécessaires pour arrêter le désordre. »

M. Laffitte, membre de la Chambre des députés déclare que, lui cinquième, il se rendit le mercredi, 28, près du duc de Raguse, auquel il demanda de faire cesser l'effusion du sang en obtenant le retrait des ordonnances. Le maréchal alla consulter M. de Polignac, puis il revint dire aux députés que leur demande avait été rejetée par le ministre.

M. Arago, appelé ensuite s'exprime ainsi :

« Le 28 juillet, étant à l'état-major, j'ai lié conversation avec un aide-de-camp, M. de la Rue, je lui dis que je reviendrais retrouver le maréchal s'il était possible, c'est-à-dire *si la troupe ne passait pas du côté du peuple*. Ces mots firent impression sur M. de la Rue. « Que dites-vous donc ! s'écrie-t-il. — Ce que je dis est exact ; j'ai vu la troupe fraterniser avec le peuple. Informez-en le maréchal et les ministres. — Dites-le vous-même aux ministres, » me répondit-il. Voulant me ménager le droit de dire que je n'avais pas vu les ministres, je ne voulus pas leur parler. M. de la Rue alla le dire au maréchal et au prince de Polignac ; mais quand il revint, il s'écria en m'abordant : *le ministre n'entend pas le français ;* quand on lui a dit que la troupe fraternisait avec le peuple, il s'est écrié : *Eh bien ! il faut aussi tirer sur la troupe.* (M. de Polignac fait un signe négatif). On doit remarquer une légère différence avec ma déposition écrite. J'avais dit dans ma dernière que ce que M. de la Rue dit au maréchal fut transmis au prince. M. de la Rue, qui est à l'étranger, m'a écrit qu'il s'est adressé directement au prince de Polignac, et que c'est à lui que le prince a répondu par les mots que nous avons cités.

M. de Sémonville, grand référendaire de la Chambre des pairs est appelé comme témoin ; sa déposition est la plus importante de toutes.

« La cour sait, dit-il, que je n'ai connu les ordonnances que par le *Moniteur*. Le mardi matin, ayant reconnu, avec plusieurs de mes collègues, la gravité des événements, nous avisâmes au moyen de remédier à ces déplorables circonstances. Le soir du mercredi, les communications étaient deve-

nues extrèmement difficiles. Je déplorais avec M. d'Argout,
mon voisin, qui se promenait avec moi dans le jardin du
Luxembourg, l'impuissance où nous nous trouvions. La ca-
nonade, la fusillade, semblaient avoir cessé, mais le calme de
Paris n'était que momentané ; on se préparait à l'attaque
comme à la défense, et nous pouvions prévoir de plus grands
malheurs pour le lendemain. Nous résolûmes de nous réunir
à la pointe du jour, de nous jeter au milieu des événements,
et de suppléer par notre zèle à notre faiblesse. M. d'Argout
fut exact au rendez-vous, il fut chez moi avant cinq heures du
matin. Je venais d'apprendre que les ministres étaient réunis
à l'état-major ; cette certitude mit fin à nos hésitations, et
nous nous rendîmes auprès d'eux. Je confiai l'établissement
du Luxembourg aux trois personnes qui sont autour de moi,
que la Chambre a honorées de sa confiance, et qui s'en sont
montrées dignes. Grâce à leurs soins, ainsi qu'aux bons sentiments de la population de Paris, pas la moindre apparence
de désordre n'a eu lieu. C'est un hommage que je dois à la
population. La route n'était pas longue, mais semée de beaucoup d'obstacles. Parvenus à l'état-major, nous avons trouvé
le maréchal duc de Raguse, dont le désespoir était visible, et
qui nous reçut comme des libérateurs. Ma première question fut de lui demander où étaient les ministres. Il me semble, sans pouvoir l'affirmer, qu'il nous dit qu'ils étaient assemblés en conseil. Je lui dis d'aller chercher M. de Polignac
et de l'amener lui-même. Ce fut l'affaire d'un moment. M. de
Polignac entra dans le salon, et m'aborda avec la politesse que
vous lui connaissez. Je répondis avec une violence qui approchait de l'outrage, et que je me reproche sévèrement aujour-
d'hui qu'il est malheureux ; mais alors, mon langage s'adressait à l'homme au faîte de la puissance ; je croyais que l'autorité qu'il exerçait lui permettait d'arrêter l'effusion du sang,
de faire révoquer les ordonnances, ou au moins, de briser le
ministère dont il était le chef : c'est ce que je lui demandai à

l'instant même. L'élévation de ma voix et celle de M. d'Argout amenèrent immédiatement dans le salon où nous étions plusieurs officiers généraux ou officiers d'état-major. La discussion, pour ne pas dire la dispute, devint générale. Le danger s'accroissait à chaque instant. M. le général Alexandre Girardin nous secondait de tout son pouvoir. M. de Polignac soutenait presque seul cette lutte inégale, toujours avec le même calme, se retranchant derrière l'autorité du roi ; les autres ministres, au contraire, nous ont paru avoir les mêmes opinions que nous, et nous avons pensé qu'ils étaient soumis à une autorité supérieure à la leur. Pendant que les ministres délibéraient avec une lenteur trop considérable pour notre impatience, le maréchal, M. d'Argout, M. de Glandevès qui nous avait introduits, et moi, nous nous retirâmes dans l'embrâsure d'une croisée. Nous suppliâmes le maréchal de mettre fin lui-même à cette horrible tragédie. Nous osâmes aller jusqu'à lui demander de retenir les ministres sous la garde du gouverneur qui, par un mouvement généreux, consentait à consacrer son épée à cet usage.

La modestie de notre collègue, M. Glandevès, l'a empêché de consigner ce fait dans sa déposition écrite. M. d'Argout s'exposait au danger d'arrêter les mouvements de Paris en portant au milieu du peuple cette nouvelle. Dans l'exécution de cette résolution extrême, qui pouvait encore sauver la dynastie, le maréchal et nous portions nos têtes à Saint-Cloud, et les offrions pour gages de nos intentions. Le maréchal, ému jusqu'à répandre des larmes de rage et d'indignation, balançait entre ses devoirs militaires et ses sentiments. Son agitation était presque convulsive : nous l'avons vu deux fois se refuser avec véhémence aux ordres que des officiers venaient lui demander de tirer le canon à mitraille pour repousser des attaques vers la rue Saint-Nicaise. Enfin il semblait céder à nos instances, et j'ai lieu de croire que sa résolution n'était pas douteuse, lorsque M. de Peyronnet sor-

tit le premier du cabinet, s'élança derrière moi vers la fenêtre ouverte, où j'étais appuyé avec le maréchal et M. d'Argout : « Quoi ! vous n'êtes point partis ? » me dit-il. Ce peu
de mots avait une grande signification après les désirs exprimés par M. de Polignac, que nous n'allassions pas à Saint-
Cloud. Dès ce moment, notre plan d'arrêter les ministres
était échoué. Aussitôt, le maréchal se précipite vers une
table, écrit à la hâte quelques lignes très pressantes au roi,
les remet à M. de Girardin qui s'offre à les porter. Les pairs
courent à leur voiture ; la *première* qu'ils rencontrent est
celle destinée à M. de Polignac ; ils s'en emparent, jettent dehors, sur le pavé, les effets qui attendaient le ministre, et
traversent les Tuileries. Ici, il m'a été impossible, ainsi qu'à
M. d'Argout, de me rendre compte de la circonstance suivante. Dans la rapidité de la marche de notre chaise de poste
au milieu de la grande allée, nous passons auprès d'un
homme à pied au risque de l'écraser : cet homme est M. de
Peyronnet. Il nous crie deux fois : *Allez vite ! Allez vite!* en
montrant d'une main Saint-Cloud, et de l'autre la voiture
qui nous suivait. L'invitation était inutile ; les chevaux étaient
lancés au grand galop ; ils conservèrent leur avance jusque
dans la cour de Saint-Cloud, où les voitures entrèrent presque en même temps. Descendus les premiers, nous fûmes en-
tourés par une foule de gardes et de curieux qui obstruaient
le perron ; il nous fut donc facile de barrer le passage aux
ministres, et particulièrement à M. de Polignac qui les précédait. Je lui déclarai à haute voix que je n'étais pas venu
pour réclamer un honneur que je voulais bien encore leur
laisser ; qu'il lui restait un devoir à remplir, celui d'éclairer
le roi et de lui conseiller la seule mesure qui pût sauver la
monarchie. Après cette allocution, le passage fut ouvert à
M. de Polignac, qui ne répondit rien, et à ses collègues. M. de
Peyronnet marchait le dernier. En passant près de moi, il me
serra la main sans mot dire, avec une extraordinaire éner-

40

gie. J'ignore ce que devinrent les ministres ; mais à peine étions-nous chez M. de Luxembourg, que plusieurs personnages de la cour quittèrent le déjeuner, pour s'y rendre. Là, se trouvaient MM. de Poix, d'Avary, et d'autres que je ne nommerai pas, dans la crainte de commettre des erreurs. Presqu'au même moment, un huissier de la chambre vint m'appeler. M. de Polignac m'attendait à la porte du cabinet du roi. Etonné de cette précipitation, je lui fis observer que le conseil n'avait eu le temps ni de délibérer, ni même de s'assembler. M. de Polignac répondit froidement : « Vous savez, Monsieur, quel devoir vous croyez remplir en venant ici dans les circonstances présentes. J'ai informé le roi que vous étiez là ; vous m'accusez : c'est à vous d'entrer le premier. » J'ai déjà dit, dans ma déclaration écrite, et la cour sentira qu'il n'est ni dans mes devoirs de témoin, ni dans les convenances, de rendre compte d'un long et douloureux entretien dans lequel, je le déclare, en exposant le tableau de tant de malheurs et leur résultat immédiat, le nom d'un ministre n'a jamais été prononcé une seule fois, ni son intervention indiquée ; mes instances, mes supplications, mes déplorables prédictions, ont donné à cette scène un caractère de vivacité qui a jeté une sorte d'alarme parmi les personnages les plus considérables, gardiens de l'appartement du roi. La porte fut ouverte, je crois, à deux reprises, par M. le duc de Duras ; il a pu juger que je m'étais dévoué tout entier pour déterminer une résolution dont les retards ont eu de si terribles effets. Telles sont les uniques relations que j'ai eues avec les ministres au sujet des ordonnances. .   .   .   .

. .   .   .

« J'ai toujours cru que l'opinion du roi était ancienne et personnelle et le résultat d'un système politique et religieux. Plusieurs fois, mes instances ont été repoussées avec opiniâtreté. Les doutes que j'avais pu jusqu'alors concevoir, à cet égard, ont été entièrement dissipés par cet entretien. Toutes

les fois que j'ai attaqué le système du roi, j'ai été repoussé
par son inébranlable fermeté. Il détournait les yeux de dessus les désordres de Paris et des orages qui menaçaient sa
tête et sa dynastie, et je n'ai pu vaincre sa résolution qu'a-
près avoir tout épuisé et en passant par son cœur. J'ai osé le
rendre responsable envers lui-même du sort réservé à madame la dauphine, peut-être éloignée à dessein en ce moment. Je le forçai d'entendre qu'une hésitation d'une heure,
d'une minute, pouvait tout perdre, parce que les désordres de
Paris pouvaient se propager dans les provinces et condamner
madame la dauphine à des malheurs, à d'horribles outrages,
les seuls qu'elle ignorât encore. Des pleurs ont aussitôt coulé
de ses yeux ; sa sévérité a commencé à se dissiper ; ses résolutions ont paru changer ; sa tête s'est abaissée sur sa poitrine, et il m'a dit d'une voix basse, mais fortement émue : « Je
« vais dire à mon fils de venir, et j'assemblerai le conseil. »
Je finis en déclarant que M. de Polignac ne m'a pas dit un
mot qui puisse m'autoriser à croire, de sa part, à des projets
de coups d'état, et que j'ai été trompé par les événements
jusqu'au dernier jour. »

Cette longue déposition, écoutée avec le plus religieux silence, produit sur l'assemblée la plus vive sensation ; on a
peine à croire à cet entêtement du roi et de son premier ministre ; on se demande s'il est bien possible que les destinées
de la France aient été confiées à des mains si inhabiles, à des
hommes si incapables et si aveugles. M. de Polignac paraît
atterré ; il essaie pourtant de combattre l'impression produite,
et se levant vivement il s'écrie :

« Vous n'oublierez pas, nobles Pairs, la faveur qui
doit s'attacher à la personne d'un accusé..... Je le déclare
hautement, jamais un seul dissentiment ne s'est élevé entre
moi et mes collègues à l'occasion des événements qui vous ont
été signalés. Nous avons tous déploré les malheureux événements de Paris, et nous aurions voulu tous les racheter au

prix de notre sang.... Aussitôt que je sus ce qui se passait et
ce qui se projetait, je vis l'abîme ouvert sous mes pas, je déclarai que j'étais prêt à donner ma démission. Déjà quinze
jours auparavant, je l'avais offerte : un sentiment de respect
m'empêche de dire les motifs qui firent que cette démarche
n'eut pas de suite....

« Je le déclare, si la charte ne vous eût point indiqué
comme le haut tribunal devant lequel je devais paraître, il
n'y a pas, en France, de juges dont j'eusse récusé la juridiction, alors même qu'ils eussent été choisis au sein de cette population parisienne, qui, pendant trois jours, a été une population toute de soldats (sensation).... Je le dis hautement ici,
en présence de toutes ces personnes, qui appartiennent à la
population armée de Paris; qu'elles aillent redire à leurs
frères d'armes que je connais assez bien mon pays pour être
assuré que jamais en France un juge ne laissera pénétrer la
passion dans le sanctuaire de la justice, et que les Français
ne connaissent d'ennemis que sur le champ de bataille. »

Après cette allocution qui semble produire beaucoup d'effet
sur les nombreux gardes nationaux qui garnissent les tribunes, la séance est levée et l'audience renvoyée au lendemain.

A l'ouverture de la séance du 18, la parole ayant été donnée aux commissaires de la chambre des députés, M. Persil
se lève et fait un tableau rapide de la restauration; il dit les
fautes de la branche aînée des Bourbons que la France avait
reçus sans affection et seulement *comme un abri pendant un
grand orage*. Arrivant ensuite aux ordonnances, il s'exprime
ainsi :

« Peut-être, dans cette circonstance, le roi, le dauphin et
M. de Polignac lui-même, obéissaient-ils à un pouvoir supérieur; quoi qu'il en soit, les ordonnances parurent..... Les
armes des troupes sont tournées contre le peuple désarmé....
Bientôt, les ministres trouvent que le fer et le feu ne leur
donnent pas assez de victimes, et ils déclarent Paris en état

de siége! Le mercredi, ils ajoutent de nouvelles troupes à celles qui s'étaient battues la veille, et pour augmenter l'ardeur du soldat, ils lui font distribuer de l'argent......

« En examinant les charges qui pèsent sur M. de Polignac, qui nous paraît plus criminel que les autres, je ne parlerai pas de ses antécédents, de ses opinions anti-constitutionnelles, j'examinerai les faits mêmes de l'accusation. Je citerai d'abord une réponse attribuée à M. de Polignac, qui, instruit que la troupe se déclarait pour le peuple, dit : « Il faut aussi tirer sur la troupe. » Ici, c'est un témoin qui, par sa position, mérite toute votre confiance ; il vous rapporte ces mots qui peignaient bien l'horreur qu'inspiraient à M. de la Rue les termes de M. de Polignac : « Nous sommes tous perdus, notre premier ministre n'entend pas le français. » Ce n'est pas tout, Paris est déclaré en état de siége ; le jeudi, il résiste encore aux pressantes sollicitations qui lui sont faites, et si un ministre doit être jugé sur l'atrocité de ses ordres, la culpabilité M. de Polignac ne peut plus être mise en doute. »

Le commissaire examine ensuite successivement les faits qui pèsent sur chacun des autres ministres, puis il termine ainsi :

« Il est temps, messieurs, que l'on sache qu'il y a autre chose que des faveurs dans le ministère ; autrement, la responsabilité serait un vain mot. Il est inutile de rappeler ici les scènes de carnage qui ont eu lieu dans la capitale.

« Je ne veux parler qu'à votre justice ; qu'on ne vienne pas dire qu'il faut imiter la générosité des vainqueurs de juillet, vous répondrez au deuil de la France par une éclatante réparation que la France a le droit d'attendre de vous. »

M. de Martignac, défenseur du prince de Polignac, a la parole ; il rappelle que Louis XVIII n'a octroyé la Charte qu'en vertu d'un droit préexistant qu'il prétendait tenir de sa naissance :

« Les faits reprochés aux accusés ont été accomplis sous

l'empire de cette charte, dit-il ; c'est donc sous l'empire de cette charte que vous devez les juger. . . . . .

« Dans les trois journées, dit-on, le sang a coulé. Mais comment a-t-on caractérisé les trois journées? Entendez la commission municipale de Paris : *la guerre a prononcé*. La guerre ! Si pendant ces fatales journées, les ministres eussent été massacrés, aucune loi ne pouvait venger leur mort : comment pouvez-vous leur demander compte du sang versé! Vous ne devez voir devant vous que des vaincus et des prisonniers. »

L'éloquent orateur reprend et discute un à un tous les chefs d'accusation formulés contre son client, il s'efforce de démontrer que là où l'accusation voit crime, il n'y a eu qu'erreur ou fatalité.

« Paris, il est vrai, dit-il en terminant, a été pendant trois jours le théâtre de scènes de carnage ; mais est-il certain, pour la conscience du juge, que la troupe ait tiré sur le peuple avant d'avoir été provoquée. Et cet ordre de tirer sur le peuple, est-il certain qu'il ait été donné par **M.** de Polignac ?. . . . .

« En l'absence des lois positives sur lesquelles vous pourriez juger, je concevrais peut-être l'éloignement du sein de la patrie de ceux qui l'auraient trahie. Je repousse, comme indigne de vous, tout pressentiment qui pourrait faire craindre une issue funeste.

« Depuis quelques mois nos places n'ont pas été affligées par le spectacle des échafauds, ce ne sera pas vous qui remettrez en mouvement la hache du bourreau pour un crime politique, pour faire périr un homme que défend à peine maintenant une faible voix. Le coup que vous frapperiez ouvrirait un abîme, et ces quatre têtes ne le combleraient pas! Pairs du royaume, l'arrêt équitable que vous allez rendre prouvera à la France qu'elle ne veut conserver que l'amour de la liberté et le courage de la défendre. »

Les audiences des 19 et 20 sont entièrement remplies par les plaidoyers de MM. Hennequin, Sauzet et Crémieux, défenseurs de MM. de Peyronnet, de Chantelauze et de Guernon-Ranville, et par les répliques des commissaires.

Cependant, une grande agitation se manifestait dans Paris; une foule innombrable et menaçante entourait le palais du Luxembourg et faisait entendre des cris de mort. L'un des commissaires, M. de Bérenger se disposait à prendre une dernière fois la parole, lorsque le président, qui venait de recevoir un message, dit d'une voix émue :

« M. le commandant de la garde nationale désire que l'audience soit levée avant la nuit.... La séance est remise à demain. »

C'est qu'en effet, la garde nationale était sur le point de se voir forcée. A plusieurs reprises, la foule avait pénétré jusque dans la cour du Palais, et il était à craindre que des troubles graves n'éclatassent vers la fin du jour. Il n'en fut rien pourtant. Le lendemain, 80,000 hommes étaient sous les armes ; de nombreux bataillons de la garde nationale avaient bivouaqué dans les jardins et les cours du Palais, dans les rues et sur les places voisines. A dix heures du matin, l'audience fut ouverte. Le président demande aux accusés s'ils ont quelque chose à ajouter à leur défense, et sur leur réponse négative, il ordonne qu'ils soient emmenés.

La cour entre ensuite en délibération. A six heures du soir, la séance est reprise, et le président prononce l'arrêt qui condamne le prince de Polignac à la prison perpétuelle sur le territoire continental du royaume, le déclare déchu de ses titres, grades et ordres, le déclare mort civilement; le même arrêt condamne MM. de Peyronnet, de Chantelauze et de Guernon-Ranville, à la prison perpétuelle, et tous solidairement aux dépens.

Le lendemain, 23, dès que cet arrêt fut connu, une grande fermentation se manifesta, particulièrement parmi les habitants des faubourgs de la capitale ; des groupes menaçants se formèrent de nouveau autour du Palais du Luxembourg en faisant entendre les cris de *mort aux ministres !!!* Mais les quatre condamnés étaient déjà, depuis la veille, transférés à Vincennes, où le greffier de la chambre des pairs avait été leur donner lecture de l'arrêt. Le fort de Ham fut ensuite préparé pour les recevoir ; ils y passèrent sept années, après lesquelles le roi leur accorda grâce pleine et entière, et la liberté leur fut rendue.

Tel fut le dénoûment de ce drame sanglant dont les premières scènes avaient ébranlé le monde, et dont il ne reste guère maintenant que le souvenir.

FIESCHI.

(1835.)

Joseph-Marie Fieschi, né à Murato, en Corse, le 3 décembre 1790, était issu d'une famille très pauvre. Jusqu'à l'âge de 18 ans, il fut berger, comme l'avait été son père. Au mois d'août 1808, il s'engage dans un bataillon qui allait en Toscane, au service de la grande duchesse Elisa-Napoléon; puis il est envoyé à Naples et incorporé dans la légion Corse. Il fait ensuite la campagne de Russie sous les ordres du roi de Naples, Murat. Jeune encore, il fait preuve d'un grand courage; l'étoile des braves lui est décernée sur le champ de bataille.

Mais bientôt, une grande révolution s'opère; Murat tombe du trône. Il veut y remonter avec une poignée de soldats fidèles. Fieschi le suit aux plaines de la Calabre. La fortune trahit leur courage : l'expédition échoue, le roi est fusillé; les soldats sont condamnés à l'être. Fieschi parvient à échapper au sort qui le menace, mais toutes ses espérances sont anéanties.

De retour en Corse, Fieschi y vivait de son travail depuis six mois, lorsqu'il fut arrêté comme prévenu du vol d'un bœuf; traduit devant la cour d'assises et condamné à dix ans

41

de réclusion. Fieschi subit cette peine dans la prison d'Embrun où, pendant la dernière année de sa captivité, il remplit les fonctions de chef de cuisine de l'infirmerie. Il se montrait alors opiniâtre, fier, orgueilleux, fort accessible pourtant et susceptible de dévoûment.

Rendu à la liberté, Fieschi parcourt une partie du Dauphiné, puis il se rend à Paris et il figure parmi les combattants, à la révolution de juillet. Bientôt il retrouve, dans la capitale, une femme Abot, veuve Lassave qui, comme lui, avait été prisonnière à Embrun, et avec laquelle il était parvenu à nouer des relations dans cette prison, malgré la rigueur des réglements. Il fait, pour cette femme, des dépenses au-dessus de ses moyens : il loue, sous le nom de la veuve Lassave, un appartement qu'il meuble avec quelque luxe; mais bientôt, cette femme s'aperçoit de quelques intelligences entre sa fille, Nina Lassave et Fieschi, et elle chasse sans pitié ce dernier, qui se trouve sur le pavé, sans ressources, sans asile, sans pain.

Fieschi tente alors de se faire agent de police; il est accueilli par M. Baude, préfet de police, qui apprécie sa capacité; mais bientôt, cet appui lui manque. Il travaille ensuite dans des fabriques de papiers peints; puis il se fait admettre, à l'aide de faux certificats, parmi les condamnés politiques de la restauration; il reçoit comme tel quelques secours, et obtient un modeste emploi, qui est supprimé après quelques mois.

Sans emploi, sans ressources, poursuivi comme prévenu d'escroquerie, Fieschi fait la connaissance de Pépin, épicier, rue du Faubourg-Saint-Antoine, qui avait été condamné à mort en 1832, pour avoir pris part à l'insurrection des 5 et 6 juin, et dont la condamnation avait été annulée par la cour de cassation; il se lia en même temps avec un ouvrier nommé Boireau, et un sellier nommé Morey.

Cependant, Fieschi, malgré son peu d'instruction, s'occupait beaucoup des arts mécaniques; il avait conçu l'idée d'une sorte de machine infernale, pour la défense d'une forteresse, et il en avait fait le dessin. Ce dessin, montré à Pépin, éveilla l'attention de ce dernier animé d'une haine violente contre le nouveau gouvernement. Il en fit part à Morey et à Boireau : on se consulta, on s'entendit ; des secours furent donnés à Fieschi, des conciliabules furent tenus ; on y résolut la mort de Louis-Philippe. Fieschi prit l'engagement de commettre ce crime à l'aide de la machine qu'il avait inventée. Plusieurs essais sont faits par les conjurés ; le résultat paraît infaillible, et l'on convient que l'exécution aura lieu le 28 juillet 1835, pendant la revue de la garde nationale que le roi doit passer sur les boulevarts. Fieschi loue un appartement sur le boulevart du Temple, n° 50 ; il n'y apporte point de meubles, mais il en paie le terme d'avance, et dit s'appeler Girard.

A partir de ce moment, les conjurés se réunirent souvent. Pépin et Morey fournissaient à Fieschi l'argent qui lui était nécessaire pour construire la machine ; Boireau ne prenait guère de part à ce qui se faisait que par des fanfaronnades ; mais on sentait la nécessité de le ménager, ses révélations pouvant faire manquer l'exécution du projet. Fieschi avait fait de l'accomplissement de sa promesse un cas de conscience ; aussi travaillait-il avec ardeur. Il acheta le bois nécessaire à la machine, les canons de fusil, la poudre, les balles. Cette machine se composait d'un bâtis en bois de chêne de trois pieds et demi de hauteur ; elle s'élevait sur quatre montants ou chevrons à vis, munis de sept traverses dont la dernière, plus haute que les autres, pouvait s'élever ou s'abaisser au moyen de vis. Ces traverses supportaient vingt-quatre canons de fusil dont les lumières communiquaient entre elles au moyen d'une traînée de poudre.

Le mardi, 28 juillet, second jour du cinquième anniversaire de la révolution de Juillet, le roi parait sur les boulevarts, et parcourt les rangs de la garde nationale qui y était rassemblée; il était entouré des princes ses fils et d'un nombreux état major.

La vigilance de l'administration était stimulée par divers avis. Elle avait été informée que des armes à feu, dirigées sur la personne du roi, devaient faire explosion d'une maison située sur le boulevart Saint-Martin. Ce quartier était surveillé avec soin : dès trois heures du matin, les inspecteurs du service de sûreté l'avaient parcouru. Un détachement d'agents de police, munis d'armes, placés en dehors de la ligne militaire, précédait le roi de quelques pas, et avait pour consigne d'observer attentivement les croisées, d'arrêter la marche du cortége au moindre signe menaçant, et de traverser pour cela, s'il en était besoin, les rangs de la troupe.

Le roi passait sur le boulevart du Temple, à la hauteur du Jardin-Turc, lorsque tout-à-coup, une explosion terrible se fit entendre; quatorze des personnes qui environnent Louis-Philippe tombent mortellement blessées ; le roi lui-même est atteint d'une balle qui lui effleure le front; son cheval est blessé à l'épaule; les chevaux de ses deux fils, le duc de Nemours et le prince de Joinville sont également blessés. Tout cela était l'œuvre de Fieschi, qui venait d'accomplir sa promesse. Mais quelques-uns des canons de la machine, chargés outre mesure et avec intention, par Morey, avaient éclaté; Fieschi était grièvement blessé à la tête; trois doigts de sa main gauche étaient brisés. Toutefois, son énergie lui fit surmonter la douleur qu'il devait éprouver; il saisit une corde grosse comme le petit doigt, suspendue à la fenêtre de son logement, se laisse glisser sur une terrasse à la hauteur du premier étage, et muni d'un poignard et d'une sorte de fouet composé de trois lanières de plomb, il tente de se sauver. Mais déjà, un grand nombre de gardes nationaux s'étaient précipités vers la maison d'où l'explosion était partie; Fieschi fut arrêté, conduit au poste du Château-d'Eau, et de là à la Conciergerie.

Fieschi prétendit d'abord se nommer Girard, il dit n'avoir pas de complices et ne voulut faire connaître aucun des détails sur lesquels on l'interrogeait ; mais il ne persista que pendant trois ou quatre jours dans ce système, et il finit par faire les aveux les plus complets. En conséquence de ces aveux, Pépin, Morey et Boireau furent arrêtés ; quelque temps après, Pépin parvint à s'évader pendant une perquisition que l'on faisait à son domicile et à laquelle il assistait ; mais deux mois après, on découvrit sa retraite, et il fut arrêté de nouveau dans une ferme des environs de Meaux.

Le 30 janvier 1836, Fieschi, Pépin, Morey, Boireau et un cinquième accusé, faiblement compromis, nommé Bescher, comparurent devant la cour des pairs. Après les préliminaires d'usage, M. le président interroge les accusés. Les quatre derniers se renferment dans un système complet de dénégation ; mais Fieschi persiste dans ses aveux : il raconte tout ce qui s'est passé, comment il a été amené à commettre le crime énorme qui a donné la mort à plus de vingt personnes, et il donne les détails les plus minutieux. Pépin se défend faiblement ; à chaque grief articulé contre lui par Fieschi, il se borne à dire : « M. Fieschi se trompe. » Morey paraît fort peu soucieux du résultat du procès ; il parle peu, ne répond qu'aux questions les plus importantes, et soutient que Fieschi n'est qu'un misérable avec lequel il n'a eu que des relations insignifiantes ; les deux autres accusés nient également avoir pris part à l'attentat.

Les témoins sont ensuite entendus ; un des plus importants, le nommé Doreille, brigadier des sergents de ville, s'exprime ainsi :

« J'étais de service pour escorter le roi depuis le carrefour du Temple jusqu'à la rue Neuve-de-Ménilmontant. J'étais accompagné de Laimbourg, sergent de ville, et de Lefebvre, aussi sergent de ville. Ayant escorté le roi jusqu'en face de la maison où nous étions, mais de l'autre côté du boulevart, je vis un des fils du roi, que je crois être **M.** le duc d'Orléans; il était à la gauche de son père, poussé par un mouvement de son cheval sur la personne de son père. Ce mouvement fit sortir le chapeau du roi de dessus sa tête, et le roi n'eut que le temps de l'arrêter, en y portant la main.

« A ce moment même, le cheval du roi fit volte face, de telle sorte que le roi présenta le dos à la garde nationale qui stationnait du côté du Jardin-Turc. A peine le cheval du roi avait-il fait ce mouvement que j'entendis une détonation très forte, mais au milieu de laquelle on distinguait plusieurs coups. Ces coups sont partis d'une petite croisée au-dessous du toit de la maison. A cette croisée était adaptée une jalousie, au travers de laquelle j'ai vu de la fumée s'échapper en grande abondance. A l'instant, j'ai vu deux officiers supérieurs renversés par terre, et un maréchal dont la figure était couverte de sang; il s'essuyait sur son cheval.

« Je me suis alors précipité du côté de la maison d'où les coups étaient partis. La porte étant ouverte, je me suis dirigé par l'allée, et je suis monté jusqu'au troisième étage, où j'ai trouvé un garde national, aidé d'un sergent de la garde municipale, qui s'efforçait d'ouvrir la porte. Après lui avoir conseillé de retirer sa baïonnette, nous avons enfoncé la porte à coups de crosse de fusil.

« Une fois entrés, nous avons trouvé un petit appartement composé de plusieurs compartiments disposés de telle façon, que la chambre de laquelle on a tiré est précédée de deux pièces qui conduisent elles-mêmes à une arrière-cuisine, par laquelle a été opérée l'évasion des auteurs de l'attentat. Nous avons trouvé une fumée considérable qui obscurcissait les objets; une fois dissipée, nous avons vu deux canons de fusil dans le premier compartiment, et deux autres dans l'entrée du second compartiment : ces canons étaient encore chauds.

« Enfin, nous avons pénétré près de la machine. Là nous

avons trouvé une certaine quantité de canons par terre, et environ une dizaine d'autres canons placés en batterie sur deux traverses, dont l'une, celle de derrière, par rapport à la croisée, était mobile, et qui composait un système destiné à tirer extérieurement de la maison.

« Ces canons étaient encore chauds. Parmi eux il y en avait deux crevés sur la batterie et deux autres aussi crevés parmi ceux qui étaient par terre.

« Nous avons observé de plus que la machine était dirigée en oblique à six pouces environ de la croisée d'un côté, et à un pied de l'autre côté. J'ai remarqué que quelques uns des canons placés sur la batterie étaient tachés de sang. Les murs avaient reçu plusieurs esquilles provenant de l'éclat des canons. Le carreau était rempli de sang, principalement dans le compartiment du milieu de l'appartement. »

Le président. Fieschi, pouvez-vous donner quelques détails sur ce qui s'est passé après l'explosion? vous avez été grièvement blessé, et vous êtes tombé?

Fieschi. Je sais positivement que je ne suis pas tombé, quoique l'*atout* ait été un peu solide; j'ai porté la main à mon front, puis je me suis appuyé au mur pour gagner la fenêtre; j'ai saisi la corde et je suis descendu; j'ai parfaitement reconnu la personne qui m'a arrêté : je la remercie de ne pas m'avoir maltraité. Je me rappelle aussi d'avoir vu ce qui s'est passé dans le billard. Dans le corps-de-garde, j'ai reçu un coup de poing d'un brave garde national; au reste, je lui pardonne. Je me rappelle aussi qu'en passant sur le pont Louis-Philippe, j'ai levé le rideau du brancard, alors j'ai dit : Ah! s'ils pouvaient me faire boire aujourd'hui un coup, cela m'épargnerait bien des maux! J'ai reconnu la Conciergerie quand nous y sommes entrés; je la connaissais et je me suis dit : Allons, je ne sortirai d'ici que pour aller à l'échafaud.

On entend ensuite Nina Lassave, maîtresse de Fieschi :

« Dans les premiers jours d'avril, dit-elle, Fieschi vint
me dire à la Salpêtrière où j'étais employée, que je pourrais
venir le voir chez lui; qu'il avait loué un logement boulevart
du Temple; mais que, pour la première fois, je pourrais le
venir chercher chez Pépin. En effet je m'y suis rendue, je
suis entrée pour acheter un demi quarteron de sucre; Fieschi
me vit et m'emmena. Le dimanche qui précéda l'attentat, je
me suis également rendue chez Pépin, sous prétexte d'y acheter du café. Fieschi me vit et m'emmena à son logement. Je
vis le commencement de la machine montée près de la fenêtre. Je dis à Fieschi : Tu as donc travaillé à ton métier? Il
me répondit que oui; mais il était excessivement troublé. Il
me dit d'aller chez Agarithe, qu'il reviendrait m'y trouver;
en effet, il vint nous y retrouver. Il me redemanda la seconde
clef de son appartement, qu'il m'avait donnée, en me disant
que la sienne était cassée.

« Le 27, j'avais été voir Fieschi; on me dit qu'il était
sorti, mais qu'il avait dit que si je venais, on m'avertît d'aller chez la fille Annette, qu'il viendrait m'y prendre. Il vint
en effet; il paraissait excessivement triste; il me dit qu'il était
souffrant, et n'avait pas dormi de la nuit. Il me dit de ne pas
revenir le lendemain, qu'il viendrait me chercher à la Salpêtrière.

« Ne comptant pas que Fieschi viendrait me chercher le
mardi, je sortis de la Salpêtrière à onze heures du matin,
avec la dame Leroux, femme de service, et son petit garçon
âgé de huit ans. Elle allait rejoindre son mari, garde national, qui devait se trouver au Château-d'Eau, et moi je me
rendis au boulevart du Temple, dans l'intention de monter
chez Fieschi, dont la conduite mystérieuse depuis quelques
jours m'alarmait considérablement. Nous allions doucement,
attendu la chaleur, la présence d'un enfant et la foule.

« Il était midi et demi lorsque nous arrivâmes sur le boulevart du Temple. Environ trente pas avant d'arriver à la de-

meure de Fieschi, nous entendîmes un grand bruit ; nous vîmes tout le monde épouvanté : on disait dans les groupes et partout qu'on venait de tirer des coups de fusil sur le roi, du troisième étage d'une maison attenant au café des Mille-Colonnes, précisément en face du Jardin-Turc. J'eus aussitôt un affreux pressentiment. L'air égaré de Fieschi depuis quelques jours, sa persistance à m'empêcher de monter chez lui, tout me revint à l'esprit, et je ne doutai presque plus que le crime n'eût été commis par lui.

« Pressée de me convaincre de cette triste réalité, je m'avançai jusque près de sa demeure. Des personnes me désignèrent la fenêtre d'où étaient partis les coups, et je reconnus celle de la chambre de Fieschi. On disait en outre que l'assassin avait été tué lui-même par quelques canons qui avaient crevé dans l'intérieur de la chambre.

« J'eus un instant la tête perdue ; Fieschi était mon seul soutien, puisque ma mère m'a depuis longtemps abandonnée. L'énormité de son crime me glaça d'effroi ; j'eus un instant l'idée qu'on pourrait me poursuivre, parce que j'étais sa maîtresse. Cette idée ne me quitta bientôt plus. Je courus rue Saint-Sébastien, voir Annette.

« Je la pris à part et lui fis part de l'événement ; elle le connaissait déjà, et d'après les renseignements qui lui étaient parvenus, elle me dit que déjà elle s'était doutée que l'attentat avait été commis par Girard. Annette chercha à me rassurer : elle me recommanda le silence, et me dit que peut-être on ignorerait que j'avais été sa maîtresse. J'attendis quelques instants dans l'arrière-boutique pour reprendre mes sens, car j'étais arrivée presque morte. Je lui dis que j'allais me rendre à la Salpêtrière pour prendre mes effets, et que je reviendrais près d'elle, en la priant de me permettre de coucher ce soir avec elle. Elle y consentit après avoir reçu l'autorisation de sa maîtresse. J'allai en toute hâte à la Salpêtrière, je quittai la chemise de la maison, en pris une autre à

42

moi, fis un paquet de quelques hardes, et retournai près d'Annette. Je restai avec elle sans sortir jusqu'au lendemain matin.

«Le mercredi, à neuf heures du matin, je me rendis chez un commissionnaire au Mont-de-Piété. J'y engageai une paire de boucles d'oreilles et un fichu pour 5 fr. Je pris ce parti parce que j'étais sans le sou ; puis je revins auprès d'Annette. A midi, je me dirigeai vers la demeure de M. Morey, rue Saint-Victor, n. 23, par la place de la Bastille et les quais.

«Je dois dire ici ce qui m'a déterminée à me rendre chez ce monsieur. Je l'ai vu plusieurs fois, il y a deux ans, chez ma mère, lorsque nous demeurions avec Fieschi, rue Croulle-Barbe ; je l'avais vu le lundi sur le boulevart avec Fieschi, et comme je ne connaissais aucune autre personne qui pût avoir quelques liaisons avec Fieschi, je pensai que je trouverais auprès de lui des consolations et des secours. Je montai au premier étage, où je le trouvai. J'étais tout en pleurs ; il me dit : « Eh bien! qu'est-ce qu'il y a donc? » Je lui répondis : «Vous le savez tout aussi bien que moi.» Il réplique : «C'est donc Fieschi qui a tiré le coup? Est-il mort? » Je réponds : « On dit que oui ; vous étiez avec lui lundi ? — Non, me dit-il, je suis sorti, mais je n'étais pas avec lui. — Pourquoi, lui répondis-je alors, cherchez-vous à me le cacher? Je vous ai vu de mes propres yeux ; vous étiez dans un café sur le boulevart avec Fieschi ! » Il me dit : «Oui, c'est vrai.» Je lui exposai que j'étais malheureuse, que je ne savais ce que j'allais devenir ; mes sanglots étouffaient mes paroles.

«Après une pause de quelques instants, il me dit :« Montez à la barrière du Trône, vous m'y attendrez, et je vous parlerai. » Je me dirigeai immédiatement de ce côté, et je pris à la Bastille un omnibus qui me conduisit jusqu'à la barrière du Trône. »

Un grand nombre de témoins sont ensuite entendus. Fieschi persiste dans ses déclarations ; mais ses coaccusés persistent dans leurs dénégations. Enfin, après quatorze séances, la parole est donnée à **M.** le procureur général Martin (du Nord) ; puis les défenseurs sont successivement entendus. Me Pasquier, chargé de la défense de Fieschi, termine ainsi son admirable plaidoyer :

« Supposons que Fieschi fût constamment demeuré muet, qu'il eût refusé d'entrer dans aucuns détails, qu'il n'eût signalé aucuns complices, et qu'aujourd'hui, arrivé seul sur ces bancs, il s'écriât : « J'ai des complices, mais je ne les nom-
« merai pas. J'emporterai mon secret dans la tombe. Si on
« veut le connaître cependant, que l'autorité me promette la
« vie sauve ! »

« Est-il quelqu'un de vous qui pense que l'autorité dût reculer, qu'elle dût préférer le médiocre avantage de faire tomber la tête d'un misérable, au profit qu'elle recueillerait de la connaissance de toutes les ramifications d'un immense complot ?

« Eh bien, Messieurs, Fieschi a été plus grand, plus généreux. Quand il a dit la vérité, ce fut sans récompense demandée et sans récompense promise. Pas un seul mot n'a été prononcé par lui qui indiquât le plus léger espoir. Il a, au contraire, protesté, et tous les jours, dans tous les entretiens, à l'audience, en dehors de l'audience, il proteste encore contre la grâce qui lui serait accordée. Son sort sera-t-il moins digne d'intérêt, parce qu'il aura fait des déclarations spontanées, parce que, voulant réparer, autant qu'il était en lui, l'horrible attentat dont il s'est rendu coupable, il aura, sans conditions, mis l'autorité sur la voie, aidé la justice dans ses investigations? Cette vie qu'il aurait marchandée lâchement, elle lui serait laissée. Cette vie pour laquelle il montre le plus profond dédain, on la lui arracherait !

« Non, messieurs, il n'y aurait pas là justice, il n'y aurait pas là convenance. J'ajoute : CE SERAIT UNE LEÇON POUR LES CRIMINELS FUTURS. »

Mais tous les efforts étaient et devaient être impuissants ; Fieschi l'avait bien compris, et prenant la parole après son avocat, il dit :

« Honorables pairs, ne faites pas attention aux fautes de mon langage ; je me ferai comprendre de mon mieux. Je suis heureux d'avoir vécu jusqu'à ce jour, demain je puis mourir : la satisfaction que j'éprouve d'avoir vécu jusqu'aujourd'hui et d'avoir déclaré mes complices, et le plaisir d'avoir été utile à ma patrie, me pénètrent en ce moment : je ne pourrai pas dire grand' chose après le plaidoyer de mes avocats.

« J'ai été soldat, vous avez mes états de services : j'ai fait les campagnes de Calabre et de Sicile, j'ai été fait prisonnier et conduit à Malte, mais je m'échappai, et je joignis l'armée pour la campagne funeste de Russie ; j'ai gagné la croix sur le champ de bataille, elle ira au tombeau avec moi. Je suis été dilapidé par les avocats de mes complices, je les pardonne, c'est mon devoir : je désire que moi seul aille à l'échafaud, car vous ne pouvez m'en affranchir.

« J'ai été captif sept années à Embrun, je me suis conduit en homme de probité et d'honneur ; j'ai acquéri la confiance de mes chefs. On me demandera comment, me conduisant bien, j'ai fait mes dix ans de prison, c'est qu'on savait que je n'étais pas manchot, et qu'on voulait me persécuter, tandis que des gens qui se faisaient punir et qui tracassaient leurs chefs, on s'en débarrassait par une grâce : va te faire pendre ailleurs.

« La femme Petit se repentira toute sa vie d'avoir déposé contre moi ; je l'ai aimée et je l'aime encore, et cependant, elle m'a mis à la porte sans chemise, sans ressources, sans cinq sous à mon service : j'ai trouvé un bon vieillard qui m'a nourri à sa table, et m'a gardé chez lui ; le cœur m'a saigné d'être obligé de parler contre lui ; je ne l'ai pas fait par vengeance ; mais si en plein midi vous mettez une chandelle allumée au soleil, vous ne la rallumerez pas, le plus fort l'emporte : je n'ai vu que ma patrie. Les hommes qui, comme moi, ont été jusqu'à la Moskowa, connaissent les tyrans des autres pays : mais je ne veux pas entrer dans le détail.

« Je ne puis jamais rester en place, je ne m'assieds jamais, je mange même debout : est-ce un défaut? est-ce une vertu? Je ne dis pas, mais c'est comme ça : un jour, en dînant chez Morey, je fais le plan de la machine; Morey s'en empare et le montre à Pépin. Mais enfin, l'échafaud m'attend, et j'y monterai d'un pied ferme.

« Pépin et Morey, ayant fait partie des sociétés républicaines, convinrent, avant le 28 juillet, de faire croire que c'était le parti carliste qui avait fait le coup. On vous a dit que j'étais dissimulé, mais pour ne pas mériter ce titre, il faudrait donc être bavard comme ce gamin de Boireau. (On rit). Il dit son secret à tous ses amis, et il les compte par douzaines; pour moi, je crois que ce n'est qu'à un seul ami, à son avocat ou à son confesseur qu'on doit dire son secret; je suis persuadé que les sociétés étaient averties du coup; je ne veux pas faire de chansons là-dessus, je ne suis pas poète.

« Il n'y avait que de mauvaises pratiques pour seconder Fieschi. Morey est bon, généreux; mais il lui faut des coups de fusil à tirer, il ne recule pas. Quant à Pépin, il est incapable de faire du mal par lui-même, il lui faut quelqu'un pour tirer les marrons du feu.

« J'arrive à l'époque de mon malheur : le dernier jour, j'étais triste, abattu, je n'avais aucune pensée agréable, je n'avais plus ni aucun charme dans la conversation, ni aucune douceur de la vie, mon sommeil était troublé : mais j'avais donné ma parole, et j'exécutai mon projet.

« J'ai eu la tête brisée, et cependant je vous ai dit la vérité. Mes complices la diront comme moi, car ils accoucheront. Pour moi, je ne sais qu'une chose, c'est que ma patrie et le monde sachent que j'ai dit la vérité. Si Morey a fait exprès de mal charger quelques canons, je le pardonne ; si je me suis trompé en croyant cela, qu'il me pardonne, j'ai fait mon devoir.

« Voyez vous, Messieurs, cette main brisée, et cette tête dont on a tiré des morceaux ? Si j'avais voulu, j'ai un moyen de dormir quand je veux ; j'aurais pu m'empoisonner ; j'aurais pu m'affaisser de manière à ce que la fièvre cérébrale s'emparât de moi.

« La vue de M. Lavocat, de mon bienfaiteur, m'a fait baisser la machine ; il y a eu bien des victimes, mais il y en aurait eu bien davantage. Je reviens à mon cachot. Je me disais : Fieschi, tu ne sortiras pas d'ici jusqu'au jour où tu iras à l'échafaud.

« On a dit que j'avais été flétri, flétri !... Pauvre Fieschi, je te plains ! mais mon cœur est-il flétri ? Au reste, je les pardonne : mais, messieurs les pairs, vous verrez si j'ai dit la vérité.

« Dans ma carrière orageuse, je trouve deux routes, deux embranchements ; je prends le mauvais, celui qui me conduira dans 48 heures à l'échafaud : j'irai avec courage pour réparer mon crime ; mais je demande grâce pour mes complices : le bon vieillard n'est plus à craindre ; Pépin, je veux l'anéantir : il ne pourra plus lever la tête. Dans les affaires de juin, il s'était fait une réputation : on a beaucoup tiré de sa maison, mais je ne crois pas qu'il ait combattu, car Pépin et la peur ne se sont jamais quittés (on rit).

« Il est heureux d'avoir eu un père qui est venu au monde avant lui, et qui lui a laissé des sous : c'est ainsi qu'il s'était fait une réputation dans son quartier, car l'ouvrier est toujours pour celui qui lui donne quelque chose. Il est décoré de juillet, mais que Dieu me punisse s'il a jamais été aux barricades ; il n'y a pas de danger. Je demande grâce pour mes deux complices, car Boireau ne l'est pas. Je ne demande pas grâce pour moi, je ne serais plus heureux sur la terre. J'ai toujours regardé la mort comme une loi générale, quand la nature nous fait, elle ne nous dit pas : tu vivras long-temps.

« Pour moi, j'ai dit la vérité ; je ne demande qu'une chose c'est qu'en me lisant ma sentence, dans vingt-quatre heures peut-être, la cour me fasse dire : Tu as dit la vérité, la loi te condamne à la peine capitale.

« Je suis un grand coupable, mais écoutez encore deux mots qui me restent à vous dire : le crime que j'ai commis a heureusement épargné le roi et ses fils; au milieu des morts qui l'entouraient, il a eu le courage de marcher en avant, il a donné l'exemple à ses fils. Le Français aime les hommes courageux ; c'est pour cela qu'il a aimé Napoléon: tous les napoléonistes se sont aujourd'hui réunis autour du drapeau national.

« Je dis en finissant, je demande la grâce de mes deux complices. L'un n'est qu'un pauvre vieillard, l'autre n'est pas à craindre ; voilà tout ce que j'avais à dire. En allant à l'échafaud, je marcherai au pas accéléré, je me recommanderai à Dieu, et la France verra que je sais mourir. »

Enfin, les débats sont terminés; la cour entre en délibération, puis elle rend un arrêt condamnant Fieschi, Morey et Pépin à la peine de mort; Boireau à vingt années de détention, et qui acquittait Bescher. Les trois condamnés à mort entendirent avec le plus grand sang-froid la lecture que le greffier leur fit de l'arrêt; Fieschi surtout montra le plus grand calme; mais lorsque, après cette lecture, on lui eut mis la camisole de force, il parut vivement affecté de cette mesure, et il s'en plaignit énergiquement.

« On craint que j'attente à ma vie! s'écria-t-il, on me connaît donc bien mal?. . . . . . . Je veux mourir sur l'échafaud pour servir d'exemple ; je leur ferai une mort comme ils n'en ont jamais vu !.... La parole d'un Corse est sacrée.... Tenez, on m'ouvrirait les portes de ma prison et l'on me donnerait rendez-vous pour demain à dix heures à la barrière Saint Jacques, j'y serais à dix heures moins un quart!.... Oh! je vous en supplie, délivrez-moi de cette camisole; c'est la seule grâce que je vous demande! »

Touchés de ses supplications, MM. Lavocat, Parquin et Chaix-d'Est-Ange se sont transportés auprès de M. le préfet de police, ont déclaré qu'ils se rendaient garants de la parole de Fieschi, et ont obtenu sans difficulté l'autorisation de lui faire ôter la camisole de force.

Pépin, pendant qu'on lui lisait la partie de l'arrêt qui le concernait, semblait être en proie à une sorte de fièvre ardente; mais il se remit promptement; Morey l'entendit avec une sorte de dédain; Boireau, qui n'était condamné qu'à vingt ans de détention s'évanouit en entendant le prononcé de sa condamnation.

Le lendemain, 16 février 1836, les trois condamnés à mort furent conduits dans la salle où devaient se faire les derniers préparatifs.

Fieschi arrive le premier, accompagné de ses gardiens. Il est vêtu d'un pantalon bleu et d'un gilet de laine : sa tête est couverte d'un bonnet de soie noire. Il s'avance d'un pas dégagé, la tête haute, portant vivement ses regards autour de lui, et va s'asseoir en silence sur le banc qui lui est indiqué. Trois aides s'approchent de lui, l'un d'eux lui demande s'il n'a pas une redingote.... « Pourquoi faire? dit-il. — C'est qu'il fait froid. — Ah! bah! je n'aurai pas à souffrir longtemps... Mais vous avez raison, qu'on aille me la chercher. Otez l'argent qui est dedans, ne laissez rien dans les poches.»

Au moment où on lui attache les mains derrière le dos, il demande qu'on ne le serre pas trop. « C'est trop fort, répète-t-il plusieurs fois... Je veux avoir mes mouvements libres... C'est trop fort, vous me faites mal. » Un des aides lâche légèrement le lien et se met en mesure de lui attacher les pieds. « Tiens, dit Fieschi, j'ai justement rêvé cette nuit que vous m'attachiez les pieds. » Tandis que les tristes préparatifs se continuent. Fieschi ne cesse de parler avec une volubilité remarquable ; ce n'est plus aux exécuteurs qu'il s'adresse, mais à toutes les personnes qu'il avait connues dans la prison. « Ah ! c'est toi, Prussien, dit-il à un des gardiens, tu viens là, toi ; ah ! ce n'est pas bien... Et toi aussi, Petit, dit-il à un autre, toi qui étais mon ami, tu viens me voir attacher ?... Va-t'en... va-t'en... Tous ces Messieurs qui sont là, c'est leur devoir ; mais toi, ce n'est pas ta place ; va-t'en. »

Les préparatifs terminés, Fieschi se lève, et promenant ses regards autour de lui : « Messieurs, je vous prends à témoin que j'ai légué ma tête à M. Lavocat ; je l'ai mis par écrit, et je pense que la loi est pour moi pour que ma volonté soit respectée... Où est-il celui qui ramassera ma tête ? Je lui déclare qu'elle n'est pas à lui, qu'elle est à M. Lavocat... Oui, ma tête à M. Lavocat... mon âme à Dieu et mon corps à la terre. »

A peine Fieschi a-t-il prononcé ces mots, que l'exécuteur le prend par le bras, et le conduit vers une chaise en le priant de s'asseoir. « Maintenant, dit Fieschi, avec un sourire sardonique, qu'on fasse venir les autres, qu'on les mette devant moi ; je veux les voir... C'est mon banquet ici... » Au même moment, M. l'abbé Grivel s'approche de lui. Fieschi l'aperçoit à peine qu'il lui présente vivement la figure, en indiquant qu'il veut l'embrasser, et aussitôt le digne ecclésiastique, le pressant contre son cœur, l'embrasse à plusieurs reprises avec une effusion qui attendrit profondément tous les assistants. Fieschi voit des larmes dans ses yeux : « Eh quoi ! s'écrie-t-il, vous pleurez. Il faudra donc que ce soit moi qui vous encourage ?... Allons, allons, je suis plus heureux que vous ! Je meurs sans peur. »

Morey est amené à son tour, il subit les préparatifs d'un air calme, résigné, presque dédaigneux.

Pepin, si faible pendant les débats, se montre plein d'énergie ; il se débarrasse de sa redingote, de sa cravate, tout en fumant sa pipe.

« — Eh bien, mon vieux Morey, dit-il, il paraît que
nous allons passer dans l'autre monde ! — Un peu plus tôt,
un peu plus tard, reprend Morey, qu'importe!... » Un moment après, Pepin jette les yeux sur Fieschi : « Eh bien,
Fieschi, lui dit-il en souriant, tu es content ; te voilà en face
de ton ami, (se reprenant) de ta victime. Écoute, je n'ai
que deux regrets : le premier est de mourir en compagnie
d'un hideux scélérat de ta trempe ; le second c'est d'avoir mi
des formes en répondant devant la cour aux mensonges que
tu accumulais contre moi. On a pris cela pour de la faiblesse
dans le public ; on a dit que je manquais de courage, que j'a-
vais peur, moi peur !... Ah ! s'il m'était donné de vivre encore quelque temps je n'aurais qu'un désir, qu'une pensée,
je ne formerais qu'un vœu, ce serait d'avoir un tigre de ton
espèce en face et en champ clos... Moi peur !... Mais je mon-
trerai bien aux gens qui ont cru, qui ont dit cela, qu'ils m'ont
calomnié... Je n'ai eu qu'un tort : je t'avais fait l'aumône et
je l'ai nié devant la justice... Pour moi l'heure de la délivrance
approche ; pour toi cette heure sera celle de la vengeance céleste que tu auras bravée jusqu'à la fin.

Fieschi veut répondre, mais il est arrêté par M. l'abbé
Grivel.

A sept heures un quart, les préparatifs sont terminés ; les
condamnés se lèvent pour le départ. « Messieurs, dit Pepin,
qui a toujours sa pipe à la bouche, le crime de Fieschi est
dans Fieschi lui-même... Il n'y a pas ici d'autres coupables
que lui. »

« J'ai fait mon devoir, dit de son côté Fieschi... Tout ce
que je regrette, c'est de n'avoir pas vécu quarante jours de
plus pour écrire beaucoup de choses.

—Oui, répondit Pepin, voilà l'effet des cajoleries, des pré-
venances dont ce misérable a été l'objet depuis son arrestation ; on l'a flatté, on l'a loué, on l'a traité en enfant gâté, et
il s'est cru un grand personnage, lui qui n'est qu'un scorpion!

La manière dont tout cela a été mené est vraiment épouvantable ; mais j'ai autre chose à faire en ce moment qu'à donner cours à ma trop légitime indignation. Qu'on lui fasse si l'on veut l'aumône des quarante jours qu'il demande ; je ne m'en plaindrai pas ; mais je ne veux pour moi d'aucune faveur de ce genre.

L'heure de l'exécution approchant, les condamnés sont conduits vers les voitures qui les attendaient ; bientôt ils arrivent au pied de l'échafaud.

M. le commissaire de police Vassal, qui avait reçu une mission *ad hoc*, s'approche de Pepin et de son confesseur, et dit : « Monsieur Pepin, vous touchez au moment suprême. Vous n'avez plus d'intérêts à ménager ; vous devez dire la vérité tout entière. Votre confesseur a dû vous engager à la dire. S'il vous reste des révélations à faire, on est prêt à vous entendre. » Pepin avec une assurance qui ne s'est pas un instant démentie, répond : « Je n'ai rien à ajouter aux dépositions que j'ai faites ; j'ai dit tout ce que j'avais à dire. Je meurs innocent, victime d'infâmes machinations. Le crime commis par ce scélérat, ajouta-t-il en désignant Fieschi, ce crime est si horrible, que l'on s'est refusé à croire qu'un seul homme ait pu le concevoir et l'exécuter ; là est pourtant la vérité... Mais c'est assez, et même beaucoup trop de récriminations : le grand juge nous attend, et je suis prêt à comparaître devant lui. »

A ces mots, il se livre à l'exécuteur, et quelques instants après sa tête tombe ! Les aides de l'exécuteur s'emparent alors de Morey, qui s'écrie : « Mon Dieu ! ça va donc finir ! »

Fieschi s'avance ensuite, et il demande la permission de haranguer la multitude ; M. Vassal y consent, en lui recommandant toutefois d'être bref. Aussitôt, Fieschi monte les degrés avec une rapidité extraordinaire, se pose sur l'échafaud, en prenant l'attitude d'un orateur, et d'une voix forte, il prononce ces mots : « Je vais paraître devant Dieu. J'ai dit la vérité; je meurs content; j'ai rendu service à mon pays, en signalant mes complices : j'ai dit la vérité, point de mensonge; j'en prends le ciel à témoin; je suis heureux et satisfait. Je demande pardon à Dieu et aux hommes, mais surtout à Dieu! Je regrette plus mes victimes que ma vie! » Cela dit, il se retourne vivement, et se livre à l'exécuteur.

Ainsi finirent ces hommes vraiment extraordinaires, emportant probablement dans la tombe un secret qui peut être, étant dévoilé, eût fait couler des flots de sang.

ALIBAUD.

(1836.)

Le 25 juin 1836, vers cinq heures d'après midi, un jeune homme d'environ 26 ans, porteur d'une canne noire qu'il tenait par le milieu en évitant d'exposer l'extrémité sur le pavé, se promenait sur la place du Carrousel près de l'Arc-de-Triomphe; il paraissait attendre quelqu'un avec une vive impatience. Par manière de passe temps, il lia conversation avec les factionnaires. Cela durait depuis une heure, lorsqu'un mouvement de voitures qui se fit dans la cour des Tuileries annonça que le roi, qui habitait le château de Neuilly, se disposait à retourner à cette résidence après être venu passer quelques heures aux Tuileries. Aussitôt le jeune homme interrompt brusquement son entretien, quitte précipitamment la place du Carrousel, et va se placer à l'intérieur du guichet de la cour des Tuileries qui donne sur le quai. Là, il s'assied sur une borne, et cause avec quelques personnes qui attendaient le passage du roi, mues par un simple sentiment de curiosité. Bientôt, la voiture du roi s'avance, escortée par un piquet de gardes nationaux à cheval et par un piquet de hussards. Alors le jeune homme se lève, pose sur la portière de la voiture du roi l'extrémité de sa canne qui n'était autre

chose qu'un fusil de nouvelle invention; il en lâche la dé-
tente, le coup part; mais le roi n'est pas atteint, et la balle
dont l'arme était chargée va se loger dans la paroi supérieure
de la voiture, tandis que la bourre enflammée tombe sur la
tête de Louis-Philippe.

A peine l'explosion s'est-elle fait entendre, qu'un adjudant de service saisit le jeune homme aux cheveux; il est secondé par plusieurs personnes : on arrache au coupable un
poignard dont il allait se frapper, et on l'entraîne au poste
de la garde nationale. Par un hasard singulier, l'armurier
inventeur de l'arme dont s'était servi le meurtrier, faisait
partie, comme sergent, de la garde nationale de service aux
Tuileries ce jour-là. Il reconnut le jeune homme pour être
un commis marchand qui, deux mois auparavant, s'était présenté chez lui, avait demandé à examiner ses fusils-cannes,
et lui avait dit qu'il se faisait fort d'en placer une grande
quantité en province si l'on consentait à lui en confier quelques uns comme échantillons. Cet armurier nommé Devisme
et demeurant rue du Helder, ajouta qu'il avait confié vingt-
cinq de ses fusils à ce commis, nommé Alibaud et demeurant rue de Valois-Batave, 5. « Peu de temps après, dit
encore M. Devisme, vingt-quatre de ses fusils me furent renvoyés par Alibaud accompagnés d'une lettre dans laquelle
il m'annonçait qu'il n'avait pu les placer; qu'il en avait
égaré un; mais qu'il me le renverrait dès qu'il l'aurait retrouvé. »

Ainsi reconnu, Alibaud qui avait d'abord refusé de dire
son nom, convient de l'exactitude des faits racontés par l'armurier.

« — Si j'ai d'abord refusé de me faire connaître, dit-il,
c'était par égard pour ma famille; car je ne regrette pas ce
que j'ai fait, et si j'étais libre, j'en ferais encore autant. »

Puis s'adressant aux gardes nationaux :

« Ah! vous ne savez pas, vous autres, ce que c'est qu'une

véritable conviction !... Tenez, voici le soldat avec lequel je causais il y a une heure, près de l'Arc-de-Triomphe, demandez-lui si je n'étais pas parfaitement calme. »

Conduit à la Conciergerie, et interrogé à plusieurs reprises, il persista dans l'expression des mêmes sentiments, et déclara qu'il n'avait point de complices.

Dès le lendemain, 26 juin, une ordonnance royale convoqua la chambre des pairs à l'effet de se constituer en cour de justice pour juger immédiatement l'auteur de ce nouvel attentat. Alibaud attendit le jour de sa comparution avec beaucoup de résignation ; il ne se faisait aucune illusion sur le résultat de son procès. On l'avait enfermé dans la chambre qu'avait occupée Fieschi ; il en examina les murailles sur lesquelles ce dernier avait charbonné des figures lugubres, des vers, des sentences.

« Cet homme là était devenu bien bête, dit-il en levant les épaules. Cependant, lui et moi nous passerons à la postérité ; mais vous verrez comme je me conduirai autrement que lui ; car c'était un grand bavard, et il s'imaginait faire beaucoup d'effet avec ses paroles empoulées, ses simagrées et ses autographes ! Il n'en a pas moins eu le cou coupé. »

Le 8 juillet suivant, Alibaud comparut devant la cour des pairs présidée par M. Pasquier ; il était vêtu d'une redingote noire, d'un gilet noir et d'un pantalon blanc ; son visage, pâle et amaigri était encadré dans un large collier de favoris noirs comme du jais ainsi que sa chevelure. Ce fut d'un pas assuré, sans forfanterie, mais sans émotion, qu'il vint s'asseoir sur le siége qui lui avait été préparé. Répondant aux questions qui lui sont adressées, il déclare se nommer Louis-Alibaud, né à Nîmes, ex-militaire et maintenant âgé de 26 ans. Il convient de tous les faits qui lui sont imputés, et reconnaît le fusil-canne qu'on lui présente comme étant celui avec lequel il a tenté de tuer le roi. Il reconnaît aussi le poignard qu'on lui a arraché des mains, et M. le président lui demandant à qui

cette arme était destinée, il répond d'une voix assurée :
« A moi! »

M. le président. — Votre but, en commettant un si horrible attentat, n'était-il pas d'amener un bouleversement et par suite, l'établissement d'une république?

— Oui, monsieur.

— Combien de temps avez-vous nourri ce funeste projet?

— Depuis que Philippe Ier a mis Paris en état de siége; depuis que Philippe Ier a voulu gouverner au lieu de régner; depuis que Philippe Ier a fait massacrer les citoyens dans les rues de Lyon, au cloître Saint-Merry. Son règne est un règne de sang; le règne de Philippe Ier est un règne infâme. Voilà pourquoi j'ai voulu frapper le roi. »

Répondant aux dernières questions de ce long interrogatoire, Alibaud répète qu'il n'a point de complices, et qu'il ne se repent point de ce qu'il a fait.

On passe à l'audition des témoins; le plus important est M. Corbière, négociant à Perpignan; il avoue qu'Alibaud lui a écrit quatre fois de Paris pour lui faire part de la résolution qu'il avait prise de tuer le roi. Mais il ajoute qu'il ne crut pas à ce projet. Alibaud qui avait nié jusque là avoir écrit au témoin, en convient alors.

Plusieurs autres témoins déposent de la bonne moralité d'Alibaud; deux d'entre eux rapportent qu'Alibaud qui faisait partie de la garnison de Paris lors de la révolution de 1830, refusa de tirer sur le peuple et se laissa désarmer; mais qu'il refusa de défendre les barricades, parce qu'il lui aurait fallu tirer sur ses camarades.

Dans la séance du 9 juillet, M. le procureur général Martin (du Nord) et les défenseurs de l'accusé, MM. Ledru et Bonjour sont successivement entendus. Me Ledru termine ainsi :

« Cette nuit, dans le trouble qui m'agite depuis que cette terrible affaire m'a été confiée, ne sachant que dire pour cet homme ; voyant partout des abîmes devant moi, je jetai les yeux sur un livre.... Je l'ouvris, c'était Corneille, le grand Corneille, à qui je demandai conseil, dans le silence de mes veilles. J'y vis, messieurs, qu'un jour Auguste avait découvert la conspiration de Cinna, de Cinna, comblé de ses bienfaits.

Il le fit venir :

> « Tu veux m'assassiner demain au Capitole
> « Pendant ce sacrifice, et ta main pour signal
> » Me doit, au lieu d'encens, donner le coup fatal.

« Auguste était victime et juge ; il fut clément.... Depuis lors le poignard des meurtriers ne rechercha plus sa poitrine.

« Messieurs, soyez cléments envers Alibaud ; c'est la politique la plus sûre. »

Alibaud se lève, tire un manuscrit de sa poche et il en commence la lecture avec calme ; mais il est bientôt interrompu, et le président lui représente qu'il aggrave sa position par des déclamations violentes. L'accusé persiste à continuer sa lecture.

« Monsieur le procureur-général, dit-il, vous avez cherché à flétrir ma vie par vos investigations ; cependant, vous le savez, je n'ai jamais cessé de faire des efforts pour trouver d'honorables moyens d'existence, et pour venir, par mon travail, au secours de la vieillesse de mes parents. Mais, hélas ! dans ce siècle de corruption, l'homme probe est repoussé, et se trouve toujours victime. Je voulais les moyens de me disculper, de repousser les attaques faites à mon honneur, ces moyens, on me les a refusés, tandis que vous, messieurs du pouvoir, vous avez à votre disposition les télégraphes, les préfets, les agents dans les départements.... »

L'accusé est de nouveau interrompu. Le président lui ordonne de s'asseoir ; mais il demeure debout, la tête haute et le regard assuré. Les gardes municipaux le font asseoir de force. Alors il plie son manuscrit et le remet à son défen-

44

seur Me Ledru ; mais, sur l'ordre du président, le défenseur fait passer ce manuscrit au greffier. Me Bonjour se lève alors et s'écrie :

« Je ne puis laisser la cour sous l'impression des paroles...... »

Ici il est interrompu par Alibaud, qui dit en lui touchant à l'épaule :

« Je vous comprends, monsieur l'avocat ; vous voulez demander pour moi grâce et pitié ; mais je ne veux inspirer d'autre sentiment que l'estime ou la haine. »

Après la réplique du procureur-général, le président fait remettre à Alibaud son manuscrit et lui dit qu'on en entendra la lecture, pourvu qu'il s'abstienne de faire l'apologie du régicide ; mais à peine l'accusé a-t-il repris cette lecture, que le procureur requiert formellement que la parole lui soit interdite. Alibaud sourit, remet son manuscrit à l'huissier qui s'approche de lui, et dit, sans rien perdre de son calme : « Je savais bien qu'ici la vérité ne serait pas agréable à certaines oreilles. »

A midi et demi, la cour entre en délibération ; elle en sort à deux heures, et M. le président prononce un arrêt qui condamne Alibaud à la peine de mort ; ordonne qu'il sera conduit sur le lieu de l'exécution en chemise, nu pieds, la tête couverte d'un voile noir, et qu'il restera exposé sur l'échafaud pendant qu'un huissier fera au peuple lecture de l'arrêt de condamnation.

Le condamné, malgré les sollicitations de ses défenseurs, ayant refusé de se pourvoir en grâce, Me Ledru se rendit à Neuilly et présenta au roi une requête dans laquelle il disait qu'il était digne du premier citoyen de l'État de pardonner à son assassin. Le roi communiqua cette requête aux ministres assemblés en conseil ; mais cette sorte de pourvoi fut rejetée.

L'arrêt avait été rendu le samedi ; Alibaud passa la journée du lendemain, dimanche, comme il avait passé toutes celles qui l'avaient précédée depuis son arrestation ; il but et mangea comme d'habitude, accueillit parfaitement l'abbé Grivel auquel il se confessa ; puis il passa quelques heures à lire l'imitation de Jésus-Christ, et la nuit étant venue, il se coucha et s'endormit tranquillement. A trois heures du matin on vint lui annoncer qu'il devait se préparer à mourir. Alors il demanda à déjeuner, mangea de bon appétit, et demanda du papier et une plume pour écrire :

« Je ne veux pas imiter Fieschi, dit-il ; je n'écrirai que quelques lignes d'adieu à mon père. »

Puis, se ravisant, il reprit :

« Non, non, je n'écrirai point. Ces dernières lignes, il les conserverait, les lirait souvent, et ce serait un souvenir qui le tuerait. »

Un seul sentiment semblait préoccuper Alibaud à ce moment suprême, c'était la crainte de passer pour un assassin vulgaire.

« Je veux surtout que l'on sache bien, répétait-il, que je ne voulais pas tuer pour tuer, la balle de mon fusil ne s'adressait pas à un homme, mais à un principe. »

Pendant les terribles préparatifs de la toilette, il fuma tranquillement ; le tabac de sa pipe étant consumé, il pria un des gardiens de la bourrer de nouveau.

« Mon Dieu ! dit-il, pendant qu'on lui couvrait la tête du voile noir des parricides, quel cérémonial ! Et tout cela pour conduire un homme à la mort ! »

Bientôt le funèbre cortége se met en marche ; à quatre heures, il arrive au pied de l'échafaud ; Alibaud en franchit rapidement les degrés après avoir embrassé son confesseur ; il écoute avec calme la lecture de l'arrêt, puis d'une voix tonnante il s'écrie :

« Je meurs pour la liberté ! pour le bien de l'humanité ! pour l'extinction de l'infâme monarchie !...... Adieu, mes braves camarades ! »

En prononçant ces derniers mots, il se place lui-même sur la bascule, et presque au même instant sa tête tombe !

Cette exécution ne devait point mettre de terme aux attentats contre la vie du roi ; mais ce fut la dernière fois que l'échafaud se dressa pour la répression de crimes politiques.

LE PRINCE LOUIS-NAPOLÉON.

(**1836—1840.**)

Le 1ᵉʳ novembre 1836, un supplément du *Moniteur* fit connaître une dépêche télégraphique annonçant que le prince Louis-Napoléon, fils de l'ex-roi de Hollande et neveu de l'empereur, avait fait une tentative pour insurger la garnison de Strasbourg et s'emparer de cette ville ; mais cette dépêche n'était qu'un fragment d'un plus long récit interrompu par le brouillard. L'arrivée de la malle de Strasbourg dissipa bientôt tous les doutes.

Voici ce qui était arrivé : Le jeune prince, accompagné de quelques officiers parmi lesquels se trouvait M. Parquin et M. Vaudrey, colonel du 4ᵉ régiment d'artillerie, et suivi d'une grande partie des soldats de ce régiment, s'était présenté devant les autorités de cette ville, annonçant hautement l'intention de renverser le gouvernement; ils arrivèrent bientôt chez le général Voirol, commandant de la division militaire. Le général fut entouré par les insurgés qui le déclarèrent prisonnier ; mais bientôt l'appel qu'il fit aux bons sentiments des soldats égarés fut entendu ; il put monter à cheval, se mettre à la tête du 16ᵉ régiment de ligne et se rendre à la citadelle, d'où il sortit bientôt pour entrer dans la ville.

Pendant ce temps, le prince Louis, avec le colonel Vaudrey et une partie du 4e régiment d'artillerie s'étaient rendus au quartier Finckenat, occupé par le 46e régiment de ligne ; mais ses efforts pour entraîner ce régiment furent sans succès ; non seulement les soldats refusèrent de s'associer à l'entreprise du jeune prince ; mais sur l'ordre de leurs officiers, ils s'emparèrent de sa personne, et mirent fin à la tentative d'insurrection.

Les personnes arrêtées en même temps que le prince Napoléon étaient MM. Charles Parquin, le comte Raphael de Gricourt, Henri de Querelles, le colonel Vaudrey, François Rupert, le lieutenant Layty et le maréchal des logis Boisson. Déjà l'instruction était commencée, lorsque, dans la soirée du 9 novembre, plusieurs voitures de la cour arrivèrent à Strasbourg, et s'arrêtèrent à l'hôtel de la préfecture.

L'arrivée de ces voitures faisait l'objet des suppositions de tous ceux qui les avaient vues, surtout parce qu'on savait qu'une personne qui se trouvait dans l'une d'elles avait refusé d'exhiber son passeport à la porte de la ville, disant qu'elle se rendait directement à la préfecture, et qu'elle repartirait immédiatement.

A la nuit close, entre sept et huit heures, ces voitures furent conduites à la Prison-Neuve ; le préfet en descendit, et en vertu d'un ordre écrit du ministre de l'intérieur et du ministre de la guerre, il demanda qu'on lui délivrât le prince Louis.

Le nouveau directeur de la prison, M. Lebel (1), arrivé de Paris, à ce qu'il paraît, non pour surveiller le prince, mais pour empêcher que les surveillants des prisons de Stras-

(1) Le même qui était le concierge de la prison du Luxembourg lors du jugement de Fieschi et de ses complices.

bourg, qui n'étaient pas habitués à une pareille manière de procéder, missent obstacle à son enlèvement, s'empressa de le remettre à M. le préfet, qui émargea lui-même, sur le registre de l'écrou, la sortie du prisonnier.

Le prince Louis étant monté dans l'une de ces voitures, celles-ci, attelées de chevaux de poste, quittèrent immédiatement la ville.

Cet enlèvement eut lieu le mercredi soir à huit heures, et le jeudi matin à dix heures, M. le procureur-général de la cour royale de Colmar et M. le conseiller Wolbert, chargés de l'instruction du procès, ignoraient encore le départ du prisonnier. Le prince arriva à Paris dans la nuit du 11 au 12; il ne vit que le préfet de police qui lui apprit qu'on allait le faire embarquer pour les État-Unis d'Amérique, ce qui fut exécuté vingt-quatre heures après.

L'instruction se continua néanmoins contre les autres prévenus; ils furent renvoyés devant la cour d'assises de Strasbourg, où ils comparurent, le 6 janvier 1837; mais dès lors l'acquittement de tous pouvait être prévu. Le procureur-général lui-même était préoccupé de cette pensée à ce point qu'il dit dans son réquisitoire :

« On vous dira que puisque Louis-Philippe a mis en liberté un personnage de condition princière, vous, bourgeois, vous devez faire mettre en liberté les accusés, parce qu'ils sont d'une condition égale à la vôtre. Ainsi, en supposant qu'il y ait eu illégalité dans la mesure qui a fait grâce au prince Louis Bonaparte, on vous propose une autre illégalité, c'est-à-dire un crime, car on vous propose de violer votre serment, de mentir à l'évidence. Ce système est monstrueux, vous ne l'adopterez pas. L'intérêt du pays vous domine, et vous saurez faire justice. Il faut que l'esprit de parti soit bien grand pour oser établir des principes aussi désastreux. Et qu'a de commun l'extraction de Louis Bonaparte avec la position des accusés? ses torts peuvent-ils excuser les leurs?

Devant la justice tout le monde est égal, et si Louis Bonaparte est coupable, les autres accusés ne le sont-ils pas aussi?
Si Louis Bonaparte a été soustrait à la justice légale, c'est
par un acte légal; ainsi son absence, comme sa présence, doit
rester sans influence sur votre décision. »

Malgré ces précautions oratoires, ce que l'on avait prévu
arriva, et le 18 janvier, après douze séances consacrées aux
débats, les jurés rendirent à l'unanimité un verdict de non
culpabilité en faveur de tous les accusés.

Près de quatre ans s'étaient écoulés; des État-Unis, le
prince Louis s'était rendu en Angleterre; mais rien n'annonçait qu'il songeât à tenter quelque nouveau coup de main,
lorsque, le 6 août 1840, arrivèrent à Paris, à une heure de
distance l'une de l'autre, deux dépêches télégraphiques ainsi
conçues :

« Louis Bonaparte vient de faire une tentative sur Boulogne. Il est poursuivi, et déjà plusieurs des siens sont arrêtés.»

« Louis Bonaparte est arrêté. Il vient d'être conduit au
château où il sera bien gardé. »

Voici ce qui était arrivé : Retiré à Londres, le prince
Louis-Napoléon avait conçu le projet d'une seconde tentative
pour renverser le gouvernement français; il partit pour la
France, accompagné seulement de quelques hommes dévoués. Cette petite troupe avait été embarquée par petits
détachements le long de la Tamise, à Greenwich, à Blakwall,
à Gravesend, à Margate, afin que les soupçons ne fussent pas
éveillés. Pendant toute la journée du 5, on louvoya en vue
des côtes anglaises, et ce ne fut qu'à la nuit que le bateau à
vapeur le *Château-d'Edimbourg*, qui portait le prince Napoléon et sa suite, se dirigea vers les côtes de France, où il
arriva à une heure du matin. Le débarquement se fit à Wimereux, petit port situé à une lieue environ au nord de Boulogne. Le poste de douaniers de Wimereux fut surpris et enlevé, et l'on marcha sur Boulogne.

La troupe expéditionnaire, composée d'une soixantaine d'hommes commandés par le prince, se dirigea d'abord vers le quartier d'infanterie où étaient casernées deux compagnies du 42e régiment de ligne. Autant qu'on peut le comprendre par des relations et des rapports plus ou moins contradictoires, la troupe aurait d'abord accueilli avec un certain enthousiasme l'escorte du prince, et les cris de vive le prince Napoléon! vive l'empereur! auraient été proférés d'une seule voix par tous les soldats réunis. Mais le capitaine d'une des compagnies étant arrivé, il se fit quelque tumulte. Ce capitaine s'efforça d'arrêter l'entraînement qui se manifestait dans les rangs de ses soldats; des hommes du prince le repoussèrent; alors ces compagnies, croyant qu'on en voulait à la vie d'un officier généralement aimé, s'écrièrent qu'il fallait le sauver et se précipitèrent autour de lui. Il en résulta une confusion inexprimable, et les deux troupes durent se séparer, ne pouvant plus marcher sous le même drapeau.

En sortant du quartier, le prince se trouva entouré d'une foule d'hommes du peuple, que les meilleurs renseignements évaluent à trois cents hommes. Cette masse agitée, électrisée par un mouvement d'enthousiasme, toujours communicatif, criait : « Vive l'empereur! » et demandait des armes. La troupe expéditionnaire se dirigea alors vers la haute ville, où se trouvait la citadelle, dans laquelle on savait qu'en effet il se trouvait des armes. Mais les portes en étaient fermées, et l'on essaya vainement de les briser. Ce fut alors que le prince et sa suite marchèrent vers la colonne.

Les amis qui s'étaient associés à l'entreprise de Napoléon-Louis, voyant qu'ils n'avaient pas de succès, voulurent décider leur chef à la retraite, qui, à ce moment, était encore possible. Mais le prince leur résista énergiquement, et dit qu'il voulait mourir sur cette terre de France, d'où il était exilé depuis si longtemps. Cette lutte, entre la prudence et l'amour de sa patrie, fit perdre des instants précieux, et

45

quand enfin le prince se laissa entraîner vers le rivage, il était trop tard. La troupe expéditionnaire descendit lentement jusqu'à la grève, suivie à distance par la garde nationale, qui se contentait de l'observer, sans tirer un coup de fusil. Mais quand les fugitifs eurent mis à flot un petit canot qui se trouvait sur le sable et s'y furent jetés, dans l'espoir de gagner le *Château-d'Edimbourg*, qui n'était qu'à un quart de lieue, la garde nationale fit feu, et il y eut plusieurs personnes de blessées. Le prince Napoléon-Louis lui-même fut atteint de trois balles, dont deux heureusement n'atteignirent que ses habits; la troisième lui fit une contusion au bras. La barque, mal solide et trop chargée, chavira, et tous ceux qui la montaient tombèrent à la mer. Tous les journaux ont publié un acte inqualifiable qui fut commis alors : la garde nationale continua de tirer sur ces hommes qui se débattaient contre les vagues, et l'un d'eux même fut tué à *bout portant !* Enfin le prince fut pris, et avec lui cinquante-quatre hommes de sa suite. D'abord on les enferma dans la citadelle de Boulogne, puis on les transféra à Ham, et de là à Paris, où ils devaient être jugés.

Dès le lendemain, 9 août, la cour des pairs fut convoquée par ordonnance royale, à l'effet de *procéder sans délai au jugement des individus, auteurs, fauteurs ou complices de l'attentat contre la sûreté de l'État commis dans la ville de Boulogne.*

L'instruction se fit avec activité; enfin les débats s'ouvrirent le 28 septembre 1841 à midi : les accusés sont introduits; un lieutenant de gendarmerie qui précède le prince Louis lui désigne sa place en tête du premier banc; M. le général comte Montholon, le vieux et fidèle serviteur de l'empereur, s'asseoit à côté du prince; viennent ensuite M. Voisin, blessé, le bras en écharpe, et soutenu dans un foulard rouge; puis MM. Le Duff de Mésonan, de Montauban, Lombard, de Persigny, Forestier, Bataille, Aladenize, Laborde, Desjardins, Conneau, Ornano, Galvani, d'Alambert, Orsi et Bure.

Après la lecture des pièces de la procédure, le président s'adressant au prince dit :

« Louis-Napoléon Bonaparte, levez-vous, je vais procéder à votre interrogatoire. »

Le prince se lève. « Avant de répondre à vos questions, dit-il, j'ai à présenter à la cour quelques observations.

« Pour la première fois de ma vie, il m'est enfin permis d'élever la voix en France, et de parler librement à des Français.

« Malgré les gardes qui m'entourent, malgré les accusations que je viens d'entendre, plein des souvenirs de ma première enfance, en me trouvant dans ces murs du sénat, au milieu de vous que je connais, messieurs, je ne peux pas croire que j'aie ici besoin de me justifier, ni que vous puissiez être mes juges. Une occasion solennelle m'est offerte d'expliquer à mes concitoyens ma conduite, mes intentions, mes projets, ce que je pense, ce que je veux.

« Sans orgueil comme sans faiblesse, si je rappelle les droits déposés par la nation dans les mains de ma famille, c'est uniquement pour expliquer les devoirs que ces droits nous ont imposés à tous.

« Depuis cinquante ans que le principe de la souveraineté du peuple a été consacré en France, par la plus puissante révolution qui se soit faite dans le monde, jamais la volonté nationale n'a été proclamée aussi solennellement, n'a été constatée par des suffrages aussi nombreux et aussi libres que pour l'adoption des constitutions de l'empire.

« La nation n'a jamais révoqué ce grand acte de sa souveraineté, et l'empereur l'a dit : « Tout ce qui a été fait sans elle est illégitime. »

« Aussi gardez-vous de croire que, me laissant aller aux mouvements d'une ambition personnelle, j'aie voulu tenter

en France, malgré le pays, une restauration impériale. J'ai
été formé par de plus hautes leçons, et j'ai vécu sous de
plus nobles exemples.

« Je suis né d'un père qui descendit du trône, sans regret,
le jour où il ne jugea plus possible de concilier, avec les intérêts de la France, les intérêts du peuple qu'il avait été
appelé à gouverner.

« L'empereur, mon oncle, aima mieux abdiquer l'empire que d'accepter par des traités les frontières restreintes
qui devaient exposer la France à subir les dédains et les menaces que l'étranger se permet aujourd'hui. Je n'ai pas res-
piré un jour dans l'oubli de tels enseignements. La proscrip-
tion imméritée et cruelle, qui pendant vingt-cinq ans a traîné
ma vie des marches du trône sur lesquelles je suis né jusqu'à la prison d'où je sors en ce moment, a été impuissante
à irriter comme à fatiguer mon cœur; elle n'a pu me rendre
étranger un seul jour à la dignité, à la gloire, aux droits, aux
intérêts de la France. Ma conduite, mes convictions l'expli-
quent.

« Lorsqu'en 1830, le peuple a reconquis sa souveraineté,
j'avais cru que le lendemain de la conquête serait loyal
comme la conquête elle-même, et que les destinées de la
France étaient à jamais fixées; mais le pays a fait la triste
expérience des dix dernières années. J'ai pensé que le vote
de quatre millions de citoyens qui avaient élevé ma famille,
nous imposait au moins le devoir de faire appel à la nation,
et d'interroger sa volonté; j'ai cru même que si au sein du
congrès national que je voulais convoquer, quelques prétentions pouvaient se faire entendre, j'aurais le droit d'y réveiller
les souvenirs éclatants de l'empire, d'y parler du frère aîné
de l'empereur, de cet homme vertueux qui, avant moi, en
est le digne héritier, et de placer en face de la France, aujourd'hui affaiblie, passée sous silence dans le congrès des
rois, la France d'alors, si forte au dedans, au dehors si puis-

sante et si respectée. La nation eût répondu : république ou
monarchie, empire ou royauté. De sa libre décision dépend
la fin de nos maux et le terme de nos dissensions.

« Quant à mon entreprise, je le répète, je n'ai point eu
de complices. Seul j'ai tout résolu ; personne n'a connu à
l'avance ni mes projets, ni mes ressources, ni mes espérances. Si je suis coupable envers quelqu'un, c'est envers
mes amis seuls. Toutefois, qu'ils ne m'accusent pas d'avoir
abusé légèrement de courages et de dévoûments comme les
leurs. Ils comprendront les motifs d'honneur et de prudence
qui ne me permettent pas de révéler à eux-mêmes combien
étaient étendues et puissantes mes raisons d'espérer un succès.

« Un dernier mot, messieurs. Je représente devant vous
un principe, une cause, une défaite; un principe, c'est la
souveraineté du peuple ; la cause, celle de l'empire ; la défaite, Waterloo. Le principe, vous l'avez reconnu ; la cause,
vous l'avez servie ; la défaite, vous voulez la venger. Non, il
n'y a pas de désaccord entre vous et moi, et je ne veux pas
croire que je puisse être dévoué à porter la peine des défec-
tions d'autrui.

« Représentant d'une cause politique, je ne puis accepter
comme juge de mes volontés et de mes actes une juridiction
politique. Vos formes n'abusent personne. Dans la lutte qui
s'ouvre, il n'y a qu'un vainqueur et un vaincu. Si vous êtes
les hommes du vainqueur, je n'ai pas de justice à attendre
de vous, et je ne veux pas de générosité. »

Après ce discours, qui produisit la plus vive sensation, le
prince répondit avec calme à toutes les questions qui lui furent adressées ; il convient de tous les faits qui lui sont imputés, et déclare qu'il voulait rendre à la France le rang
qui lui appartient. M. le procureur-général Frank-Carré
prend ensuite la parole, et s'attache, dans un long réquisitoire, à démontrer la culpabilité de tous les accusés. La parole

est ensuite aux défenseurs. Me Berryer, pour le prince, fait entendre cette voix éloquente accoutumée aux triomphes.

« Messieurs, dit-il, tant que les princes de la branche aînée des Bourbons ont été assis sur le trône, la souveraineté en France résidait dans la personne royale ; la transmission était réglée dans un ordre certain, invariable, connu de tous, maintenu au-dessus de toutes les prétentions rivales, par des lois fondamentales contre lesquelles rien ne pouvait se faire qui ne fût nul de droit. Ainsi consacré par le temps, par les lois, par la religion, le droit souverain était à la fois le titre et la garantie de tous les droits des citoyens dans l'État ; c'était le patrimoine du passé promis en héritage à l'avenir. La légitimité, elle n'est point en cause dans ce débat ; mais en 1830, le peuple a proclamé sa souveraineté, il a déclaré qu'elle résidait dans les droits et dans la volonté de la majorité des citoyens, vous l'avez reconnu aussi, et c'est ainsi que vous l'avez consacrée en tête de la nouvelle loi fondamentale.........

« Messieurs, n'est-ce rien que ce qui s'est passé en 1830, ou ne veut-on plus le savoir ? N'est-ce rien que de changer tout le système des droits publics d'un pays ? N'est-ce rien que de renverser le principe des lois fondamentales et d'en substituer un autre ? N'est-ce rien que de proclamer à la face d'un peuple intelligent et hardi des principes qui lui apportent l'exercice des droits de tous ? N'est-ce rien, messieurs ? Qu'a dit le prince Napoléon : « La souveraineté nationale est déclarée en France, et cette souveraineté de la nation comment se peut-elle transmettre ? Comment cette délégation peut-elle être constatée, si ce n'est par une manifestation certaine, incontestable de la volonté nationale. « En votre présence, il a dit : cette manifestation incontestable est la volonté des citoyens. Je ne la vois pas dans la résolution des 219 députés et d'une partie de la chambre des pairs en 1830.

« Est-ce donc un fantôme ? est-ce donc une illusion que l'éta-

blissement de la dynastie impériale? Ce qu'elle a fait retentit
assez dans le monde, et parle assez haut, non seulement en
France, mais chez tous les peuples de l'Europe. Non, ce ne
fut pas un rêve que l'établissement de l'empire!.....

« Soyons hommes, messieurs, et comme hommes jugeons
les actions humaines. Faisons la part de toutes choses. Jusqu'où a-t-on été? Sous un prince qui, dans d'autres temps,
avait demandé à porter les armes contre les armées impéria-
les, et à combattre celui qu'il appelait l'usurpateur corse,
on a senti un tel besoin de réveiller l'orgueil de ce nom en
France, et les sentiments qui sont liés au souvenir de l'empire, que le ministère a dit : « Il fut le légitime souverain
de notre pays. »

« C'est alors que le jeune prince a vu se réaliser ce qui
n'était encore que dans les pressentiments des hommes qui
gouvernent. Il a vu signer le traité de Londres; il s'est
trouvé au milieu des hommes qui ourdissaient ce plan combiné contre la France, et vous ne voulez pas que ce jeune
homme, téméraire, aveugle, présomptueux tant que vous
voudrez, mais avec un cœur dans lequel il y a du sang, et
à qui une haine a été transmise, sans consulter ses ressources, se soit dit : « Ce nom qu'on fait retentir, c'est à moi
qu'il appartient! c'est à moi de le porter vivant sur les frontières! il réveillera la foi dans la victoire. » Ces armes, qui
les déposera sur son tombeau? Pouvez-vous disputer à l'héritier du soldat ses armes? Non, et voilà pourquoi, sans préméditation, sans calcul, sans combinaison, mais jeune, ardent, sentant son nom, sa destinée, sa gloire, il s'est dit :
« J'irai et je poserai les armes sur sa tombe, et je dirai à la
France : « Me voici...... voulez-vous de moi? »

« Soyons courageux! disons tout avant de juger. S'il y a
eu un crime, c'est vous qui l'avez provoqué par les principes
que vous avez posés, par les actes solennels du gouvernement; c'est vous qui l'avez inspiré par les sentiments dont

vous avez animé les Français, et, entre tout ce qui est Français, l'héritier de Napoléon lui-même.. . . . .

« Parlerais-je de la peine que vous pourriez prononcer? Il n'y en a qu'une, si vous vous constituez tribunal, si vous appliquez le Code pénal : c'est la mort! Eh bien! malgré vous, en vous disant et en vous constituant juges, vous voudrez faire un acte politique; vous ne voudrez pas froisser, blesser, dans le pays, toutes les passions, toutes les sympathies, tous les sentiments que vous vous efforcez d'exalter; vous ne voudrez pas le même jour attacher le même nom, celui de Napoléon, sur un tombeau de gloire et sur un échafaud. Non, vous ne prononcerez pas la mort!

« Vous ferez donc un acte politique, vous entrerez dans les considérations politiques, vous mettrez la loi de côté. Ce n'est plus ici une question d'indulgence, c'est la raison politique qui déterminera le corps politique..... Pourrez-vous prononcer selon vos lois la détention perpétuelle? Une peine infamante! Messieurs, j'abandonne tout ce que j'ai dit. Je laisse de côté l'autorité du principe politique; je ne parle plus de l'impossibilité de prononcer sans que le peuple soit convoqué et ait prononcé entre le droit constitué par vous et le droit consacré par les constitutions de l'empire et renouvelé dans les cent jours; je laisse de côté les considérations prises de ce qu'a fait votre gouvernement, je ne parle plus des sentiments si naturels, si vrais qui repoussent la condamnation, et je me borne à dire que vous ne jetterez pas une peine infamante sur ce nom. Cela n'est pas possible à la face du pays; cela n'est pas possible en ces jours et en ces temps.

« Une peine infamante sur le nom de Napoléon, serait-ce là le premier gage de paix que vous auriez à offrir à l'Europe?

« Sortez des considérations générales du devoir et du législateur, et redevenez hommes, et croyez que la France attache encore un prix immense, un bonheur immense aux sentiments naturels à l'homme.

« On veut vous faire juges, on veut vous faire prononcer une peine contre le neveu de l'empereur, mais qui êtes-vous donc? Comtes, barons, vous qui fûtes ministres, généraux, sénateurs, maréchaux, à qui devez—vous vos titres, vos grandeurs?

« A votre capacité reconnue sans doute, mais ce n'est pas moins aux munificences mêmes de l'empire que vous devez de siéger aujourd'hui et d'être juges..... Croyez-moi, il y a quelque chose de grave dans les considérations que je fais valoir.... Une condamnation à une peine infamante n'est pas possible. En présence des bienfaits de l'empire, ce serait une immoralité. »

Rien ne saurait donner une idée de l'effet produit par ces éloquentes paroles

Mes Ferdinand Barrot, Delacour, Barillon, Ducluseau, Favre, Nogent de Saint-Laurent, Parquin, Ligner, sont successivement entendus.

Le procureur-général termine ainsi sa réplique :

« Eh quoi! parce que le gouvernement de juillet s'associe à toutes les sympathies publiques, et dépositaire de l'honneur du passé comme du destin de l'avenir, admire ce que la France admire, et se plaît à lui rappeler le souvenir de sa grandeur, vous avez pu penser que ces hommages vous appelaient, et que cette popularité du grand homme vous frayait un chemin vers l'empire? Quoi! parce qu'un prince français traverse les mers pour ramener, au nom de la patrie, sur les rives de la Seine, les cendres glorieuses que le rocher de Sainte-Hélène avait gardées, vous avez pu penser que vous aviez seul le droit de les recevoir au sein de la France par vous régénérée! Non, non! les gouvernements qui préparent leur ruine et qui ouvrent les voies à leurs ennemis, ce sont ceux qui luttent avec effort contre les généreuses tendances de l'esprit public et qui s'usent à les comprimer ; ce ne sont pas ceux qui unissent aux citoyens les mêmes admirations, les mêmes

46

volontés, les mêmes sentiments d'indépendance et de natio-
nalité. Tout condamnait donc vos prétentions surannées et
vos criminelles entreprises. Tout vous présageait le dénoûment où est venue s'ensevelir une présomptueuse ambition.
Vous êtes venu en France pour un crime ; vous vous y trou-
vez devant la justice ! Elle vous infligera, comme à tous les
coupables, le châtiment légal que vous avez encouru. »

Me Berryer se dispose à répliquer à son tour ; mais le
prince se lève en même temps que lui et dit avec calme et
noblesse :

« Messieurs, M. le procureur-général vient de prononcer
un discours très éloquent, mais complétement inutile.

« En priant Me Berryer d'expliquer devant vous mes intentions et mes droits, j'ai voulu remplir un devoir que
m'imposaient ma naissance, ma famille et mon pays :
Me Berryer a admirablement bien rempli cette tâche.

« Maintenant qu'il ne s'agit que de mon sort personnel, je
ne veux pas me mettre à l'abri d'une exception ; je veux partager le sort des hommes qui ne m'ont pas abandonné au
jour du danger. Je prie M. Berryer de ne pas continuer ma
défense. »

« — Les nobles sentiments que le prince vient d'exprimer, dit aussitôt Me Berryer rendent plus précieux pour
moi l'honneur qu'il m'a fait en me choisissant pour son
avocat, et je suis heureux d'avoir apporté tout le zèle, toute
la franchise et toute l'énergie dont je suis capable pour sa
défense. Je lui obéirai. Qu'aurais-je à faire pour répondre
au réquisitoire que vous venez d'entendre ? on a discuté,
combattu les opinions politiques personnelles du défenseur.
Répondrai-je à ma propre accusation ? Non, messieurs ; pour
un tel débat une autre tribune m'est ouverte. »

Après ces paroles qui produisent la plus vive sensation, le
procureur-général pose ses conclusions (séance du 2 octobre).
Ce jour-là même la cour entre en délibération. L'audience

n'est rouverte que le 6 octobre, pour le prononcé de l'arrêt, lequel condamne :

« Le Prince Charles – Louis – Napoléon Bonaparte, à l'emprisonnement perpétuel dans une forteresse située sur le territoire continental du royaume. Jean-Baptiste Aladenize, à la peine de la déportation. Charles–Tristan, comte de Montholon ; Charles Parquin ; Jules Lombard ; Jules-Gilberti Fialin de Persigny, à vingt années de détention. Louis Le Duff de Mésonan, à quinze années de détention. Jean-Baptiste Forestier ; Napoléon Ornano, à dix années de détention. Eugène Bataille ; Hippolyte Bouffet de Montauban ; Joseph Orsi, à cinq années de détention.

« Ordonne, conformément à l'article 436 du Code pénal, que les condamnés susnommés resteront toute leur vie sous la surveillance de la haute police ; les déclare déchus de leurs titres, grades et décorations. Henri Conneau, à cinq années d'emprisonnement. Étienne Laborde, à deux années d'emprisonnement. Ordonne qu'Henri Conneau restera sous la surveillance de la haute police pendant cinq années. Ordonne également qu'Étienne Laborde restera sous la surveillance de la haute police pendant deux années. Condamne :

« Le Prince Charles-Louis-Napoléon Bonaparte ; Charles-Tristan de Montholon ; Jean-Baptiste Aladenize ; Jean-Baptiste Voisin ; Louis Le Duff de Mésonan ; Charles Parquin ; Jules Lombard ; J. Gilbert Fialin de Persigny ; J.-B. Forestier ; Napoléon Ornano ; Hippolyte Bouffet de Montauban ; Eugène Bataille ; Henri Conneau ; Étienne Laborde, solidairement aux frais du procès, lesquels seront liquidés conformément à la loi, tant pour la portion qui doit être supportée par l'État, que pour celle qui doit être à la charge des condamnés.

« Ordonne que le présent arrêt sera publié à la diligence de M. le procureur-général du roi, et affiché partout ou besoin sera.

« Ordonne en outre que le présent arrêt sera lu aux condamnés par le greffier en chef de la cour. »

Le prince Napoléon fut, après cet arrêt, transféré à la forteresse de Ham ; il y est encore en ce moment et il supporte sa captivité avec une grandeur d'âme qu'apprécient même ceux qui ont le plus énergiquement blâmé les actes qui ont motivé sa condamnation.

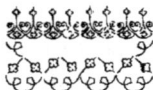

CONCLUSION.

Ici se termine cette série de drames funèbres qui forment en quelque sorte l'histoire de nos discordes civiles. En effet, dire comment ont été jugés, condamnés, comment sont morts Louis XVI, Marie-Antoinette, Charlotte Corday, Bailli, les Girondins, Chénier et tant d'autres, n'est-ce pas faire l'histoire de cette époque si terrible et si glorieuse à la fois où commença la régénération de la France ?

D'autres victimes que nous n'avons pas nommées sont tombées en ces jours de gloire et de deuil ; elles sont tombées pour la même cause, sous les mêmes coups ; elles ont été emportées par la même tempête, mais avec moins d'éclat. Nous ne pouvions, par exemple, donner place dans ce recueil aux horribles exécutions ordonnées à Nantes par Carier, à Lyon par Colot-d'Herbois, à Arras par Joseph Lebon, dans les prisons de Paris par la colère du peuple ; l'absence des formes judiciaires ne nous permettait pas de placer ces grandes catastrophes au nombre des procès politiques.

Toutefois il est juste de dire qu'il y eut un semblant de ces formes dans le massacre des prisonniers de Paris en 1792 : Journiac Saint-Médard, un des prisonniers de l'Abbaye, en rend témoignage en ces termes :

« ..... Enfin, après une agonie de trente-sept heures, le mardi, 3 septembre, la porte de ma prison s'ouvre : on m'appelle, je parais. Trois hommes me saisissent et m'entraînent dans l'affreux guichet.... A la lueur de deux torches, j'aperçus le terrible tribunal qui allait me donner la vie ou la mort. Le président, en habit gris, un sabre à son côté, était appuyé debout contre une table, sur laquelle on voyait des papiers, une écritoire, des pipes et quelques bouteilles. Cette table était entourée par dix personnes, assises ou debout, dont deux étaient en veste et en tablier ; d'autres dormaient étendus sur des bancs. Deux hommes en chemises teintes de sang, le sabre à la main, gardaient la porte du guichet.... En présence du président, trois hommes tenaient un prisonnier qui paraissait âgé de 60 ans.... — C'est affreux, disait le prisonnier, votre jugement est un assassinat. Le président répondit : j'en ai les mains lavées ; conduisez M. de Maillé. Ces mots prononcés, on le poussa dans la rue, où je le vis massacrer par l'ouverture de la porte du guichet.... Aussitôt je fus traîné devant cet expéditif et sanglant tribunal, etc.... »

Cela est saisissant, dramatique ; mais cela appartient évidemment à un ordre de faits que nous ne pouvions aborder ici.

Les époques du consulat, de l'empire, de la restauration ne nous ont pas offert le même inconvénient, et nous avons pu, là, sans sortir de notre cadre, montrer cet amour de la liberté, jeté par Dieu au cœur de l'homme, luttant incessamment contre le despotisme militaire et le fanatisme religieux.

Puissent ces nombreux et terribles épisodes être aux législateurs un enseignement salutaire et accélérer les réformes sur la pénalité en matière politique que tant d'hommes éminents appellent de tous leurs vœux !

FIN DU VOLUME.

TABLE DES MATIÈRES

CONTENUES DANS CE VOLUME.

—

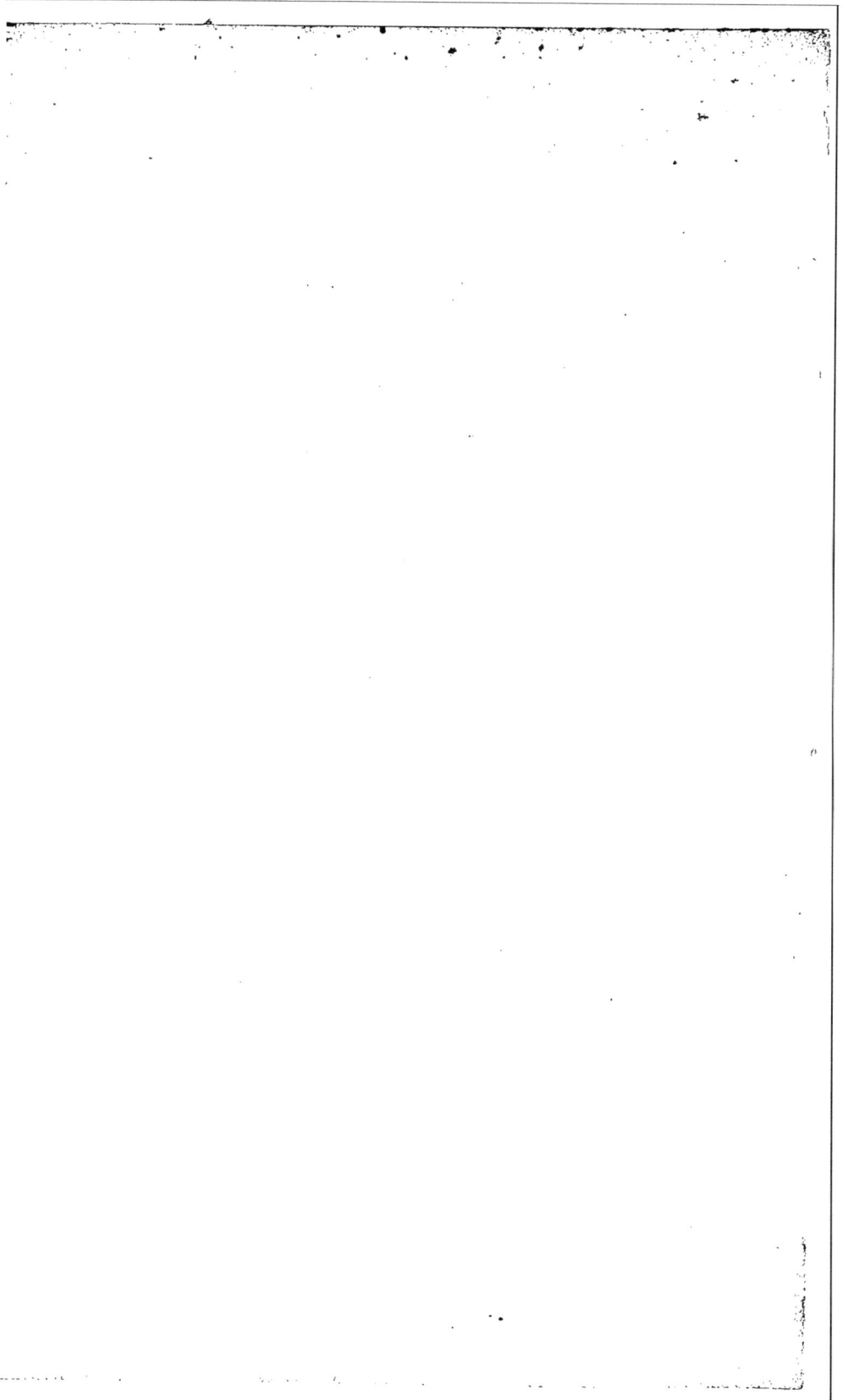

www.ingramcontent.com/pod-product-compliance
Lightning Source LLC
Chambersburg PA
CBHW061112220326
41599CB00024B/4006